KB057554

지구인문학의 시선

지구인문학총서
03

지구인문학의
시선

갈래와
쟁점

원광대학교 원불교사상연구원 기획
박치완 김석근 박일준 이주연 김봉곤 야규마코토 이우진 지음

도서출판 모시는사람들

지구의 눈으로 인간과 세상을 읽다

기후변화와 생태위기가 지난 수십 년 동안 우리를 경각시켜 왔지만, 그 위기들을 극복하기 위한 우리의 정치적 노력들은 그 어떤 의미 있는 결과들을 만들어 내는 데 실패했다. 그리고 팬데믹이 도래했다. 인간이 근대 이래 발명한 첨단기술의 도움으로 이 위기 아래서도 여전히 문명의 많은 부분들이 기능을 발휘하고 있지만, 바이러스로 인한 전염병으로 전 세계가 3년째 온전한 모습을 회복하고 있지 못하고 있는 현실은 문제 해결을 위한 우리의 정치적이고 실천적인 노력들을 더 이상 미루어서는 안 된다는 것을 강력하게 경고하고 있다. 가장 정치적이고 가장 실천적인 노력의 첫 발걸음은 이제 우리가 '지구의 눈으로' 인간과 세상을 읽는 법을 배우는 것이다.

그동안 우리는 인간의 눈으로, 특히 서구 유럽인의 눈으로 인간과 세상과 다른 동식물들과 자원들을 읽는 법을 배우고 그에 따라 살아왔다. 근대 서구인들이 보기에, 자신과 다른 인간들은 식민 지배의 대상이었고, 인간이 아닌 동식물들은 인간을 위한 먹이감이나 놀이감이 아니면 효용가치가 없는 것이었으며, 물질은 경제적 활용의 측면에서만 가치를 지닌 것일 따름이었다. 전 세계로 확장된 자본주의는 인종과 민족에 상관없이 모든 이들의 시선을 장악한 렌즈가 되었고, 그래서 근대 서구 유럽인들의 시각을 모두가 공유하며, 다른 존재들을 다루어왔다. 말하자면 자본주의는 모든 이들의 시선을 '근대 서구 유럽인'의 시선과 욕망으로 표준화해 버린 것이다. 오늘날 우리가 당면하고 있는 팬데믹은 그 '귀결'(consequence)이다. 우리가 바라고 욕망하고 의지한 결과가 아니라, 우리가 떠밀려 온 삶의 시각과 태도들로 인해 나타날 수밖에 없었던 귀결 말이다.

팬데믹 시대에 우리가 근대 서구 유럽인의 시각을 벗어버려야 한다는 말은 이미 두 세대 전부터 생태환경담론을 통해 드높았다. 드높은 목소리에 비해서 실질적으로 바뀐 것이 별반 없었을 뿐. 인간중심주의의 극복이 이제는 소위 '포스트휴먼'(posthuman)이라는 말로 바뀌었고, 신생대 '홀로세'(Holocene)라는 지질시대 용어는 이제 '인류세'(anthropocene)나 '자본세'(capitalocene)로 바꾸어야 한다는 인식이 높아졌다. 포스트휴먼은 한편으로는 기후변화나 생태위기와 관련해서 '인간의 멸종'이라는 함의를 갖기도 하지만, 다른 한편으로는 위에서 언급했던 근대 서구 유럽인의 종말을 가리키기도 한다. 이미 데리다가 휴머니즘은 근대 서구 유럽인의 인간 범주였음을 고발했듯이, 하라리는 이 휴머니즘의 시대가 제4차 산업혁명의 도래로 전환되고 있음을 알리면서, 그로 인한 '불평등의 업그레이드'를 경고하고 있기도 하다. 해러웨이는 '술루세'(Chthulucene)를 제안하면서, 이제 촉지적(tentacular) 감각과 땅(earth)에 대한 감각을 주목하고 발굴해야 한다고 촉구한다. 캐서린 켈러(Catherine Keller)는 2018년에 발표한 『지구정치신학』(Political Theology of the Earth)에서, 이상의 사유들을 '지구'(earth)에 대한 사유로 통전할 수 있는 발상의 전환이 필요하고, 아울러 시민사회의 풀뿌리운동을 통해 이제 현실정치를 바꾸어 내기 위한 정치신학이 요청되며, 이는 기존 제도권 정치로의 참여가 아니라 제도권 정치 바깥의 정치적 목소리들을 결집하고 연대해 내는 정치적인 것(the political)의 아상블라주가 되어야 한다고 주장하였다.

본서의 저자들은 이러한 시선들을 담아, 이제 대담히 "지구의 시선으로 인간과 세상을 읽어야 한다"고 주장한다. 기후변화와 생태위기 그리고 이에 대한 경고를 담은 인류세나 자본세 모두 '우리'가 사물과 세상을 바라보는 시선의 전환을 요구했지만, 거기에서 말하는 '우리의 시선'이란 비인간 유기체들의 시선을 포괄하면서 확장되었을 뿐 본질적인 전환은 없었다. 반면에 이 책에서 말하는 '지구의 시선'은 인간이 사물과 세상을 바라보는 시선이 아니라, 지구가 인간과 만물을 바라보는 시선을 가리킨다. 물론 이러한 시선을 우리가 직접적으로 체험할 수는 없다. 하지만 팬데믹은 그 시선을 가상적으로라도 공유하지 않으면, 우리가 인류세를 경험하는 마지막 세대가 될 수 있다는 준엄하고 긴급한 경고를 던지고 있다.

이러한 노력들이 서양에서는 '신물질론'(new materialism)이나 '사변적 실재론'(speculative realism)의 철학운동으로 드러나고 있다. 신물질론은 마르크스 시대의 경제적 가치로 환원 축소된 물(物)에 대한 이해를 거부하고, 인간이 추구하는 의미 창출에 적극적인 행위 주체로 개입하는 물(物)과의 내적-작용(intra-action)을 카렌 바라드의 용어를 따라 '얽힘'(entanglement)으로 설명한다. 사변적 실재론에서 '사변'으로 번역된 speculation은 논리적 추론이나 사유의 변(變) 혹은 변증법만을 이야기하는 것이 아니라, 실재의 관점에서 사물과 세상을 논하기 위해서는 우리가 '상상'을 통해 실재의 관점에 이르러야 한다는 함축을 담고 있다. 이 책에서 저자들이 '지구의 시선으로' 인간을 포함한 사물과 세상을 논하고 말하는 시도는 이러한 일련의 움직임들과 궤를 같이 하고 있다.

지구의 시선에서 인간과 사물과 세계를 논하는 담론을 우리는 '지구인문학'(Earth Humanities)이라고 명명한다. 영어로 지구는 planet, globe, earth 등으로 번역할 수 있지만, globe라는 말은 세계화(globalization)라는 번역어로 유통되면서 '자본주의의 세계화'라는 경제적 의미가 강하고, 행성의식(planetarity)에는 우주적 차원에서 지구가 하나의 행성에 불과하다는 경고가 담겨 있다. 반면에 Earth는 '지구'라고 번역되기도 하지만 '흙'이라는 뉘앙스도 여전히 살아 있어서, 오늘날 우리가 처한 위기의 본질에 지구 행성이 놓여 있다는 상황과 가장 부합되는 말이 아닐까 생각한다. 아울러 촉지적 감각과 흙의 감각을 회복해야 한다는 해러웨이의 주장과도 공명하며, 인권해방을 위해 일어났던 정치신학을 넘어 모든 존재의 해방을 위한 지구정치신학의 창발을 촉구한 켈러의 요청과도 일맥상통한다.

지금 우리는 지구의 시선을 상상하고 발명해야 할 긴급한 처지에 놓여 있다. 팬데믹의 도래는 지구 위를 살아가는 물질적 존재들이 전혀 수동적이거나 죽은 물질이 아님을 엄중히 경고한다. 물론 바이러스는 죽은 물질이 아니다. 그렇다고 살아 있는 유기체도 아니다. 즉 물질과 유기체의 경계에 존재하는 바이러스가 현대 문명에 역습을 가하고 있는 현실은 우리가 겪고 있는 위기의 본질이 무엇인지를 잘 보여주고 있다. 태평양 한복판에 존재하는 플라스틱 쓰레기 섬(Great Pacific Garbage Patch)은 2011년에 남한 면적의 절반에 불과했지만, 2018년에는 한반도 면적의 7배로 비대해졌다는 소식은 장차 인간이 남용한 물질의 역습이 임박했음을 가리키는 신호일 것이다.

아울러 현재의 위기와 관련해서 우리가 '물질'(matter)이라는 말보다는 '물'(物)이라는 추상적 표현을 선호하는 이유 중의 하나는 물질이라는 말로는 담아 내지 못하는 존재들이 있기 때문이다. 기후 시스템이 대표적인 예이다. 기후 시스템 자체는 물질도 유기체도 아니지만, 지구의 기후 시스템에는 자신만의 행위 주체성이 있고, 그 행위 주체성을 통해 지구 생명들의 삶의 조건을 조절하고 관리한다. 여섯 번째 대멸종의 예고와 더불어 우리는 지구 기후 시스템의 행위 주체성을 생각해야만 한다. '지구'는 엄밀히 말하면 우리의 '추상적 개념'이다. 이 글을 읽고 있는 그 누구도 '지구의 시선과 생각'에 직접 접속하지 못한다. 하지만 이 행성 위에서 정치적 행위 주체성을 행사하는 유일한 존재인 인류가 지구의 정치적 의견을 대변해 내지 못한다면, 우리에게는 희망이 없음을 이미 오래 전부터 브루노 라투르는 경고하고 있다. 그래서 라투르는 지구정치의 차원에서 인간이 비인간 존재들의 정치적 목소리를 대표하는 대변인(spokesperson)이 되어야 한다고 촉구한다. 이런 의미에서 '지구인문학'(Earth Humanities)은 '정치적인 것'(the political)의 목소리들을 담아내는 지구 정치인문학이며, 이제 무한경쟁과 승자독식과 약육강식의 자본주의적 삶의 패러다임에서 벗어나서 '공생공산'(sympoiesis, 共生共産)의 삶의 방식을 주창한다.

제1장 「장소의 지구철학」(박치완)은 인간이 '장소의 존재'임을 주장한다. 인간은 자신이 처한 곳으로부터 영향을 받는 존재임과 동시에 자신이 살아가는 장소를 구축해 나가는 존재라는 것이다. 그렇다면 지구를 어떻게 우리가 살아가는 장소로 구성해 낼 것인가? 이에 대해 박치완은 제3세계성을 주장한다. 억압당하고 배제당한 자의 눈으로 구성된 지구이어야 모두를 아우를 수 있는 지구인문학의 가능성을 전개할 수 있다는 것이다.

제2장 「사이와 너머의 지구정치학」(김석근)은 명사적 존재들로 구성된 정치와 철학의 사유를 넘어, 그 명사들 '사이'의 존재들에 주목하고, 그를 통해 '사이 너머'를 조망할 수 있는 지구정치학을 구상한다. 정치(학)의 기본단위

는 개인과 국가와 세계이고, 이 모든 단위들은 지구 위에서 행위 주체성을 발휘하지만, 역설적으로 이 명사들로 인해 전체를 아우르는 지구는 잘 드러나지 않는다. 오히려 아주 역설적으로 지구가 기후변화와 생태위기로 망해 버렸음을 상상할 수 있을 때 '지구'라는 것의 의미가 우리에게 다가온다. 우리가 정치적 행위 주체를 위해 구성하는 기존 명사들 '사이'에 그동안 정치적으로 배제되어 왔던 존재들이 가로놓여 있고, 이 존재들의 정치적 행위 주체성을 포괄할 수 있을 때에 지구정치학이 가능하다는 지적이다.

제3장 「공생의 지구정치신학」(박일준)은 공생을 '함께-만들기' 혹은 '공동생산'(sympoiesis)이라는 관점으로 조망하면서, 기존 제도권 정치와 자본주의적 실패들을 반성적으로 성찰한다. 제도권 정치로부터 정치적 행위 주체성을 부여받지 못한 존재들의 정치적 잠재력을 '정치적인 것'으로 표현하면서, 정치로부터 배제된 존재들의 연대를 꿈꾸며 지구정치신학을 제안한다.

제4장 「은혜의 지구마음학」(이주연)은 카렌 바라드가 말한 모든 존재들의 '얽힘'을 서로에 대한 '은혜'로 보고자 한다. 자본주의적 무한경쟁이 갈수록 치열해져 가는 시대에 사람들은 자신의 이익에 부합하지 않는 존재들을 혐오의 대상으로 규정하고, 분열과 갈등의 정치를 조장하고 있다. 하지만 모든 존재는 얽혀 있다. 이는 곧 우리가 서로에게 은혜를 입히고 있다는 말이다. 원불교에서는 이를 사은(四恩), 즉 천지·부모·동포·법률의 은(恩)으로 표현하는데, 이는 모두가 서로에게 필요한 관계에 있다는 말이다. 모든 존재를 하나의 원(圓)으로 아우르는 마음 바탕 위에서 우리는 비로소 지구의 마음을 읽어낼 수 있을 것이다.

제5장 「'실학'의 지구기학」(김봉곤·야규 마코토)은 조선 후기의 실학자 혜강 최한기의 기학(氣學)에 나타난 "세계에서 지구로의 시선 전환"에 주목하

면서, 인간과 만물의 관계를 지구적 차원에서 사유하는 시도에서 조선의 근대성을 포착한다. 최한기는 만물이 일체로 얽혀 있음에 주목하면서, 단지 부모만을 모시는 인륜적 효를 넘어서 천지를 섬기는 천륜적(天倫的) 효를 제안한다. 이에 의하면, 최한기가 생각한 지구인문학은 단지 모든 존재를 하나의 사유 틀 속에 집어넣으려는 제국주의적 노력이 아니라, 만물을 인간이 섬겨야 할 존재로 간주하면서 인간의 행위 주체성을 지구적으로 사유하려는 노력이었음을 알 수 있다.

제6장 「미래의 지구교육학」(이우진)은 미래 교육의 방향성을 '지구교육학'의 관점에서 조망한다. 현재의 세계시민교육과 생태시민교육은 그 시의적 적절성에도 불구하고, 생명의 존재 혹은 유기체적 존재 인식에 기반한다. 그 생명적 사유 안에서 비생명적 존재들은 우리와 공생하는 존재가 아니라, 유기체적 삶의 도구와 수단으로만 간주되었을 뿐이다. 따라서 생명과 유기체 중심주의를 넘어 기후변화와 생태위기 시대를 지나가는 우리 시대의 교육은 생명뿐만 아니라 비생명적 존재들과의 얽힘도 사유할 수 있는 지구 교육이 되어야 함을 역설한다.

본서가 담고 있는 다양한 시선들은 모두 '지구인문학'의 구상을 위한 시론적 제안들이다. 이 모두의 시선들 속에 공통적인 것은 지금까지 우리가 장소와 정치와 존재와 교육을 사유하는 방식으로는 현재 맞이한 위기들, 특별히 기후변화와 생태위기 그리고 팬데믹을 극복할 수 없다는 절박함이다. 우리의 이 절박함이 지구인문학이라는 주제를 통해 문명의 전환, 개벽을 초래할 수 있기를 소망한다.

2022년 2월

박일준(원광대학교 동북아시아인문사회연구소)

차례

지구인문학의 시선

제
1
장

'장소'의 지구철학
: 세계철학의 신(新)구상

박치완 한국외대 글로컬창의산업연구센터 소장 · 철학과 교수 삶의 공간, 즉 주거지는 그것이 어디에, 어떤 형태로 위치하건 인간이 '장소-세계(place-world)에서 살아가는 존재라는 것을 단적으로 입증한다. 그런데 현대인의 생활공간은 도시화 · 상업화 · 세계화 · 디지털화되면서 점점 장소-세계를 잃거나 빼앗긴 실향민들의 수가 매년 늘고 있다. 오직 경제-성장만을 목표로 하는 신자유주의 시대로 진입하면서 삶의 진원지인 장소-세계가 파괴되고 있는 것이다. 이렇게 장소-세계가 파괴된 곳에는 예외 없이 무한 소비를 부추기는 상업공간이 들어선다. E. 렐프(E. Relph, 1944-현재)가 염려한 대로, 현대인은 '장소 상실'이 보편화된 시대를 살아가고 있다.

이 글에서 '장소' 개념에 대해 철학적 성찰을 시도한 것은 〈인간=장소-내-존재(being-in-place)〉라는 의미를 되새겨 보기 위해서다. 장소의 현상학자 E. S. 케이시(E. S. Casey, 1939-현재)에 따르면, '장소는 곧 우리 자신'이다. 렐프나 케이시의 주장에 비춰 보면, '철학을 한다'는 것은 곧 우리가 삶을 영위하는 '장소를 철학화한다' 또는 '철학을 장소화한다'는 말과 다르지 않다. 그런데 그동안 철학은 '어느 곳'에서나 '언제나' 적용 가능한 일종의 '기하학적인 공간의 보편주의'에만 몰두해 왔다. 제3세계의 철학이 재지성(在地性)을 가질 수 없었던 이유도 바로 여기에 기인한다. 제3세계에서는 이 점을 2000년대를 전후하여 자각하였고, 이에 따라 '탈식민적 운동'의 일환인 새로운 철학적 디자인을 고안하였다. 그것이 바로 '지역-로컬 기반의 세계철학'이다.

이 장에서는 한국에서 이제 갓 걸음마를 떼기 시작한 '지구학', '지구인문학'이 지역-로컬 기반의 세계철학 운동과 연대해 '장소로서 한국'을 세계철학계에 어떻게 알릴 수 있을지, 그 방법론에 관해 필자 나름의 고민과 해법을 제시해 보았다.

"" "어디?" 라는 질문으로부터 시작하겠습니다. 이는 "우리가 어디에 있는 가?" 또는 "우리는 어디에서 왔는가?"라는 질문에 직접 대답하는 것이라기 보다 "철학에 대한 권리, 이에 대한 질문이 어디에서 발생하는가?"라는 물음입니다. 여기서 '어디'는 곧 어디가 철학의 권리를 갖는가로 해석될 수 있습니다. 오늘날 철학의 가장 적합한 장소는 어디인가?"

— J. Derrida, cited by B. Janz, in "Philosophy as if Place Mattered"

"존재한다는 것은 장소에 존재한다는 것이다."

— E. S. Casey, Getting Back Into Place.

"우리는 여전히 우리가 종속된 장소 안에 존재하며, 우리가 장소의 지배를 받는 것은 장소가 우리 안에 존재하기 때문이다. (…) 장소는 우리 안에 있고, 진정으로 우리 자신이다."

— E. S. Casey, "Between Geography and Philosophy
: What Does It Mean to Be in the Place-World?"

1. 우리는 '어디'에서 학문을 하는가?

철학도 과학도 '세계에 대해 더 완전한 그림'[1]을 그리기 위해 끝없이 도전하고 있지만 '인간'을 망각하는 경우가 허다하다. '인간'이 철학과 과학의 연구 영역에서 망각되었다는 것은 인본(인문)주의가 연구 과정에서 뒷전으로 밀려나 있다는 말과 같다. 철학과 과학이 추구하는 '더 완전한 그림'에서 어떻게 '인간'이 뒷전으로 밀려날 수 있을까? 객관적 지식을 추구한다는 철학자나 과학자마저도 본분을 망각하고 '이해관계'에 따라 마치 '비즈니스'를 하듯 사고하고 행동하는 것인가? '인간'과 무관한, '인간의 삶'과 거리가 먼 철학과 과학은 분명 "우리의 지성사가 가야 할 길에서 벗어나 있다."라고 감히 말할 수 있다.[2]

D. 맥베스가 철학과 과학에 필요한 것은 '인간적 관점(human perspective)', '인본주의적 규율(humanistic discipline)'이라고 강조하며 인간의 지성 활동이 어떻게 '인간의 삶, 즉 우리의 삶, 그것들의 다양한 측면'을 탐구하는 것에 태만할 할 수 있느냐고 역설한 까닭이 여기에 있다.[3] 맥베스의 문제 제기인즉 주어진 현실을 '객관적으로', '과학적으로', '절대적으로' 사고한다고 빙자하며, '인간'과 '삶'을 망각한 것이 철학과 과학의 현주소이자 고질병이라는 것이다.[4] 역설적으로 말해, 철학과 과학이 추구해야 할 '더 완전한 그림'에

---

1 R. Kather, Continental Contributions to Philosophy of Science, *Prolegomena*, Vol. 5, No. 2, 2006, p.259.

2 D. Macbeth, The Place of Philosophy, *Philosophy East & West*, Vol. 67, No. 4, 2017, p.972.

3 *Ibid.*, pp.973, 975.

4 조금 더 상세한 언급은 B. Williams, Philosophy as a Humanistic Discipline, *Philosophy*,

는, 특히 오늘날과 같은 기술-경제의 지배 시대일수록, 인간과 인간의 삶을 위한 배려가 우선되어야 한다는 것이다. 인간과 인간의 삶을 배려하고 고민하는 학문은 "우리가 사고하고 이해하는 모든 것과 함께 우리가 '어디'에 존재하는가(where we are)라는 물음으로부터 시작된다."[5]

부언컨대 각자가 존재하는 곳, 즉 삶의 장소에 대한 사고의 촉각을 계발할 때 기술과 경제의 이데올로기에 의해 '망각된 인간'이 삶의 본래 자리, 하이데거의 표현대로, '세계-내-존재(Being in the world)'로 거듭날 수 있다.[6] 인간이 세계-내-존재라는 것은 개인과 사회 공동체, 로컬과 글로벌 간에 자유와 평화, 정의와 분배, 인권과 민주주의가 일상의 삶에서 실천되어야 한다는 요구와 다르지 않다. 철학과 과학이 이를 실천하는 과정에서 과거의 것과 새롭게 등장한 것, 현실의 작은 조각들에 관한 연구와 현실 전체를 통찰하는 연구, 한 지역-로컬 문화에서만 통용되는 지식과 전 지구촌에 이롭고 유용한 지식 중에서 후자들에 더 많은 공을 들여야 하는 것도 이 때문인지 모른다. 모름지기 인문학자라면 단지 과거의 개념들, 과거의 담론들과 장단을 맞추는 것으로 자신에게 주어진 현재의 임무를 다한 것이라 착각해서는 안 된다는 뜻이다.

인문학자는 당대(當代)에 제기된 물음들과 씨름하는 것을 일차적 과제로 삼아야 한다. 당대가 요구하는 물음들과 씨름하며 자신의 철학을 그가 사는 장소 위에 새로운 담론으로 제시해야 하는 것이 곧 인문학자의 역할이라는 뜻이다. 하지만 이렇게 시대의 변화에 부합해 창조된 연구 결과물이라고 해

Vol. 75, No. 294, 2000 참조.
5 D. Macbeth, *op. cit.*, p.975.
6 *Ibid.*, p.980 참조.

도 5대양 6대주의 독자를 만족시킨 적은 드물거나 거의 없다. 이는 곧 인문
학에도 '지리-문화적 색깔'이 배어 있을 수밖에 없다는 말이다. 지리-문화적
색깔은 '이성-진리'의 보편학이라 통칭되며 승승장구하던 철학에 제동을 건
다. 철학도 지리(더 정확하게는 '장소')의 제한을 받는다? 철학자 스스로 자신
이 '서 있는 곳(실존적 장소)'을 부정하고 추상적 공간에서 사고한 결과가 이
러한 모순 상황을 낳은 것이다. E. S. 케이시가 『장소로 되돌아감』에서 '존
재한다는 것은 곧 장소에 존재한다는 것'이라고 역설한 이유가 여기에 있
다.[7]

    케이시의 주장에 따르면, 모든 철학은 장소에 존재하는 인간의 창작물이
라 할 수 있다. 같은 논리로, '재지성(在地性, territoriality)을 결(缺)한 철학'을
우리는 '종이호랑이'에 비유할 수 있지 않을까? 철학의 재지성은 마치 개인
의 신분증명서와 같아서 부정한다고 부정되는 것이 아니다. 인도에서 출발
한 원시 · 근본 불교가 직관적 깨달음을 중시하는 한국의 선불교, 염불 수행
을 위주로 하는 일본의 정토불교, 자비와 이타행(利他行)을 강조하는 티벳불
교와 다른 것도 바로 그것이 탄생한 '장소'의 직접적 영향 때문이다. 『로컬
지식』의 저자 C. 기어츠(C. Geertz, 1926-2006)의 방식으로 이를 바꿔서 표현
하면, 모든 철학은 '로컬 철학'이란 뜻이다.[8] 재지성의 관점에서 볼 때 모든
로컬을 초월한 '보편 철학'은 존재할 수 없다.

    우리 모두가 널리 숙지하고 있듯, 아테네는 『국가』의 탄생지이고, 쾨니히

---

7 E. S. Casey, *Getting Back Into Place: Toward a Renewed Understanding of the Place-
   world*, Bloomington, IN: Indiana University Press, 1993 참조.
8 C. Geertz, *Local knowledge. Further Essays in Interpretive Anthropology*, New York:
   Basic Books, 1983 참조.

스베르크는 『순수이성 비판』 등 3대 비판서를 탄생시킨 칸트의 고향이다. 보편성을 추구한다고 굳게 믿었던 철학도 이렇게 철저히 재지성에 뿌리를 두고 있다. 그리고 분명한 사실은 다른 장소(지역, 국가)에서는 '다른 철학'이 탄생한다는 사실이다. 단지 하나의 가정일 뿐이지만, 플라톤이 만일 중국의 취푸(曲阜)에서 태어났더라면 어떻게 되었을까? 아마 그는 제2의 공자가 되었을 것이다. 마찬가지로, 데카르트가 강원도 평창의 판관대(判官垈)에서 태어났더라면, 그는 분명 『성찰』이나 『철학의 원리』 대신 『성학집요』나 『인심도심설』을 저작으로 남겼을 것이다. 이렇듯 장소가 학문적 정체성에 결정적 영향을 미친다.

철학의 재지성(在地性)과 본토성은 거듭 강조하지만 철학이 '장소'를 기반으로 생산되고 소비된다는 단적인 증거라 할 수 있고[9], 철학의 적지(適地)는 제사에서 인용한 데리다(J. Derrida, 1930-2004)의 글에서도 확인할 수 있듯, 더 나아가 들뢰즈(G. Deleuze, 1925-1995)나 레비나스(E. Levinas, 1906-1995)도 호도하고 있듯, 플라톤(Platon, B.C.428?-B.C.347?)과 아리스토텔레스(Aristoteles, B.C.384-B.C.322)의 세거지지(世居之地)인 아테네와 같은 '특정 지역'에서만 행해지는 학문이 아니란 뜻이다.[10] 철학은 다양한 장소에서 다양한 방식으로 전개된다. 이는 "세계는 다양한 장소다(C. Geertz)."라는 주장과

---

9 철학의 재지성 및 본토성에 관한 자세한 언급은 박치완, 『글로컬 시대의 철학과 문화의 해방선언』, 모시는사람들, 2021, 420-437쪽 참조.
10 이는 단지 데리다만의 편견이 아니다. 들뢰즈 역시 "그리스가 철학자의 영토이고, 철학의 터전"이라고 정의하는데 주저하지 않고 있으며(G. Deleuze et F. Guattari, *Qu'est-ce que la philosophie?*, Paris: Minuit, 1991, p.82), 레비나스도 "인류는 곧 성경과 그리스인"에 뿌리가 있다고 강조한다 - R. Mortley, *French Philosophers in Conversation: Levinas, Schneider, Serres, Irigaray, Le Doeuff, Derrida*, London & New York: Routledge, 1991, p.18.

상통(相通)한다.[11] "철학이란 무엇인가?"라는 물음은 정확히 이런 이유 때문에 그것이 탄생한 장소를 초월해 '하나의 보편적 대답'을 기대하거나 염두에 둔다는 것 자체가 허황된 꿈인 것이다. 감히 말하지만, 철학은 모든 사람, 모든 공간에 적용되는 '진리(episteme)의 학'이 아니라 개별 장소에서 개별 장소의 시민을 일차적 독자로 해서 제시된 '의견들(opinions)'일 뿐이다. 눈 먼 철학자들(philodox)처럼, 마치 '야곱이 그랬듯', 모두가 동일한 방식, 동일한 목표로 철학을 한다고 착각해서는 오늘날과 같은 다원주의 시대에는 낭패를 당할 수 있다.[12]

본 연구에서 필자가 근원적으로 역문(逆問)하고자 하는 것은 바로 철학이 추구하는 진리는 장소를 초월한 '하나'가 아니라 장소와 밀착된 '여럿'이라는 데 있다. 철학은 기하학적 공간 보편주의자들의 믿음처럼 결코 장소와 무관한 학문이 아니다. 예전에도 그리고 오늘날에도 여전히 사람들은 아테네나 슈투트가르트에서, 파리나 뉴욕에서, 북경이나 서울에서 철학을 한다. 철학은 지역-로컬의 재지적 세계관[placial(geographic) worldview]에 기초한 지적 구성이자 창조다. 그 때문에 재지성은 "철학이란 무엇인가?", "나는 누구인가?"라는 물음의 골간을 이룬다고 해도 과언이 아니다. 재지적 철학이 존재하지도 않고, 그런 철학을 실천하지도 않은 상황에서 철학적 담론의 보편성/특수성의 문제가 선머리가 되어 논쟁의 화근이 된다는 것 자체가 어불성설이란 뜻이다. 감히 말하지만, 한국에서 철학을 전공하는 학자들이 만일

---

11 C. Geertz, op. cit., p.234.
12 U. de Balbian, (Meta-Philosophy) Why read philosophy? (of original and creative thinking rather than derivative, academic, professional philosophers), 27 March 2017 (https://papers.ssrn.com/sol3/papers.cfm?abstract_id=2931342), p.1 참조.

탈장소적/초시대적 "'보편(성)'의 망상"에 사로잡혀 있다면, 대한민국과 같은 제3세계에서는 철학이 뿌리내릴 수도 없고, 세계로 향한 꿈을 꿀 수도 없다.[13]

그런데 최근 국내에서 '개벽학'을 '지구학', '지구인문학'으로 확장을 시도하고 있는 연구자들이 있어 눈길이 간다. 필자도 이러한 시도에 십분 공감하며, 가능성도 충분히 있다고 판단한다. 조성환의 주장대로, "새로운 것을 창조하기 위해서는 무엇보다도 기존의 틀에서 벗어나야 한다. 종래의 개념 세계에서 과감하게 탈피해야 한다."[14] 그런데 이와 같은 의기(意氣)가 구체성을 담보하려면 무엇보다도 개벽학의 재지성이 지구학으로 체현(體現)되어야 할 것이다. 그리고 기존의 서구적 연구 틀과 개념에서 벗어나려면 정확한 연구 로드맵과 방법론이 준비되어야 할 것이다. 물론 전자도 후자도 아직은 모색 중이라 이것은 향후 지속적인 연구 과정에서 보완될 것으로 예측된다. 아래 본론에서는 〈철학 ≒ 장소(화)〉의 문제를 화두로 지역-로컬(대한민국) 기반의 지구인문학이 과연 방법론적으로 어떻게 구성되어야 하는지를 나름 제시해 보려 한다. 그리고 결론에서는 각 지역-로컬이 '사유(철학)를 로컬화'할 때 비로소 '지구학', '지구인문학'은 제1세계 중심의 세계지배학에서 벗어나 제3세계 중심의 새로운 지식의 지형도를 제시할 수 있다는 점을 강조해 볼까 한다.

13 박치완, 「의심의 '한국철학', 한국에서도 철학을 하는가?」, 『동서철학연구』 98, 2020 참조.
14 조성환, 「다시 『개벽』을 열며」, 『다시 개벽』 1, 모시는사람들, 2020, 25쪽.

2. 제3세계가 중심이 된 지구학의 구성과 그 방법론

제3세계의 지역-로컬 철학이 궁극적으로 보편주의를 지향해야 한다는 것에 대해서는 이론의 여지가 있을 수 없다. 그러나 D. 슈내퍼(D. Schnapper, 1934-현재)도 정확히 지적하고 있듯, 서구 유럽에서 보물단지처럼 여겨 온 '보편주의'는 철학을 또는 인문학을 한다는 모든 사람의 염원일 뿐 그것이 완성된 경우를 체험한 사람은 없다.[15] '참된 보편주의', '진정한 보편주의', '이상적 보편주의'가 어떤 것인지를 목격한 사람이 없다는 뜻이다. N. 스코어(N. Schor)의 언급대로, 하지만 '거짓 보편주의'가 의미하는 것이 어떤 것인지 모르는 사람은 없다. 바로 이 때문에 우리는 '거짓 보편주의'를 타파하는 일에 태만해서는 안 된다. 최근 제3세계의 지역-로컬 철학의 탄생이 '사고의 다양성'이란 지평 위에서 존재 이유와 정당성을 얻는 이유가 바로 여기에 있다.

서구 유럽에서는 보편주의를 작동시키기 위해 타자, 타문화에 대한 배제를 보란 듯 감행했고, 억압을 정당화했으며, 불평등을 은폐했다. 서구 유럽의 '거짓 보편주의'가 그 명을 다했다고 감히 말할 수 있는 것도 이 때문이다.[16]

오늘날까지 모든 것을 포괄하는(all-inclusive) 보편주의의 예는 존재하지 않

---

15 D. Schnapper, La transcendance par le politique, IN: E. Badinter (ed.), *Le piège de la parité*, Hachette Littérature, 1999, p.115: "보편주의는 그 어떤 특정 역사적 현실과도 일치하지 않는다. 보편적인 것은 내용이 아니라 참고사항이요 염원일 뿐이다."
16 N. Schor, The Crisis of French Universalism, *Yale French Studies*, No. 100, 2001, pp.55-56.

는다.[17]

　스코어의 확신에 찬 언급은 지역-로컬의 장소를 철학화하는 데 중요한 이
정표가 될 것이다. 장소를 철학화하는 것은 철학을 장소화하는 것과 지향하
는 바가 동일하다. 철학이 장소화될 때, 철학은 '독일의 관념론', '미국의 실
용주의'와 같이 개별화된다. 이렇게 장소를 중심으로 개별화되어 있는 것이
실제 철학의 현주소이다. 그런데 왜 우리는 늘 '보편'의 휘장을 두르려 안달
하는 것일까? '보편'의 휘장을 두르는 것으로 '보편적인 것'이 담보될까?

　'코로나 19와도 같은'[18] 보편주의는 서구 유럽이 절대화한 이념이다. 그들
과 '다르게 세계를 보는 것(seeing the world differently)'을 인정하지 않은 유
럽 중심주의는 철학 자체를 획일화, 단순화시킴으로써 다른 지역-로컬의 철
학이 개별화되는 길을 차단했다. 맥베스가 철학은 "역사적으로 특징지어진
다.", "어느 장소에도 속하지 않은 철학은 분석철학이 유일하다.", "장소를
가졌을 때 철학은 진정으로 세계적인 철학(global philosophy)이다."라고 강
조한 이유가 어디에 있겠는가.[19] 이는 결국 철학은 부득불 재지성을 띨 수밖
에 없으며, 지역-로컬 철학이 세계화되는 길도 재지성의 개별화 여부에 달
려 있다는 것 아니겠는가.

---

17 *Ibid.*, p.64.
18 G. L. Velázquez, The role of philosophy in the pandemic era, *Bioethics UPdate*, No. 69,
　2020., p.3: "바이러스의 확산과 철학적 이념의 확산 사이에서 비유를 찾는 것이 가능한
　가? 분명히 가능하다. 예를 들어 철학이 우리에게 우선순위를 정하고 우리의 유한성을
　인식하도록 강요하며 나아가 우리에게 새로운 문제를 제기하게 한다는 점에서 코로나
　19와 유사하다."
19 D. Macbeth, *op. cit.*, pp.971, 981-982.

역설 같지만, 철학의 재지성에 대한 관심의 환기는 보편주의, 신자유주의, 세계화가 불을 지폈다고 해도 과언이 아니다. 서구 유럽 중심의 철학이 지구촌 전체로 중심을 이동해 가며 횡행(橫行)한 것에 반발해 철학의 재지성이 부각된 것이라고나 할까. 유럽 중심주의와 마찬가지로 '다르게 세계를 보는 것'을 인정하지 않은 "세계화는 철학을 변화시켰고, 계속 변화시키고 있다."[20] C. 타운리(C. Townley)의 언급대로 '새로운 세계철학(global philosophy)'은 이런 변화의 와중에 등장한 화두이며, 그는 '새로운 세계철학(지구철학, 지구학을 포함해)'의 탄생과 관련하여 다음 4가지 변화에 주목할 것을 제안했다: i) 비서구적 철학 공동체의 활동이 세계적인 철학적 대화에서 두드러진 역량을 발휘하고 있는 점, ii) 비서구 철학자들이 '기존의 세계철학(world philosophy)'에서 노정하고 있는 지적 폭력성에 대해 강한 의문을 제기하며 그 해결책을 새롭게 제안하면서 철학의 중심 무대로 진입하고 있는 점, iii) 새로운 전문 학술지들이 다양하게 출현하고 있고, 철학적 공동체들 간에 건설적이고 비판적인 교류가 활발해지면서 철학 자체에 대해 근본적인 변신을 요구하고 있는 점, iv) 환경 문제를 필두로 어느 사회, 어느 국가나 할 것 없이 만연해 있는 사회적 불평등의 문제 등 세계적인 이슈와 관련해 초국가적 보상적 정의(transnational compensatory justice)와 차이를 부인하지 않은 공정한 포용 및 인정과 같은 논제를 제기하고 공유하기 위해 노력하고 있는 점.

타운리가 주목한 이 4가지 변화의 근저에 있는 생각은 '유럽 중심주의적

---

20 C. Townley, Recent Trends in Global Philosophy, IN: W. Edelglass and J. L. Garfield (ed.), *The Oxford Handbook of World Philosophy*, Oxford Universoty Press, 2011(Online Published, DOI: 10.1093/oxfordhb/9780195328998.003.0046), p.1.

관점'은 이제 더 이상 전 지구촌의 시민들에게 '타당하지 않으며, 부분적이고, 잘못 인도된(irrelevant, partial, or misguided)' 것이라는 말로 요약할 수 있을 것이다.[21] 더 적극적으로 표현하면, 오늘날 새롭게 제기되고 있는 세계철학, 즉 '새로운 세계철학'을 향한 지각 변동은 '유럽으로부터 물려받은 철학에 대해 여러 측면에서의 심대한 도전이 표현된 것'이라는 점이다.[22] 한마디로, '철학을 서구적 전통과는 다른 방식으로 실천해 온(different ways of practicing philosophy)' 제3세계 철학자들에 의해 그간의 유럽 중심주의적 철학의 지형도가 변화하고 있다는 것이다.

1990년을 전후해 '워싱턴 컨센서스'와 더불어 본격화된 세계화는 이런 점에서 '우리에게 철학의 본질을 재고하도록 요구'하고 있다는 점에서 마치 '역행보살'의 역할을 하고 있는 것이 아닌가 싶다.[23] 이를 서구 유럽의 철학계가 새로운 소통과 대화의 기회로 여길 것인지 아니면 그들의 전통을 계속해서 고수하려고 할 것인지는 그들의 선택 사항이다. 하지만 이미 시작된 이와 같은 변화의 봇물을 서구 유럽의 철학계가 막아 낼 수 있을까? 봇물은 이미 터졌고, '기존의 세계철학'은 '새로운 세계철학'으로 머지않은 장래에 분명 바뀔 것이다.[24] 한국 철학의 세계화란 기치로 '지구학(global studies)',

---

21 *Ibid*.
22 *Ibid*.
23 *Ibid*., p. 2.
24 1990년대에 발차한 세계화와 더불어 〈world philosophy〉는 〈global philosophy〉로 개명(改名)된다. 〈global philosophy〉는 철학사 중심의 철학이 아니라 글로벌 이슈(인권, 불평등, 분배, 정의) 중심의 철학적 활동을 한다는 것이 일차적 특징이며, 아프리카, 라틴아메리카 등 비서구유럽권의 학자들이 대거 참여해 자신들의 지역-로컬의 입장을 적극적으로 개진한다는 것이 두 번째 특징이다. 그리고 세 번째 특징으로는 모든 지역-로컬을 공평하게 반영한 철학의 새로운 지형도를 구상하고 있다는 점이다. 이런 관점에서

'지구인문학(global humanities)'을 주창하고 있는 국내에서의 움직임도 이러한 세계철학계의 변화에 주목하면서 연구의 목표와 방향을 좀 더 분명히 하기를 바라며, 철학 대중에게 이 참신하고 귀한 논의를 확산시키는 것도 중요하지만 그에 못지않게 재지성(장소성)을 견지하면서 한국 철학의 고유성과 독립성을 전개했으면 하는 바람 또한 크다. 아래에서 구체적으로 언급하겠지만, 서구적 사고 틀을 넘어서는 '지구학', '지구인문학'이라는 이념을 제시하는 것은 매우 시의적절한 출발이다. 하지만 이에 못지않게 중요한 것은 새롭게 제기하고자 하는 이념에 부합하는 방법론의 제시일 것이다. '지구학', '지구인문학'이 대한민국이라는 사유 영토에만 국한된 물음이 아니라 전 지구촌을 그 대상으로 하는 물음이기 때문에 그렇다. 나아가 지구공동체(global community)에 거주하는 인류가 바로 '지구학', '지구인문학'의 '주인(주체)'이기 때문에 더더욱 그렇다.

1) '지구학', 용어 선택 또는 번역어의 문제

제1세계에서 지구학(global studies, 글로벌 연구: 전 세계의 정치, 경제 및 사회적 상황에 관한 연구[25])에 대한 논의가 시작된 지 꽤 되었다. 그 때문에 대한민

〈global philosophy〉는 〈world philosophy〉보다 더 포괄적이며 지역-로컬 연관적 주제들을 다룬다는 장점이 있지만 아직은 그 형태 및 방법론이 구축된 것이라고 하기는 이르다. 한국철학이 〈world philosophy〉에서는 이름도 얼굴도 가질 수 없었지만 〈global philosophy〉에서는 분명 이름도 얼굴도 가질 수 있고, 가져야 한다. 이런 이유 때문에 필자는 본 연구에서 〈world philosophy〉를 '기존의 세계철학'으로, 〈global philosophy〉를 '새로운 세계철학'으로 번역했다.

25 이는 『캠브리지 영어사전』에서의 정의임. https://dictionary.cambridge.org/ko/...global-studies 참조.

국에서 지구학(지구유학, 지구개벽학, 지구종교학, 지구재난학 등)에 대한 화두를 던지려면 제1세계와의 차이를 분명히 할 필요가 있다. 제1세계에서의 지구학 연구는 자신들의 국가를 중심으로, 즉 세계의 중심부에서 주변부를 관찰하며 어떻게 계속해서 바깥 세계에 영향력을 행사하고 지배력을 존속시킬 것인지에 몰두한다. 반면 중후진국가나 저개발국가가 대부분인 제3세계에서의 지구학 연구는 주로 제1세계로부터 주어지는 공적개발원조(ODA)나 지원 정책들에 동참하고 협력해서 어떻게 하면 경제적 수혜를 입을 것인지에 초점이 맞추어져 있다. 만일 이와 같이 서로 문제의식과 연구 목표가 다른, 나아가 상반되기까지 하는 논리와 방식으로 지구학이 연구된다면, 양 세계 간에 가로놓인 간극은 좁혀지지 않을 것이다. 돌려 말하면 제3세계에서 단지 제3세계적 방식으로 지구학을 연구할 것이 아니라 '전 지구적 관점(global perspective)'에서 지구학을 논할 때, 즉 제3세계가 제1세계와 당당히 맞서 연구 주체로 설 때 비로소 본연적 의미의 지구학이 탄생할 수 있다는 것이다.

따라서 제3세계에서 지구학을 연구하려면 자신의 지역-로컬의 기반학(underlying studies of locals)을 먼저 정초해야 한다. 제1세계와의 문화적 대화나 지적 교류 과정에서 제3세계가 진정으로 주체나 파트너가 되기를 원한다면, 지역-로컬의 기반학을 갖추는 것은 일차적 요건이다. 지역-로컬 기반학이 없거나 준비되지 않은 상태라면, 제1세계의 영향력만이 강화될 뿐 기존의 학문적 지배-종속의 관계는 호전될 수 없다. 그런즉 제1세계와 비자발적·강압적으로 묶인 학문적 식민성의 매듭을 푸는 주체는 제3세계여야 하며, 제3세계가 주체가 되어야만 제3세계의 '지식들(knowledges)'을 제1세계의 그것과 당당히 비교할 수 있고, 전 지구적 관점에서 인류의 미래를 위한 연구에 제1세계가 동참하라고 권유할 수 있다. 정확히 이런 이유 때문에도 지역-로컬의 기반학을 정초하는 것이 선결되어야 한다.

1단계에서는 지역-로컬 기반학을 기점으로 제1세계에 의해 전개 · 전파되고 있는 지구학, 즉 '세계지배학'과 비교문화적 · 비교철학적 작업을 수행해야 한다.[26] 제1세계와 제3세계 간의 지식/철학의 비교 작업이 필수적인 것은 다음과 같은 이유 때문이다. 제국의 환상에 젖어 있는 제1세계에서는 예나 지금이나 〈global studies〉를 중요하게 여긴다.[27] 2000년대를 전후해

---

26 '세계지배학'은 필자가 다음 논문을 참조해 '19세기의 제국주의 시대 이후 제1세계에서 지속적으로 세계를 지배하려는 경향'을 갖고 있다는 의미로 조어한 것임: M. Thomas & A. Thompson, Empire and Globalisation: from 'High Imperialism' to Decolonisation, The International History Review, Vol. 36, No. 1, 2014. 19세기의 세계화(globalization)가 〈Civilization, Westernization, Europeanization, Industrialization, Modernization, Colonization〉과 동의어로 사용되었다면 20세기~21세기의 세계화는 〈Americanization, Dollarization, McDonaldization, Virtualization, New Colonization, Digitalization, Hybridization, Planetization〉과 동의어로 사용되고 있다. 돌려 말해 후자는 전자의 21세기적 번역어에 해당한다고 볼 수 있다.

27 〈global studies〉는 2008년 시카고 일리노이 대학에서 1차 컨퍼런스를 개최했으며 [2009년 2차 대회: 두바이의 전망: 걸프와 세계화(두바이), 2010년 3차 대회: 글로벌 재조정: 동아시아와 세계화(부산), 2011년 4차 대회: 신흥 사회와 해방(리오 데 자네이루), 2012년 5차 대회: 유라시아와 세계화: 복잡성과 글로벌 연구(모스크바), 2013년 6차 대회: 남아시아의 사회 발전(뉴델리) 등이 개최되었음], 2021년 제15차 대회는 "팬데믹 이후의 삶: 새로운 글로벌 생명정치를 위하여?"라는 주제로 캐나다의 몬트리올(Concordia University)에서 6월 5~6일에 개최되었고(원래는 2020년 개최예정이었으나 COVID-19로 순연된 것임), 2022년에는 그리스의 국립아테네대학교에서 7월 22~23일 개최하기로 예정돼 있다 (https://onglobalization.com/). 참고로, 〈global studies〉를 학제로 운영 중인 대학으로는 미국의 피츠버그대학교, 미네소타대학교, 캘리포니아대학교 등 전 세계에 49개 대학이 참여하고 있으며, 유럽에서는 영국의 런던경제대학, 독일의 프라이부르크대학교, 베를린 홈볼트대학교, 스페인의 살라망카대학교 등 18개 대학, 캐나다의 경우는 턴대학교 등 6개 대학, 일본의 경우는 아키타국제대학, 도시샤대학 등 8개 대학, 홍콩의 경우는 홍콩대학과 홍콩중문대학 등 2개 대학, 중국의 경우는 중국 정법대학과 상하이대학 등 2개 대학, 그리고 한국에서는 유일하게 부산대학교가 연구 네트워크(Research Network)에 참

새롭게 나타난 지구학의 변화는 예전의 국가 간의 교류, 양자 간 또는 다자 간 합의 등을 단일국가 중심의 연구에서 글로벌과 로컬들의 관계를 이슈별 로 공동 연구한다는 점이다. 특히 디지털 시대가 도래하면서 글로벌과 로컬 들 간의 상호연결성(interconnectedness)이 중요한 시대적 화두가 되었고, 제 1세계에서의 지구학은 이에 부응해 정치·경제·사회·문화·종교·철학 등의 학제 간 연구를 통해 궁극적으로는 자국을 대표하는 글로벌 문제 전문 가 양성을 목표로 하고 있으며, 미국 등 세계 유수의 대학에서 이를 고등교 육프로그램으로 운영 중이다. 특히 2008년부터 〈global studies〉는 국제적 연구(자) 네트워크까지 결성해 매년 기획 컨퍼런스를 정기적으로 개최하고 있다. 연구 분야를 특정하는 것은 물론이고 연구 시기, 연구 이론, 공동 연 구 주제까지 연구자들 간에 공유하면서 제1세계에서 지구학에 대한 관심은 갈수록 높아지고 있으며, 새로운 아젠다도 계속 제시하고 있다.[28]

2020년부터 지구학, 지구인문학, 지구주의를 주창하며 공동(집단) 연구를 시작한 원광대학교의 원불교사상연구원에서는 이러한 연구 동향을 직시하 고 있는지 의문이다.[29] 제3세계에서 연구자 몇 명이 모여 '지구학'을 외친다

여하고 있다(https://en.wikipedia.org/wiki/Global_studies). 검색일: 2021.03.01.

28 학제 간의 연구를 기초로 하는 〈global studies〉에서는 정치, 경제, 역사, 지리, 인류학, 사 회학, 종교, 기술, 철학, 건강, 환경, 인종 등을 포괄하는 연구를 시도하며, 연구 시기는 그 리스/로마 제국의 초국적 활동에서부터 유럽의 식민주의 시기, 신자유주의적 세계화 시 기 등 다양하다. 관련 이론은 포스트 식민주의론, 포스트 비판이론, 다문화주의 등이 주 로 활용되고 있으며, 주요 연구 키워드는 상호의존성, 상호연결성, 교차문화적 지식, 인 권, 사회정의, 로컬/글로벌의 관계 및 작용, 글로벌 인지, 정치적 참여, 글로벌 교육, 글로 벌 경쟁력, 참여적 민주주의, 세계시민, 효과적 시민의식, 국제테러, 국가안보, 기후변화 및 환경 파괴 등이 있다(https://en.wikipedia.org/wiki/Global_studies).

29 이에 더해 필자가 다소 우려스럽게 생각하는 것은 〈globalization〉을 '지구화'로 〈global studies〉를 '지구학'으로, 〈global humanities〉를 '지구인문학'으로, 〈globalism〉을 '지구주

고 해서 〈global studies〉가 새로운 국면으로 접어들거나 비약적 변화를 꾀할 수 있을까? 〈global studies〉를 단지 한글로 '지구학'이라 번역해 사용하는 것만으로 제1세계의 세계지배학이 제3세계를 위한 '지구생명보호·배려학'으로 일신될 수 있을까? '지구학'이 만일 제1세계가 지적 패권을 장악하고 있는 세계지배학과 연구 목표나 연구 대상의 측면에서 크게 차이가 없다면, 이는 결과적으로 제1세계에서의 기존 연구에 편입 또는 동화될 확률이 높은 것 아닌가? 그 때문에 좀 더 효과적이고 독립적인 연구 결과를 도출하고자 한다면, 이미 국제적으로 연대해서 활동 중인 기존 연구(자) 네트워크와 협력하는 방법을 모색해야 하지 않을까? 그들과 같은 무대 위에서 새로운 주장을 펼쳐야만 전 세계의 관련 연구자들에게서 공감을 얻어 낼 수 있을 것이란 뜻이다. 그들과 다른 무대 위에서 아무리 훌륭한 이론을 제시한다고 해도 만일 대중이나 관객이 없거나 적다면, 이는 빛을 발하기도 전에 연구열이 소멸되고 말 것이다.

물론 인문학의 제3지대인 대한민국의 소장학자들이 의기투합해 세계 지식계를 대상으로 지구학 또는 지구인문학이라는 나름의 '글로벌 지식 디자

의'로 번역하며 한나 아렌트, 데이비드 하비, 맨프레드 스테거, 울리히 벡 등의 이론을 전거(典據)로 삼고 있다는 점이다. 하지만 벡이 『지구화의 길』에서 언급하고 있듯, 지구화는 정확하게 '위험한 지구화'를 의미한다. 지구화, 즉 세계화는 제1세계의 경제적 자유시장의 확장, 다시 말해 신자유주의의 전면화에 그 본의가 있다. 이런 이유 때문에 벡은 지구화를 '위험하다'고 했던 것이고, 아렌트나 하비도 전 지구촌이 자본 중심의 세계화 메커니즘 하에 놓이는 것을 엄중하게 경고하고 있다. 세계화(지구화)는 결국 제1세계가 주도해온 식민적 세계시스템(colonial world-system)의 강화 논리(I. Wallerstein)에 다름 아니라는 이유에서다. 그런데 만약 '지구학', '지구인문학'에서 이러한 세계지배학의 논리와 다른 길을 개척하고 창안하는 것이 목표라면, 위 개념들에 대한 재고가 반드시 수반되어야 할 것이다.

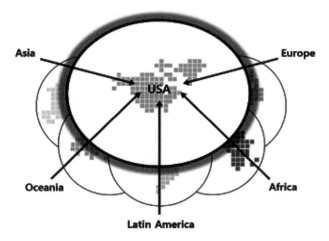

〈그림 1〉 제1세계(유럽→미국) 주도의 세계지배학 모형도

인'을 그려 보고 또 제시하는 것은 그 자체로는 충분히 의미 있는 작업이라 할 수 있다. 하지만 전 세계적으로 이미 관련 연구가 10여 년 이상 축적된 데다 전 세계의 많은 대학에서 이미 〈Global Studies〉를 학과로 운영하고 있는 상황이라는 점을 간과한 채 대한민국에서 독립적으로 '지구학이 중요하다'고 외치는 것은 소기의 성과를 올리는 데 한계가 있다는 것이다. 〈global studies〉를 굳이 '지구학' 또는 '지구적 연구(global researches)'라 할 양이면, 제1세계에서의 기존의 연구와 변별점이 무엇인지를 예리하게 벼리는 작업이 급선무가 아닐 수 없다. 안목은 거시적으로 갖되, 주제는 미시적으로 잡아 연구하는 것이 문제를 푸는 실마리가 되지 않을까 싶다. 연구 목표를 분명하게 하지 않으면, 마치 과거의 유럽이 그랬고, 현재의 미국이 그러하듯(〈그림 1〉 참조), 제3세계의 연구자가 아무리 '새로운 것'이라 외쳐도 제1세계의 학자들은 무관심으로 일관할 것이기 때문이다. '헌 부대에 새 술'을 담을 수 없지 않은가? 제3세계적 관점이 필요한 이유가 바로 여기에 있다.

2) 제3세계적 관점에서 새로운 방법론을 모색해야 하는 이유

앞서 제3세계에서 지구학을 연구하려면 지역-로컬의 기반학을 정초하는 일부터 선결해야 한다고 강조했다. 같은 논리로 제3세계에서는 제1세계와 변별되는 제3세계적 관점을 방법론적으로 분명히 제시할 필요가 있다.[30] 돌려 말해 제3세계에서 발흥된 지구학은 제1세계의 세계지배학에 대한 정확한 분석-비판-극복을 목표로 해야 한다.

제3세계가 중심이 된 지구학은 일차적으로 제1세계에서처럼 '신의 관점에서의 지식(God's eye-view knowledge)'을 재생산하거나 모방하는 것을 목표로 삼아서는 안 된다.[31] 부언컨대, 모든 '관점을 초월하는(the point-zero perspective)' 방식에서[32] 모든 관점을 배려하는 방식으로 지구학을 정초(定礎)하는 방법부터 변화시켜야 한다. 지구촌의 현실을 탑-다운 방식으로가 아니라 바텀-업 방식으로 새롭게 접근하는 것이 지구학의 기본적 출발점이 되어야 한다는 뜻이다. 바텀-업 방식으로 세계지배학과 변별되는 지역-로컬의 기반학을 독립적 관점으로 정초했다면, 2단계에서는 이를 바탕으로 기존의 세계지배학 내에 결여되어 있거나 간과하고 있는 것들이 무엇인지에 대해 성찰하고 이에 부합하는 대안을 제시해야 한다. 2단계에서 중요한 것은 무엇보다도 제1세계 내에 결여된 제3세계의 지식/철학을 맞세워 변증법

---

30 M. Ndlovu, E. N. Makoni, The globality of the local? A decolonial perspective on local economic development in South Africa, *Local Economy*, Vol. 29, Nos. 4-5, 2014, p.510 참조.

31 *Ibid.*

32 *Ibid.*

적으로 이 양자를 융합시키는 작업이 과제가 될 것이다. 상식적인 얘기지만, '부정의 부정'의 과정을 통해 '제3의 지식'을 탄생시키는 것이 가능해야만 비로소 제3세계에서 주창하는 '지구학'이 새로운 이론/학문으로 정립될 수 있다. 서구의 기독교성, 개인주의, 성경 기반의 서구 지배학을 동양의 유불선 사상의 종합이론, 집단주의, 유불선의 다양한 경전들에서의 지혜를 새롭게 도출해 내 '글로벌 공공선'에 기여할 수 있는 새로운 지식/철학을 제안하는 것도 하나의 연구 사례가 될 수 있을 것이다. 이런 까닭에 2단계에서는 제1세계와의 지적 대결이 필수적이다. 지적 대결을 피한다면, 진정한 '지구적 비판 의식(planetary critical consciousness)'[33]이 발현된 지구학 연구라 할 수 없다. 제1세계와의 지적 대결이 불가피한 것은 '모든 관점을 배려하는 방식의 지구학'을 구축하기 위해서는 기본적으로 제3세계가 중심이 된 탈식민적 인식론에 기초해야 하기 때문이다.[34]

---

33 W. Mignolo, DELINKING: The rhetoric of modernity, the logic of coloniality and the grammar of de-coloniality, *Cultural Studies*, Vol. 21, Nos. 2-3, 2007, p.500.

34 본 연구에서 빈번하게 등장하는 '제3세계'라는 표현에 대해 혹자는 불유쾌한 감정을 가질 수도 있을 것이라 짐작된다. "대한민국이 어찌 제3세계의 수준이냐?"는 반문도 예상된다. 하지만 대한민국 국민의 '국학(한국학)'에 대한 관심은 아프리카나 중남미의 수준에 미치지 못하고 있다는 것이 필자의 평소 생각이다. '국학'을 연구하는 것 자체를 꺼리는 경향도 없지 않고, 국가 차원에서도 이를 등한시하기 때문에 '한국학'이 국제적 수준의 담론에 이르지 못하고 있는 것이다. '지구학', '지구인문학'이라는 거대 담론을 논의하는 이 자리에서 필자가 이렇게 '제3세계가 중심이 된 탈식민적 인식론'을 강조하는 이유는 i) 이들 제3세계의 연구자 네트워크와 연대해 한국학, 한국철학을 국제무대에 소개하는 것이 독립적으로 국내에서만 목소리를 높이는 것보다 훨씬 효과적일 것이라 판단하기 때문이며, ii) 무엇보다도 탈식민적 인식론에서는 제1세계를 겨냥해 엄연히 서구유럽과 '다른 세계들(worlds)'이 존재하고, 따라서 서구유럽에서 추구하는 지식과는 '다른 지식들(knowledges otherwise)'이 존재한다는 사실을 끝없이 전 세계 지식계에게 환기시키며 나름의 성공을 거두고 있다고 판단되기 때문이다. iii) 게다가 본론 3절에서 두셀의 '초-근대성' 개념을 설명하면서 다시 이야기하겠지만, 탈식민적 인식론은 모든 지역-

탈식민적 인식론은 앞서 언급한 바 있듯, '같은 무대(세계 지식계) 위에서 새로운 주장을 펴는' 데 있어 단계적으로 요구되는 '지적 전략'이다. 정치적 투쟁을 낭만적으로 생각해선 안 되듯, 지구학을 제1세계의 관객이 없는 무대 위에 올리는 것은 아무런 의미가 없다. 더욱이 최근 들어 제1세계, 제3세계 할 것 없이 기존의 사상들에 '새로운(new)'이라는 상표를 붙이는 것이 마치 '유행'처럼 번지고 있다(neo-liberalism, neo-Marxism, neo-Christianism, neo-Islamism, neo-Slavism, neo-Africanism, neo-Judaism, neo-Eurocentrism, neo-Confucianism, neo-Hinduism 등[35]). 그런데 지구학의 목표가 '새로운'이라는 수식어를 사용했음에도 재차 과거로, 국가·지역 중심주의로 회귀한다면, 이는 재앙 수준과 다를 바 없다. 거듭 강조하지만, 이런 이유 때문에 지구학은 '제3세계의 이론화'가 관건이다.

지구학은 제3세계가 중심이 되어 학문의 토대를 근본적으로 다시 세우는 것을 목표로 해야 한다. 지구학의 기본 취지가 모든 지역-로컬을 배려하고

로컬의 지식/철학의 비위계적(non-hierarchical), 자기-조직적(self-organic)인 '헤테라키(heterarchy)', 즉 지식체계 내의 이질적 요소들 간의 관계의 다양성을 기초로 한다. 부언컨대 제3세계주의자들이 꿈꾸는 지식/철학은 동일성, 동질성의 위계에 근간한 제1세계의 지식/철학 체계와 달리 '차이'와 '다양성'을 실천하면서 "더 정의롭고 지속가능한 세계(worlds), 유럽중심주의적 근대성(식민성)의 사고방식과는 다른 원리를 통해 정의되는 세계(worlds)"를 지향한다 - A. Escobar, Beyond the Third World: Imperial Globality, Global Coloniality and Anti-Globalisation Social Movements, *Third World Quarterly*, Vol. 25, No. 1, 2004, pp.220-222 참조. 본 연구와 관련해 특히 중요한 것은 탈식민적 인식론은 모든 지역-로컬 지식/철학의 정체성을 유지하고 재건하는 것을 무엇보다 우선시한다는 점이며, 신자유주의와 더불어 점점 미시화 되고 있는 '제국적 세계성(imperial globality)'을 비판한다는 점이다.

35 W. Mignolo(2007), *op. cit.*, p.500. 이 자리에서 우리는 미뇰로가 왜 자신의 논문의 부제에 '근대성의 수사학'과 '식민성의 논리'에 대응해 '탈식민성의 문법'을 강조했는지 되새겨 볼 필요가 있다.

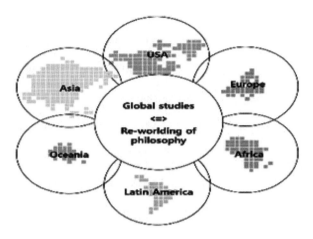

〈그림 2〉 지역세계화로서 지구학/철학의 재세계화 개념도

포괄하는 것을 목표로 하기에 결과적으로는 '제1세계를 위한 것'이기도 하다.[36] W. 미뇰로(W. Mignolo, 1941-현재)가 탈식민적 인식론을 위해서는 '새로운 문법'이 필요하다고 강조한 까닭이 여기에 있다. 기존의 제1세계의 문법을 따르는 것으로는 지구학을 구축할 수 없다. 미뇰로가 그의 '탈식민적 인식론'을 '지구적 비판 의식'과 함께 언급한 것도 같은 취지에서다. 부언컨대, 지구촌 전체의 정치 · 경제 · 사회 · 문화 · 종교 · 철학에 관한 기존 논의를 다르게(새롭게) 인식하려면, 이를 위한 논리와 문법을 새롭게 계발해야 한다는 뜻이다. 최근 조성환이 새롭게 밝혀낸 동학(東學)에서의 '자아의 지구성'이나 천도교에서의 '우주적 자아(세계적 자아 · 무궁아 · 천지아 · 한울아)' 논의도, 제1세계에서의 데카르트-훗설 중심의 자아나 주체의 논의와 좀 더 적극

36 A. Escobar, op. cit., p.219: "제3세계의 이론화는 [제1세계에 대한, 특히 유럽중심주의에 대한] 비판적 이론이 새로운 지리문화적 · 인식론적 위치에 포함되고 통합된다는 점에서 제1세계를 위한 것이기도 하다."

적인 대결을 벌였으면 하는 아쉬움이 있지만, 그 단적인 예가 될 것이다.[37]

3단계에서는 이미 제3세계의 탈식민적 연구자들(decolonialists)에 의해 널리 공표된 '지방화된 유럽'과 '지방화된 미국' 개념을 포함해 아시아 · 아프리카 · 중남미 등에서 최근 새롭게 '정상 지식(normal knowledge)'으로 계발 · 소개되어 전 세계의 지식계에서 널리 받아들이고 있는 '제3세계의 지식'과 2차적 결합을 도모해야 한다. 지식/철학의 지역세계화(glocalization)를 목표로 한 이 새로운 밑그림은, 〈그림 2〉에서 보듯, 서구[Euro-American, 정확히는 '구미(歐美)'라 해야 할 것임]를 포함해 지구촌의 전 대륙을 포괄하고 배려하는 지식/철학의 '재-세계화(re-worlding)'가 최종 목표이다.[38] 이런 관점에서, 탈식민적 지구학(제3세계가 중심이 되어 새롭게 구축한 지구학)은 서구 중심의 세계지배학보다 훨씬 더 포괄적이며 포용적인 철학이라는 데 이견이 없을 것이다. 그뿐만 아니라 윤리적이고 인류적인, 평등적이고 분배적인, 미시적이고 지역-로컬 배려적인 철학이 제3세계적 관점에서 구상하는 지구학의 기본적 설계이다.

이상의 논의를 다시 한 번 더 요약하면, 제1단계에서는 지역-로컬의 고유 지식/철학을 기반학으로 구성(constructioin)하고, 제2단계에서는 다른 지역-로컬 지식들과 융합이 가능한 영역 간의 상호구성(co-construction)을 시도하며, 마지막 제3단계에서는 제2단계에서 새롭게 도출한 지식들을 지구촌 차원의 공론화 과정을 거쳐 제3의 지식으로 재구성(reconstruction)하는 것이

---

37 자세한 설명은 조성환(2020b), *op. cit.*, pp.90-96 참조.

38 '재세계화(re-worlding)' 개념에 대해서는 Chih-yu Shih and Yih-Jye Hwang, Re-worlding the 'West' in post-Western IR: the reception of Sun Zi's the Art of War in the Anglosphere, *International Relations of the Asia-Pacific*, Vol.18, 2018, pp.421-448 참조.

다. 이렇게 재구성한 지식/철학이라야 비로소 제3세계가 제1세계의 주변부가 아닌 제1세계와 동등한 · 당당한 주체가 된 '지구학'이 탄생할 수 있다.

지구학의 3단계적 절차(구성 → 상호구성 → 재구성)에 동의한다면, 지구학을 꿈꾸는 우리 모두가 함께 고민해야 할 과제가 무엇인지가 좀 더 분명해질 것이다. 그 명칭이 '지구적 영성학'이건, '지구적 윤리학'이건, '지구적 평화학'이건, '지구적 개벽학'이건, 목표는 3단계인 '지식/철학의 재구성'에 이르는 데 있으며, 그 출발은 1단계인 '지역-로컬의 고유 지식/철학의 정초' 여부에 달려 있다. 지구학의 〈구성 → 상호구성 → 재구성〉에 대한 고민 없이 제3세계에서 단지 '지구학이 필요한 때'라고 목청을 높인다고 해서 제1세계의 지식계가 이에 대해 반응하거나 자극받을 리는 없다는 뜻이다. 보편주의의 가면을 쓴 제1세계의 패권적 지식/철학의 식민성은 식민주의가 끝났다고 종식된 것이 아니라는 사실을 정확히 인지할 때 제3세계가 중심이 된 지구학이 개시될 수 있다.[39]

---

39 "식민주의(colonialism)의 시대는 분명 끝났다." 하지만 J. R. 리안도 강조하듯, 과거에 식민지배를 했던 국가와 식민지배를 받았던 국가 간의 관계에서 식민적(지배/종속의) 관계(colonial relation)는 오늘날에도 여전히 '재현', '재생산', '변형'의 형태로 지속되고 있다. 이는 '식민주의'가 식민주의 '이후'를 의미하는 '포스트 식민주의(postcolonialism)'라는 용어의 등장이 무색할 정도로 '신식민적(neocolonial), 신제국주의적(neoimperial) 통치 형태로 변신을 꾀하고 있다는 말과 같다. 최근의 식민지배 형태를 과거의 그것과 구분하기 위해 심지어는 "다중식민주의, 준식민주의, 내부적 식민주의(multiple colonialisms, quasi-colonialism, internal colonialism)"라는 개념까지 등장한 상태이며, 이는 "미국에 의해 가장 극적으로 대표되는" "제국주의의 새로운 이데올로기"와 다르지 않다 - J. R. Ryan, Postcolonial Geographies, IN: James S. Duncan, Nuala C. Johnson, Richard H. Schein (eds.), *A Companion to Cultural Geography*, Blackwell Publishing Ltd, 2004, p.472.

3) 로컬과 글로벌, 서구와 비서구를 동시에 만족시키는 E. 두셀의 해법

제3세계에서 '지구학'을 주창하려면 명민하면서도 꾀바른 전술이 필요하다. 제3세계 단독으로 '지구학'을 주창하며 전 세계의 지식계가 이에 동조하기를 고대할 것인지 아니면 CGS(Center for Global Studies on Culture and Society)나 AAGS(Asia Association for Global Studies) 등과의 국제적 연대를 통해[40] 좀 더 시간을 절약해 목표한 바를 달성할 것인지 선택해야 한다. 글로벌 식민성은 갈수록 진화해 가면서 세계 지배력을 강화해 가고 있기에 선택은 빠를수록 좋을 것 같다. 감히 필자는 이 자리에서 국제적 연대가 최선의 선택이라고 제안하며, 서구 유럽으로부터의 "'철학'의 해방"을 통해 탈식민 철학을 완성한 E. 두셀(E. Dussel, 1934-현재)의 '초-근대성(trans-modernity)' 개념을 이 자리에서 소개해 볼까 한다.

두셀은 자신의 '초-근대성(trans-modernity)' 개념을 서구 유럽 학계에서 담론화해 온 근대성과 탈근대성을 동시에 아우르며 극복할 수 있는 대안으로 제시했으며, '세계 현실(world reality)', 즉 '지구 전체(the whole earth)'를 그의 해방 철학의 적지(適地)로 삼았다.[41] 두셀에게 철학은 '지구 위의 비참한 사람들에게도 또한 현실'인 '세계 현실'을 구제하는 것이 목표다. 그의 탈식민 해방 철학 관련 글들은 스페인어권에서는 물론이고 특히 영어권에서 많은 독자를 확보하고 있다. 그리고 지구학을 논하는 이 자리에서 굳이 두셀의

---

40 본 협회(https://www.asianstudies.org/)는 2005년 결성되었으며, 연 2회 정기간행물, *Asia Journal of Global Studies*를 출간하고 있다.
41 E. Dussel, Philosophy of Liberation, trans. by A. Martinez and C. Morkovsky, Maryknoll, New York: Orbis Books, 1985, pp.10-11.

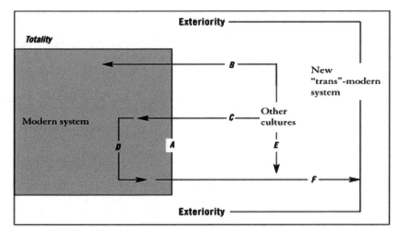

〈그림 3〉 E. 두셀의 '외재성', '초-근대성' 개념도

초-근대성 개념을 소개하는 이유는 초-근대성 개념이 지니는 로컬/글로벌, 서구/비서구를 아우르는 탁월한 방법론적 혜안 때문이다.

앞서 제3세계적 관점에서의 방법론을 모색하면서 각 대륙의 고유한 기반 학을 중심으로 재구성될 '새로운 세계철학'은 〈구성→상호구성→재구성〉이라는 단계적 절차를 거쳐야 한다고 언급했다. 이것이 어떻게 가능한지, 〈그림 2〉를 보완하는 차원에서, 두셀의 초-근대성 개념을 지렛대 삼아 좀 더 구체적인 설명을 해 볼까 한다.

〈그림 3〉은 두셀이 자신의 초-근대성 개념을 서구 유럽 중심의 세계 시스템을 극복할 수 있는 대안으로 제시한 것이다.[42] 이 그림의 핵심을 이해하기 위해서는 '전체성(식민 지배의 주범인 서구 유럽의 중심성, 근대성)'과 '외재성(라

42 그림에 대한 상세한 언급은 E. Dussel, World-system and "trans"-Modernity, *Nepantla*(View from South), Vol. 3, No. 2, 2002, pp.234-236 참조.

틴아메리카를 대표로 하는 비서구, 탈근대성'개념의 이해가 선행되어야 한다. 〈그림 3〉에서 근대성(진하게 표시된 A 부분)은 본 연구와 연관해 서구 유럽이 과거에(또는 현재에도 여전히) 전 세계를 상대로 전개 · 전파했고, 오늘날에도 여전히 전개 · 전파하고 있는 지식/철학의 영역에 해당한다. 그런데 〈그림 3〉을 자세히 들여다보면, A 밖에 B, C, E, F가 있고, D는 A 안에 자리잡고 있다. 이 D는 결국 지역-로컬 고유의 지식/철학이면서 지속적으로 A와 상호 교류가 가능한, 최소한 A와 교류 경험이나 접점이 있는 지식/철학을 의미한다. 한마디로, D는 A와 최소한 상호성이 확보된 지식/철학이라 할 수 있다. 반면 B는 A에 영향을 지속적으로 미치고 있는 비서구적 지식/철학이다. 이를 타운리의 표현으로 바꾸면, '새로운 세계철학'을 지향하는 시대적 요구에 부응해 A가 어쩔 수 없이 수용하고 있는 것이라 할 수 있다. 그런데 D와 B의 작용이 점점 확대되면 언젠가 A의 테두리 선이 해체될 것 아닌가? 서구 유럽에서 오랫동안 '그 밖의 세계(the Rest, the Third world)'로 명명한 채 격원시하거나 배제한 지역-로컬들의 지식/철학이 A 안으로 들어가 A를 새롭게 구성하는 결정적 인자가 되고 A와 어깨를 나란히 할 수 있는 단계에 이르면, 결국 A는 그동안 자신을 구성하기 위해 배타적으로 경계를 강화하는 데만 공을 들였던 모든 것들이 덧없는 것이었음을 깨닫게 되는 날이 올 것이다. D와 B의 역량으로 결국 A의 경계선, 즉 세계 지배라는 폭력의 경계선이 해체되고 나면, 두셀이 꿈꾸는, 기존의 지배하고 종속하는 A와 B, C, D, E, F와의 관계, 즉 한쪽에서는 지식/철학의 표준을 일방적으로 제시하고 다른 쪽에서는 이를 추종하기만 하는 관계가 와해되어 모든 지역-로컬의 지식/철학이 중심이 되는 초-근대성이 실현될 것이다.

이렇게 근대성/전체성(A)의 외재성으로 머물러 있어야만 했던 B, C, D, E,

F가 근대성을 아우르며 극복하는 것이 초-근대성이다. 두셀이 꿈꾸는 경계 없는 세계, 모든 것이 중심인 세계가 바로 이러하며, '초-근대성 프로젝트' 의 골자가 여기에 있다. 그 스스로도 밝히고 있듯, "초-근대성은 서구가 그 것을 채택한 적이 없고, 오히려 그것을 '아무것도 아닌 것(nothing)'으로 경멸 하기까지 했던 지식/철학의 외재성에 해당하는데, 바로 이 외재성이 보유 하고 있던 잠재성이 [근대성/]전체성에 변화를 가해 21세기에 이르러 중요 한 의미의 창조적 기능을 갖게 된 것"이다.[43] 그리고 무엇보다도 두셀의 초- 근대성 프로젝트는 '지구촌의 다수 문화들(planet's multiple cultures)'이 동참 해 세계사(world history), 보편사(universal history)의 영원한 중심이 서부 유럽 에 있다는 '서구적 근대성을 초극하는(beyond Western modernity)' 데 그 핵심 이 있다.[44] 두셀에 따르면, 근대성은 '아메리카 대륙의 발견으로부터 5세기 동안이나 유지된 세계-시스템'인데, 그에게 이는 '실패한 제국주의적 세계 (관)'일 뿐이다. 따라서 '근대성에 의해 제거된 문화들', '근대성의 밖(outside of modernity)'에서 여전히 '살아 꿈틀대고, 저항하며, 성장한 다른 문화들, 즉 외재성'이 '21세기를 위한 새로운 문명'의 개발에 앞장설 때가 되었다는 것 이다.[45] 두셀의 초-근대성 프로젝트는 서구 유럽의 근대성/전체성의 외재성 으로 배치되는 데 그쳤던 것들이 근대성/전체성의 폭력을 단지 비판(부정) 하는 데 그치지 않고 이를 슬기롭게 극복(종합)해 21세기적 전망을 제3세계

---

43 Ibid., p.221. 참고로 '외재성(외부성)'은, 두셀의 설명에 따르면, "'다른' 장소('other' place) 에 침묵한 채로 가만있지 않고, 이 침묵 상태에 벗어나, 새로운 것을 만들고(originate), 새로운 것을 만들기 위해 자신의 힘을 동원하는(mobilize) 과정이다."(ibid., p.234) 외재 성이 초-근대성의 핵심 개념인 이유가 바로 여기에 있다.

44 Ibid., pp.221-222.

45 Ibid., p.224.

적 관점에서 제시한다는 데 의미가 있다.

두셀의 프로젝트는 그의 학문적 자긍심과 비전이 낳은 결과라 할 수 있다. 그의 언급대로 "유럽이나 미국 밖에는 수천의 문화들이 존재한다."[46] 이 수천의 문화들이 존재하기에 인류는 풍요로운 삶을 영위할 수 있다. 유럽과 미국의 문화와 다른 문화들에 대한 존경과 이질적 정체성에 대한 배려는 두셀이 그의 『해방의 철학』에서 강조한 '세계 현실'에 대한 반영이자 '지구 전체'에 대한 고려이기도 하다는 점에서 선택 사안이 아니라 필수 사항이다.

> 대다수의 인류는 그들의 일상에서, 계몽된 지평에서 각기 문화들을 유지하고, 세계성(globality)의 요소들을 쇄신하고 포함할 수 있도록 재조직하며, 창조적으로 발전시킨다.[47]

두셀의 의견에 동의한다면, 우리는 A를 겨냥한 B, C, D, E, F의 활동력을 높이는 데 함께 노력할 필요가 있다. 감히 말하지만, 보편적 문화는 존재하지 않는다. 보편적 역사도 마찬가지다. 보편적 문화, 보편적 역사에 대한 환상이나 환원적 요구는 각 지역-로컬이 역사적으로 또는 잠재적으로 가지고 있는 모든 창조적 능력에 대한 철저한 부정에 기초한다. 모든 지역-로컬(유럽과 미국도 마찬가지지만)은 각기 독특한 문화와 특정 역사를 소유하고 있다. 우리가 공동의 노력을 통해 되살리고 심화시켜야 하는 것도 바로 이러한 상식에 기초한 문화관, 역사관, 세계관, 지구관이다.

---

46 *Ibid.*, p.236.
47 *Ibid.*

제3세계가 중심이 된 지구학을 구상하는 과정에서 두셀의 초-근대성 개념을 끌어들인 것은 그의 초-근대성 개념 안에 우리가 이정표로 삼을 만한 것이 있다고 판단해서다. 제3세계가 중심이 된 지구학 구상은 결국 두셀과 같은 방식으로 중심/주변, 동양(동학)/서양(서학)으로 지식의 경계를 분할하는 전통의 이분법적 방식에서 벗어나 모든 지역-로컬의 다양한 지식들이 '새로운 세계철학'의 중심이 되는 방식으로 재구성되어야 한다. 모든 지역-로컬이 중심이 된 대안적 세계화, 즉 '지역세계화(localobalization)'에 대한 자각에 기반하지 않은 지구학은 세계지배학에 종속되고 만다는 사실을 명심해야 한다.[48]

3. 제3세계 지식인들의 연대와 '장소감'의 증진이 필요한 이유

오늘날 세계화는 그 누구도, 그 어떤 국가도 거부할 수 없는 '후퇴할 수 없는 삶의 사실'(A. Giddens)이다.[49] 그런데 불행인지 다행인지 지구학에 대한 관심은 역으로 세계화의 강화로 인해 세계화의 피해 지역-로컬인 제3세계권에서 '불처럼' 번지고 있다.

하지만 여기서 우리가 경계심을 늦추어서는 안 되는 것이 하나 있다. 제1세계에서는 세계지배학의 꿈을 과거에는 말할 것도 없지만 현재에도 포기하지 않고 있다는 점이다. 따라서 세계지배학을 극복하기 위해서는 제3세

---

48 박치완, 「로컬 중심의 대안적 세계화 기획: 〈세계→지역화〉에서 〈지역→세계화〉로」, 『인문콘텐츠』 58, 2020, 31-56쪽 참조.
49 재인용: https://en.wikipedia.org/wiki/Global_studies. 최종 검색: 2021.03.01.

계의 연대가 필수적이고, 제1세계의 세계 지배 시스템을 극복하지 못하는 한 지역-로컬의 '불행'은 계속될 수밖에 없다. 대한민국과 같은 제3세계에서 단지 '지구인문학'이라는 닻을 올린 것만으로는 지구촌을 뒤덮고 있는 세계화, 세계지배학의 피해와 불행이 사라지지 않을 것이란 뜻이다.

미뇰로는 우리에게 "식민적 권력 매트릭스는 밖(outside)이 없기에 밖에서 관찰될 수 없다는 점을 기억하라."라고 경고했다.[50] 즉 "우리[모두는, 서구인이나 비서구인이나 할 것 없이, 예나 지금이나는 식민적 권력 매트릭스 안에 존재하고 있다."라는 것이다.[51] 미뇰로는 정확히 이런 이유 때문에 서구 유럽과 '연결 고리를 끊지 않고서는' 탈식민적 사유가 불가능하다고 역설할 정도로, 제1세계의 지배력은 진화하면서 제3세계를 겨냥한 올가미를 강화해 가고 있다. 두셀이 "탈근대성도 유럽 중심주의만은 몰아내지 못하고 있다."라고 비판하면서 '초-근대성'을 설파한 것도 미뇰로와 같은 취지에서라 생각된다.[52]

두셀이나 미뇰로의 최종 목표는 물론 서구 유럽을 감싸 안고 포용하는 것이지만, 바로 이 목표를 달성하기 위해서라도 현 단계에서 필요한 것은 '인식적 불복종, 독립적 사고, 탈식민적 자유'라고 미뇰로는 강조했다. 그리고 그 이유를 그는 다음과 같이 적시했다:

> [서구 유럽이 제시한] 신세계는 [우리와 같은 제3세계인들이] 세계 속에 존재하며 이해하고, 감각하고, 믿고, 살아가는 방법들과 공존하는 것에 대해

50 W. Mignolo, Interview, *E-International Relations*, Jan. 21, 2017, p.5.
51 *Ibid.*
52 E. Dussel(2002), *op. cit.*, p.233.

[철저히] 침묵하고, 부인하며, 파괴하고, 악마화했다.[53]

미뇰로가 이렇게까지 유럽 중심주의, 근대성에 대해 비판의 칼날을 벼린 이유가 대체 어디에 있겠는가? 이는 세계화, 세계지배학의 위세에 대항한다는 것이 말처럼 그리 녹록하지 않다는 뜻이다. 그에게 세계화, 세계지배학은 '제국주의적 · 식민적 정치학'과 다르지 않았다. 오죽했으면 지식/철학에도 그가 '제국주의적/식민적'이라는 형용사를 붙이지 않으면 안 된다고 했겠는가.[54] 이는 제3세계에서 닻을 올린 비판적 · 대안적 세계화 연구가 지역-로컬 지식의 재건 운동으로 승화되기 위해서는 넘어야 할 산이 많다는 뜻이기도 하다.[55] 제1세계의 세계지배학에 맞서 제3세계에서 주창하는 지구학이 지식/철학적 '담론의 복수화와 다원화'에 이르는 과정에서도 넘어야 할 산이 많기는 마찬가지다.

서구 유럽으로부터의 지식/철학의 독립은 어쩌면 정치적 · 경제적 독립보다 더 어려운 일일 수 있다.[56] 정치적 · 경제적 저항과 비교할 때, 지식/철학의 저항이 약한 것은 아마 물리적 폭력이 정신적 폭력보다 더 직접적이기 때문일 것이다. 하지만 우리는 지구학에 대해 '희망의 끈'을 놓을 수 없다. 지구학은 인류가 공동의 노력을 통해 반드시 이뤄내야 하는 현안이자 당면 과제다. 제3세계에서 외치는 '기존의 세계철학'을 극복한 '새로운 세계철학',

53 W. Mignolo(2017), *op. cit.*, p.4.
54 *Ibid.*
55 W. Mignolo(2007), *op. cit.*, p.500; 박치완, 「지역-로컬 지식의 재건 운동과 지역세계화의 의미」, 『현대유럽철학연구』 56, 2020, 275-320쪽 참조.
56 B. W. Davis, Dislodging Eurocentrism and Racism from Philosophy, *Comparative and Continental Philosophy*, Vol. 9, No. 2, 2017, p.116 참조.

즉 지구철학에 대한 목소리가 5대양 6대주에서 울려 퍼지게 되면, 바텀-업의 방식으로 지식/철학의 재-세계화가 완성되면, 두셀이 강조한 대로 비서구의 외재성이 서구의 전체성을 포용하고 감싸는 날이 오면, 타운리가 제안한 '새로운 세계철학'으로 중심 이동이 전격적으로 이루어지면, 그때가 진정한 지구인문학이 실현되는 날일 것이다.

제3세계권의 실천적 철학자들 덕분에 오랫동안 소외되고 배제된 다수의 목소리를 제1세계권에서 귀를 기울인다는 사실만으로도 이미 절반의 성공은 거둔 셈이다.[57] 절반의 성공을 거두었음에도, '이성의 지리학이 [서구 유럽에서 비서구 유럽으로] 이동하고 있음'에도 불구하고[58], 우리가 긴장의 끈을 놓아서는 안 되는 이유는 제3세계권 학자들이 중심이 된 지구학·지구인문학과 같은 신철학 운동이 아직은 엘리트들의 운동 차원에 머물러 있고, 세계화와 지역화를 둘러싼 힘겨루기는 상당 기간 더 지속될 것이라 예측되기 때문이다. 게다가 전세(戰勢)는 세계화·세계지배학 쪽이 훨씬 유리하기 때문에, 지역-로컬의 기반학이 정초되기도 전에 〈Global Studies〉가 COVID-19처럼 전 세계에 먹구름을 들씌울 확률이 높기에, 제3세계의 지식인들이 연대해야 한다.[59]

제3세계가 중심이 된 지구학의 구성은 제3세계의 '권리 회복'의 문제와 직

---

57 C. Townley, *op. cit.*, p.4 참조.

58 W. Mignolo(2007), *op. cit.*, p.462.

59 '지구인문학' 논의에서 '지역-로컬 중심의 세계화(glocalization, localobalization)' 논의 또한 활발하게 진행되고 있다. 이와 관련해서는 V. Roudometof, The Glocal and Global Studies, *Globalizations*, Vol. 12, Iss. 5, 2015; J. McDougall, Reterritorializations: Localizing Global Studies in South China, *Global-E*, Vol. 10, Iss. 20, 2017; B. de Sousa Santos, Beyond Abyssal Thinking: From Global Lines to Ecologies of Knowledges, *Review*, Vol. 30, No. 1, 2007 참조.

결된다. 오늘날 제3세계에서는 '장소의 현상학'을 통해 지역-로컬의 기반학을 정초하는 것이 관건이다. 실존의 장소는 '저기 있는 추상적 세계(world-there)'가 아니라 '여기 내 앞에 있는(I-here) 구체적 장소'를 의미한다.[60] 바로 이 구체적 장소, 즉 지역-로컬은 인간의 욕망 · 믿음 · 사물들 · 사람들이 포함된 '특수하고도 특별한' 장소이다. 인간의 모든 경험은 이렇게 구체적 장소에서 실행되고 체화된다. 구체적 장소에서, 그곳이 어디이건, 우리는 우리 자신을 발견하는데, 이는 곧 장소와 장소의 의미를 발견한다는 말과 같다. E. S. 케이시가 "자아와 장소를 신체로 성찰한다."라고 말한 이유가 여기에 있다. 케이시에 따르면 우리는 결국 '로컬 장소에서 체화된 몸'으로 세계를 경험하며, 소위 '철학'이란 걸 실천한다. 그런즉 '지리적 동물(homo geographicus)'[61]인 인간이 자신의 실존적 '염려를 로컬화하는'[62] 것은 선택지가 아니라 필수 사항일 수밖에 없다. 이를 D. 모리스(D. Morris)의 표현으로 바꾸면, 인간은 '장소에 뿌리를 둔 존재이기에 장소를 위한 염려를 로컬화'[63] 해야 한다는 말이 된다. 이렇게 자신의 실존적 염려를 로컬화한 '장소-내-존재'에게 장소는 '장소감(sense of place, 장소 의식)'을 제공한다. '장소-내-존재'가 장소감을 갖게 되었다는 것은 이미 그 장소가 단순히 물리적 공간이 아니라 정서적 · 실존적 공간, 사회적 · 문화적 공간으로 장소의 성격이 존재자에게 내밀화 · 내면화되었다는 것을 뜻한다.

60 T. R. Schatzki, Subject, Body, Place, *Annals of the Association of American Geographers*, Vol. 91, No. 4, 2001, p.699.

61 E. S. Casey, Between Geography and Philosophy: What Does It Mean to Be in the Place-World?, *Annals of the Association of American Geographers*, Vol. 91, No. 4, 2001, p.688.

62 E. S. Casey(1993), *op. cit.*, p.175.

63 D. Morris, Review Essay, *Continental Philosophy Review*, No. 32, 1999, p.42.

세계화론자나 신자유주의자들이 기획하는 글로벌-가상 공간은, 케이시에 따르면, 전 지구촌을 하나로 병합하려는 자들에 의해 '획책된 일반론'에 불과하다. 이는 '[지역-로컬의] 생활세계가 확장된 순수 공간으로 이루어져 있다는 근대성의 신화'를 연장하려는 속셈이다.[64] 글로벌-가상 공간의 제산자(制産者)인 제1세계권에서는 이렇게 모든 지역-로컬을 자신들이 기획하고 있는 글로벌 공간의 지배하에 두려고 안달한다. '내'가 사고하고 노동하고 상상하는 곳이 '구체적 장소'라는 인식 전환이 수반되지 않으면 '장소감의 결여'로 인해 종국에 우리 모두가 '장소 상실'이라는 쓰라린 경험을 하게 될 것이다.[65] 그리고 그렇게 되면 결과적으로 우리는 제1세계의 공간병합론자들이 제공하는 음식을 먹고, 음악을 듣고, 영화를 보아야 하는 종속적 상황에 처하게 될 것이다. 취미도 욕망도 가치관도 세계관도 오직 그들이 제공하는 상품들이 결정할 것이다. 자기 결정권이 없는 제3세계 국가는 제1세계로부터 밀려드는 상품과 자본으로 넘치게 될 것이다. 상품과 자본만 문제를 야기(惹起)하는 것이 아니다. 제1세계의 자본의 힘과 경제력은 "공간과 장소에 대한 우리의 경험을 결정하는데 그치지 않고 (…) 우리가 어떻게 공간을 경험하는지도 결정한다."[66] D. 매시(D. Massey)가 '필연적 반동'으로서 '지역-로컬의 장소감(sense of local place)과 그 특수성'[67]에 대한 인식이 시급하다고 강조한 이유가 여기에 있다.

개인의 장소-정체성은 문화적 정체성, 집단-공동체의 정체성과 구분되

---

64 E. S. Casey(2001), *op. cit.*, p.684.
65 E. Relph, *Place and placelessness*, London: Pion Limited, 1976.
66 D. Massey, A Global Sense of Place, *Marxism Today*, June 1991, pp.24-25.
67 *Ibid.*, p.24

지 않는다. 지구인문학이 제2의 글로벌 환상 공간을 제안하는 데 그치지 않고 구체적 장소에 천착해야 하는 이유가 여기에 있다. 그래야 제1세계의 세계지배학과 독립적이면서 포용적인 지구인문학을 구성해 낼 수 있다. "내가 생각하는 곳에 내가 존재한다."[68]라는 사실을 망각할 때, 기존의 관념론적 철학이 그랬고, 현대의 데이터 과학이 그러하듯, '인간'이 잊혀진다.[69] 그렇게 장소에서 사람들(people)이 잊혀지는 것을 원치 않는다면, 우리는 각기 자신이 속한 장소를 지켜 내는 데 온 에너지를 쏟아야 할 것이다. '장소의 철학화(Philosophizing of Place)'와 '철학의 지역-로컬화(Localizing of Philosophy)'는 장소-내-존재의 책임 의식과 이를 실천하려는 노력에 비례한다. 지구인문학은 장소를 철학화한 곳에서만 그릴 수 있는 새로운 세계 디자인이다.

68 W. D. Mignolo, I am where I think: Epistemology and the colonial difference, *Journal of Latin American Cultural Studies*, Vol. 8, Iss. 2, 1999 참조.
69 O. Stevenson, H. Parr, P. Woolnough and N. Fyfe, *Geography of Missing People: Process, Experiences, Responses*, Glasgow, UK: University of Glasgow, 2013 참조.

제
2
장

'사이'와 '너머'의 지구정치학

: 개인 · 국가 · 세계 너머의 시선과 사유

김석근 역사정치학자

지구인문학적인 관점에서 구상하는 '지구정치학'은 기존의 정치학, 특히 국제정치·국제관계·세계정치와는 그 지향점과 뉘앙스를 달리한다. 정치학·국제정치·세계정치가 '개인'과 '국가' 그리고 '세계'를 토대로 하고 있다면, 지구정치학은 그동안 배제/소외되었거나 주목받지 못했던 '그들 사이와 너머'에 주목하고자 한다. 그들 모두를 감싸 안는 전체로서의 '지구' 차원에서 '정치적인 것'들을, 나아가서는 '비정치적인 것'들까지 재음미해 보려는 것이다.

　　　이미 정치학과 인접 관련 분야에서 기후변화(온난화)·환경·대기오염·생태계 등에 주목하면서 글로벌리제이션·환경정치(학)·생태정치(학) 등으로 범주화하려는 노력이 이루어져 왔다. 그 논의는 'the Politics of ○○○○○'(예컨대 Climate Change · Environment · Ecology, etc.)라는 형태로 진행되고 있다. 이 글에서 말하는 '지구정치학'은 'the Politics of Politics'로, 비유하자면 예술(의) 철학, 음악(의) 철학 등에 대응해서 '철학(의) 철학'을 제기하려는 것과도 같다.

　　　역시 '지구(Earth, Globe, Planet)'가 출발점이 되어 줄 것이다. '안과 밖, 그리고 경계'에 주목하면서, 자유롭게 떠다니면서 스케치해 보고자 한다. 익숙한 것들을 새삼 낯설게 바라보기도 하고, 때로는 바깥에 서 있는 것처럼 물음을 던져 보고자 한다. 이런 자유비행(自由飛行)을 통해서 지구인, 지구시민의 환기와 더불어 '지구중생(地球衆生)', '일체중생(一切衆生)'이라는 인식에 다가가려 한다.

"가까운 미래, 희망과 갈등이 공존하는 이 시대의 인류는
지적 생명체와 진보의 꿈을 찾아 태양계로 진출했다."[1]

"우리가 지구를 잘 돌보지 못했소."[2]

"정말 전쟁을 일으켰군. 이 미친놈들, 결국 지구를 날렸어!
저주한다! 모두 지옥으로 꺼져!"[3]

1. 지구인문학과 새로운 사유

바야흐로 '지구인문학(地球人文學)'이 떠오르고 있다. 관심과 더불어 유

---

1 영화 「애드 애스트라(AD ASTRA)」['To The Star'(2019)].
2 "들리는가?" 북극에 혼자 남은 천문학자 어거스틴. 그는 지구로 귀환 중인 우주 비행사들
　과 교신하려 애쓴다. 그들에게 알려야 한다. 인류의 미래는 이제 지구에 없다고. 영화「미
　드나이트 스카이」['The Midnight Sky'(2020)]
3 영화 마지막 장면에서 행성을 탈출하려던 테일러가 무너져 있는 '자유의 여신상'을 발견
　하고는 분노하면서 내뱉은 말[자유의 여신상 장면. 영화 「혹성탈출」['Planet of the Apes'
　(1968)].
　http://image.cine21.com/resize/cine21/still/2011/0623/M0020011_special__1[W680-].jpg]

행하고 있다고 해도 좋겠다. '지구인문학연구회'의 결성과 활발한 연구, 그리고 「경계를 넘는 지구학의 모색」이라는 부제를 가지고서 개최된 「지구화 시대의 인문학」 학술대회가 일단의 증거가 된다고 하겠다. 영어로는 'Globalogy: The Humanities in the Age of Globalization'으로 표기하고 있다.

지구인문학과 더불어 새로운 용어와 개념들 역시 출현하고 있다. 새로운 사유는 새로운 말들(용어)을 필요로 하므로 그것은 자연스러운 일이기도 하다. 그럼에도 그 핵심을 이루는 단어는 역시 ('지구'와) 'Globe'라 해야 할 것이다.[4] 형태상으로 보자면 globe에서 global, globality, globalism, globalization, globalogy 등이 파생되어 나온 것이다. 하지만 그들은 단순한 단어의 생성 과정을 넘어서 있다. 논자에 따라서 같은 용어를 쓰고 있더라도 거기에 담기는 내용과 함의가 다르기는 하지만 점차로 일종의 '개념'으로 자리잡아 가는 것이다.

어떤 자리에서 지구인문학 얘기를 했더니 불쑥 이런 질문이 나왔다. "그거 '지구과학'의 반대말이냐?" 아무래도 익숙한 지구과학이 떠올랐던 모양이다. '지구과학(Earth Science, 地球科學)'이란 말은 오래전부터 사용되어 온 것이며, 1955년부터 정규 고등학교의 교과목의 이름이기도 하다. 사전적 정의에 따르면, 지구과학은 '지구를 중심으로 그 주변의 자연을 대상으로 연구하는 학문'으로 "종합적인 자연과학의 체계를 다루는 것으로서 이에는 지질학·기상학·천문학이 포함되며, 해양학·지구물리학도 함께 취급된다." 처음에는 '지학(地學)'으로 불리다가 1976년 지구과학으로 바뀌게 되었

---

4   그런데 Globe에는 여러 가지 의미가 담겨 있다. 예를 들자면 ①)세계, ②지구, ③글로브, ④구(球), ⑤세상 등이다. https://en.dict.naver.com/#/search?range=all&query=globe

다.[5] 지구인문학 전문가는 아니지만 한 발 들여놓고 있는 필자는 웃으면서 말했다. 딱히 반대말이라 할 수는 없지만, 그런대로 좋은 대비가 되는 것 같다고 했다. 공통분모로서의 지구를 잠시 소거(消去)한다면 '과학'과 '인문학'의 대비 정도가 되는 셈이다.[6]

지구과학이 다루는 범위가 아주 넓듯이[지구과학에는 지질학 · 기상학 · 천문학이 포함되며, 해양학 · 지구물리학도 함께 취급된다는 점은 흥미롭다.], 지구인문학의 범위 역시 다양하다. 「지구화 시대의 인문학」 학술대회에서도 실로 다양한 분야를 만날 수 있었다.[7] 기존의 학문 분과 이름 앞에 '지구'를 붙인 경우도 있지만 지금까지 들어 보지 못한 전혀 새로운 분야도 있다.

각 분야별로 지구**학이 안겨 주는 신선함과 충격이 한결같을 수는 없겠다. 그 분야 사정에 따라서 조금씩 다를 것이다. 그러면 정치학(Political Science) 분야에서 '지구정치학'은 어떨까? 아마도 많은 정치학자들은 그게 뭐 그리 새로운 것이냐 하는 다소 시큰둥한 반응을 보일는지도 모르겠다. 왜냐하면 근대적인 의미에서의 정치학은 19세기 후반 이후 오늘에 이르기

---

5 1955년 처음으로 고등학교에서 교육하도록 했으며, 1957년부터 '지학'이라는 과목명으로 물리학 · 화학 · 생물학과 함께 가르치게 했다. 1959년 서울대학교 사범대학에 '지학과'가 설치되었으며, 이어 다른 대학에서도 그 뒤를 따르게 되었다. 가르칠 교사를 양성해야 했기 때문이다. 1976년 지구과학으로 이름을 바꾸게 되었다. 지구과학은 물리학 · 화학 · 생물학과 함께 고등학교의 필수과목으로 자리잡고 있다. 『한국민족문화대백과사전』 「지구과학」 항목 참조.

6 이후 지구과학과 지구인문학을 합치면 지구학(地球學, (Global Studies)이라 할 수 있을까, 지구학은 이제는 사용되지 않는 '지학'(地學)이라는 용어를 사용해도 좋을까 하는 의문이 문득 떠오르기도 한다. 하지만 여기서는 더 이상 논의하지 않기로 하겠다.

7 지구재난학, 지구예술학, 지구종교학, 지구기학, 지구형이상학, 지구인류학, 지구정치학, 지구유학, 지구살림학, 지구수양학, 지구교육학, 지구윤리학, 지구평화학.

까지 이어지는 사회과학(Social Science)의 주요한 한 부문으로 존재해 왔으며, 더욱이 현재 정치학 분야에는 국제정치(國際政治, International Politics), 국제관계(國際關係, International Relations), 세계정치(世界政治, World Politics), 외교(外交, diplomacy) 분야, 그리고 관련된 과목들이 있기 때문이다. 거기다 UN, 국제기구, 국제법, 국제사법재판소 등을 감안한다면야 … 이들 분야는 세계화 또는 지구화 시대의 도래와 더불어 가장 활기를 띠고 있는 분야라 해도 과언은 아니다.[8] 그와 더불어 다루는 소재에서도 새로운 요소를 끊임없이 받아들이고 있는 듯하다. 기후, 오염, 환경, 생태, 핵, 에너지, 정보, 과학기술 등.

따라서 관건은, 지구인문학이란 관점에서 말하고자 하는 지구정치학이 이들 국제정치 등의 제 분야와 어떤 점에서, 그리고 어떻게 다른가 하는 것이다. 차별성의 문제라 해도 좋겠다. 나아가서는 새로운 사유로서의 지구정치학이 기존의 정치학에 비해서 지니는 새로움과 그 존재 의의는 과연 어디서 찾을 수 있는가 하는 점이다.

효율적인 논의를 위해서 미리 조금 말해 두자면 이러하다. 지금까지의 정치학 · 국제정치 · 세계정치가 '개인'(Individual)과 '국가'(State)[특히 민족 · 국민국가(Nation State)] 그리고 '세계'(World)[국민국가들 사이의 관계]를 토대로 구축되어 있다면, 지구정치학은 그동안 배제/소외되었거나 주목받지 못한 일차적으로 '그들 사이와 너머'에 주목하고자 한다는 것이다. 아울러 그들 모두를 감싸 안는 전체(혹은 전 지구적 규모)로서의 '지구(地球)' 차원에서 '정

---

8 지금은 세계화와 지구화를 말하고 있지만, 시대순으로 보자면 국제화 → 세계화 → 지구화 순으로 등장했다고 할 수 있겠다. 국제화, 세계화, 지구화의 관계는 뒤에서 다루고자 한다.

치적인 것'들을, 나아가서는 '비정치적인 것'들까지 재음미해 보려는 것이
다. '비정치적인 것들이 지니는 정치성'까지 읽어 가자는 것이다.

2. 지구와 인간 그리고 인류세(Anthropocene)

한자어로서의 지구(地球)라는 단어를 언제부터 사용했을까? 무엇보다 지
구라는 말에는 '땅은 둥글다'라는 뜻이 담겨 있다. 그것은 동아시아의 오래
된 인식 또는 세계관인, '천원지방(天圓地方)', 즉 "하늘은 둥글고 땅은 네모
로 되어 있다."라는 명제를 정면으로 부인하는 것이다.[9] 그 점이 중요하다.
지구라는 말 자체는 오랫동안 이어져 온 전통적인 천지관(天地觀, 천지코스몰
로지)과는 분명한 단절이 있다는 것을 말해 준다. 전래된 새로운 과학적 지
식의 세례 없이는 불가능한 인식이라 하지 않을 수 없다.

이탈리아 출신의 예수회 선교사 마테오 리치(Matteo Ricci, 1552-1610)가 중
국에 와서 서양의 과학을 소개하는 과정에서 전해진 완전히 새로운 세계관
이었다. 그러니까 16세기 이후에나 사용하게 된 말이다. 그가 편찬한 『건곤
체의(乾坤體儀)』(1605)에 "日球大於地球, 地球大於月球"[해(일구)는 지구보다
크고, 지구는 달(월구)보다 크다.]라는 구절이 보인다. 분명하게 '地球, 日球,
月球'라는 용어를 구사하였다. 이미 공처럼 둥근 존재로서의 지구, 그리고
그 지구는 해(일구)와 달(월구)과 병칭되었다. 그리고 그것은 천체(天體) 또한
우주(宇宙) 안에서 이해되었다는 것이다. 다시 말해서 지구의 안과 밖 그리

---

9   전통적으로 땅을 가리키는 한자는 지(地) 혹은 곤(坤)이었다.

고 경계가 동시적으로 상정되어 있다는 말이다. 이 점은 전통적인 세계관, 우주관과 크게 다르지 않다고 해도 좋겠다.

'지구가 둥글다[地圓]'는 인식은[10] 자연스레 지구가 움직이며 그것도 스스로 돈다[地轉]는 주장으로 이어지게 되었다. 그리고 지전설(地轉說)은 김석문(金錫文, 1658-1735)과 홍대용(洪大容, 1731-1783)에 이르러 명제가 되기에 이르렀다.[11] 이에 대해서는 새삼 말하지 않아도 되겠다. 그리고 특별히 주목하고 싶은 것은 최한기(崔漢綺, 1803-1877)의 『지구전요(地球典要)』(1857)라 하겠다.[12] 책 제목에 지구라는 단어를 분명하게 내세웠다는 점에서도 그렇지만, 지구를 태양의 둘레를 공전하는 하나의 '행성(行星, planet)'으로 다루었기 때문이다.

그런 만큼 이 글에서 구상하는 '지구정치학'과 관련해서 1)오랜 전통이 있는 천원지방(天圓地方)적인 인식에 대해 단절이 있었다는 것, 그 연장선 위에서 2)1857년에 간행된 최한기의 『지구전요(地球典要)』를 하나의 의미 있

---

10 조선에서 '지구'라는 용어가 처음 보이는 것은 김만중(金萬重)의 『서포만필(西浦漫筆)』(1687년)이라 한다. "地若隨天輪轉, 人將疑als倒懸, 正與地球一理(만약 땅이 하늘을 따라서 돈다면 사람들이 거꾸로 매달리게 되지 않겠는가 하고 의심할 것이다. 하지만 그것이 땅이 둥글다는 이치와 맞는다)." 그는 땅이 둥글다는 것을 의심하는 것은 '井蛙夏蟲之見'(우물안의 개구리나 여름 벌레와 같은 소견)이라 했다.
11 김석문은 『역학도해(易學圖解)』(1697년)에서 지구가 구형이며 움직인다는 것을 주장했으며, 홍대용(洪大容, 1731~1783)은 『의산문답(毉山問答)』(1766년)에서 지구가 둥글 뿐만 아니라, 스스로 돈다는 것을 말하고 있다.
12 중국에서 전해진 『해국도지(海國圖志)』·『영환지략(瀛寰志略)』 등을 기초로 편집했다. 우주계의 천체와 기상, 지구상의 자연 및 인문지리를 다루었다. 1719년(숙종 45) 일본에 다녀온 통신사 신유한(申維翰)의 『해유록 海遊錄』도 참조했다. 13권 7책. 필사본. 본문 12권과 지도 1권으로 구성되어 있다. 범례·목차에 이어 천문·지구·조석, 대륙별 총설 및 국가별 지지, 해론(海論), 중서동이(中西同異), 전후기년(前後紀年), 양회교문변(洋回敎文辨), 역상도(曆象圖)와 제국도(諸國圖) 순으로 배열되어 있다.

는 시대적인 포인트(지표)로 삼고자 한다. 이 말은 동아시아의 전통적인 사유 혹은 그 전환기에 등장했던 복합적인 사유에로의 단순한 회귀 혹은 무비판적인 미화(美化)를 경계하고자 하기 때문이다.

'지구' 자체를 하나의 단위로 바라보게 되면, 그와 더불어 그 경계와 바깥 역시 설정되지 않을 수 없다. 우주에서 바라보면 지구는 '푸른색 대리석(A Blue Marble)'처럼 보인다고 한다. 우리는 언제 지구를 느낄 수 있는가? 많은 사람들에게 익숙한 것은 웹툰 · 영화 · SF 소설에서 볼 수 있는 스토리, 예컨대 우주 바깥세계[外界]에서 날렵한 우주선을 타고 무자비하게 지구를 침략해 오는 행위에 맞서는 '지구방어사령부', 혹은 어느 날 갑자기 전혀 낯선 외계의 생명체를 만나게 될 때[예컨대 오래전에 제작된 영화 〈E.T. - The Extra Terrestrial〉(1982) 같은 것가 아닐까 싶다.[13] 개인적으로 SF 영화는 별로 좋아하지 않지만, 이 글을 준비하면서 브래드 피트(Brad Pitt)가 주연한 영화 〈AD ASTRA〉(2019)[14], 조지 클루니(George Clooney)가 감독을 맡고 주연까지 한 영화 〈The Midnight Sky〉(2020)[15] 등을 흥미롭게 보았다.

---

13 조선왕조실록 『광해군일기』에 강원도 4개 지역에서 미확인물체(UFO)가 나타났다는 기록을 확인할 수 있다.

14 라틴어 'AD ASTRA'는 'To the Star'(별을 향하여)라는 뜻이다. 로이 맥브라이드 소령(브래드 피트)는 20년 전에 해왕성으로 생명체를 찾아 떠난 아버지에게 무슨 일이 있었는지 조사하기 위해 우주로, 해왕성으로 떠난다. 아버지는 죽었다고 생각하고 있었다. 목성, 토성을 지나 해왕성으로 가면서 그는 많은 생각을 한다. 특히 아내 이브에 대해서. 아버지는 살아서 연구를 계속하고 있었다. 같이 돌아가자는 권유에도 아버지는 생명줄을 끊고 우주 속 심연으로 사라진다. 영화가 전해주는 핵심 메시지는 별들은 아름답고 섬세하지만 아직은 인류 이외의 지적 생명체는 존재하지 않는다는 것이다. 지구로 돌아온 로이는 자신에게 소중한 것을 위해 살 것이라는 다짐을 한다. 그는 커피 한 잔을 마시고, 떠났던 아내 이브를 다시 만난다.

15 영화의 토대가 된 원본의 제목은 *Good Morning, Midnight*. 브룩스돌턴(Lily Brooks-Dalton)/이수영 역, 『굿모닝 미드나이트』, 시공사, 2019년.

영화 〈The Midnight Sky〉에서는 지구가 이미 재앙으로 종말을 맞게 되었으며 더 이상 지구에서는 미래가 없다고 설정했다. 지구위험시대를 끝까지 밀고 나갔다고 해도 좋겠다. 북극에 마지막으로 남은 천문학자 오거스틴은 우주로 간 사람들의 지구 귀환을 막기 위해 온 힘을 다한다. 그럼에도 불구하고 우주선에 탄 사람들 중에는 굳이 지구로 돌아오는 사람들도 있고, 지구의 식민지별 'K-23, 목성'으로 떠나가는 사람들도 있다. 지구과학에 천문학이 포함되었던 것처럼, 지구인문학에도 천체와 우주가 포함되어야 하지 않을까 싶다. 지구인문학은 어떤 의미에서는 '우주인문학'이기도 하다.

그러면 우리는 우주 혹은 천체의 한 부분으로서의 지구라는 행성을 실제로 하나의 단위 혹은 전체로 볼 수 있는가, 보고 있는가? 그리고 그런 의식을 가지고 있는가? 여기서 우리는 '지구의식(地球意識, global consciousness)', '지구성(globality)'이라는 개념을 생각해 볼 수 있다. (뒤에서 말하겠지만) UN이나 수많은 국제기구들이 그 같은 지구의식을 가지고 있으며, 또 지구성을 구현해 내고 있는가 식의 물음을 던져 볼 수도 있겠다. 왜냐하면 지구가 위험에 처해 있다는 인식, 다시 말해서 '지구의 울부짖음'[16]을 들을 수 있는 '지구위험시대'[17]를 지나고 있기 때문이다. 그런 만큼 지구에 대한 완전히 새로운 인식(혹은 상상력)을 말하는 것은 자연스러우며 또 필요한 작업이기도 하다.

그런 작업 역시 이루어지고 있다. 예컨대 ①지구를 하나의 살아 있는 생

16 베르나르도 보프, 『지구공명: 지구의 울부짖음, 가난한 사람들의 울부짖음』, 황종렬 옮김, 대전가톨릭대출판부, 2018.
17 허남진 · 이우진, 「지구위험시대의 지구인문학-토마스 베리의 지구학과 개벽사상의 만남-」, 『한국종교』 49, 2021.

명체, 즉 'Living Earth(살아 있는 지구)'로 보려는 시도[18], ②지구 전체를 하나의 공동체('지구공동체')로 보아야 한다는 주장[19], ③지구를 '성스러운 공동체'[20], 나아가서는 '지구를 공경하는 신앙'[21]까지 말하게 되었다.

필자로서는 지구를 하나의 살아 있는 생명체로 보려는 시각에 대해서는 충분히 이해할 수 있을 듯하다. 하지만 지구를 하나의 공동체로 본다면, 즉 각적으로 그 공동체의 구성원과 그 범위는 과연 어디까지인가 하는 의문이 떠오르게 된다. 나아가 성스러운 공동체 또는 공경하는 신앙이라면 과연 누가 그렇게 할 것인가 하는 것이다. 당연히 제일 먼저 '인간(Human Beings)'을 떠올리면서 '지구인(地球人)', '지구시민(地球市民)', '행성시민(行星市民)'을 말할 수 있겠다.[22] 그러면 같은 지구 위에서 살아가고 있는 '인간 이외의 존재(non-Human Beings)'는 어떻게 보아야 하며, 인간과의 관계 설정은 어떻게 되어야 할 것인가?[23] 그들은 평등한가? 그렇다, 만물은 평등한가[萬物平等]? 그들 두 범주 사이에, 일부 학자들이 제기하고 있는, (인간들만의 그것이 아니라)

---

18 토마스 베리 · 브라이언 스윔, 『우주이야기』, 맹영선 옮김, 대화문화아카데미, 2010; 제임스 러브록, 『가이아: 살아있는 생명체로서의 지구』, 홍욱희 옮김, 갈라파고스, 2018.

19 토마스 베리, 『지구의 꿈』, 맹영선 옮김, 대화문화아카데미, 2013.

20 토마스 베리, 『황혼의 사색: 성스러운 공동체인 지구에 대한 성찰』, 박만옮김, 한국기독교연구소, 2016.

21 레리 라스무쎈, 『지구를 공경하는 신앙: 문명전환을 위한 종교윤리』, 한성수 옮김, 생태문명연구소, 2017.

22 '지구인, 외계인, 우주인' 등의 용어가 쓰였으나 사람 '인(人)'자가 들어가는 '외계인'(外界人)이란 적절치 않은 듯 하다. '지구인과 에일리언(Alien)' 정도. 1987년 개봉된 영화 '에일리언(Alien)'도 있었다. 참고로 SF 영화 등에서 사용되는 'Terran'이란 용어는 지구인을 가리킨다.

23 '인간'(Human Beings)과 '인간 이외의 존재'(non-Human Beings)를 합쳐서 '지구중생'(地球衆生)으로 이해하고자 한다. 거기서 더 나아가면 지구건 우주건 간에 살아있는 모든 것들을 통틀어 '일체중생'(一切衆生)이라 할 수 있지 않을까.

진정한 의미의 '지구민주주의(Global Democracy)'가 가능할 것인가?

이 같은 사안에 대해서는 다시 논의할 자리가 있을 것이므로, 여기서는 그와 관련해서 나름대로 참고가 될 만한 두 가지 측면을 지적해 두고자 한다.

첫째는 the Anthropocene(the Age of Humanity), 즉 인류세(人類世) 또는 인신세(人新世)에 대한 논의라 하겠다.[24] 인류세(人類世)는 인류가 지구환경에 큰 영향을 미친 시점 이후를 별개로 분리한 비공식적인 지질시대를 가리킨다. 2만 년 전부터를 흔히 '홀로세(Holocene)'라 하지만, 그 시대를 비공식적으로 다시 구분한 것이다.[25] 최근 들어서 논의되기 시작한 것인 만큼 아직 정설(定說)은 없는 듯하지만, 관심을 불러일으키기엔 충분하다고 하겠다.[26] 요컨대 인간이라는 한 종이 지구상의 다른 종들을 압도해서 지구에 큰 영향을 미치게 되었다는 점에 주목했다는 점에서는 관심을 불러일으킬 수 있는 의미 있는 논의라 하겠다.[27]

24 인류세의 개념은 노벨 화학상 수상자 대기화학자 파울 크뤼천이 대중화시켰다. 그 기원을 산업혁명에서 찾기도 하고, 핵실험이 처음 실시된 1945년을 시작점으로 보기도 한다. 방사능 물질, 대기 중의 이산화탄소, 플라스틱, 콘크리트 등이 대표적인 물질로 꼽힌다. 한 해 600억 마리가 소비되는 닭고기, 그 닭뼈를 인류세의 최대 지질학적 특징으로 꼽기도 한다.

25 The Anthropocene is a proposed geological epoch dating from the commencement of significant human impact on Earth's geology and ecosystems, including, but not limited to, anthropogenic climate change.[https://en.wikipedia.org/wiki/Anthropocene]

26 Steve Bradshaw, *Anthropocene: The Human Epoch*(2015) [다큐멘타리] www.anthropocenethemovie.com; EBS 다큐 프라임에서 방영한 「인류세」(2019); 클라이브 해밀턴, 『인류세』, 정서진 옮김, 이상북스, 2018.

27 인류세 ANTHROPOCENE_Save Our Planet, 이는 (재)대구문화재단이 운영하는 범어아트스트리트에서 2021년 첫 기획 전시로 내세운 타이틀 이기도 하다. 2월 16일부터 4월 11일까지 개최. 내외뉴스통신(http://www.nbnnews.co.kr)

덧붙여 둔다면 '인류세'라는 새로운 시대가 이미 시작했음을 자각하고 지구환경을 오래토록 지속시키기 위해서, 데이비드 그린스푼(David Grinspoon)은 'Terra Sapience'라는 용어/개념을 고안해 내기도 했다. 말의 구조로 본다면 'Homo Sapience'에 대비되는 듯하기도 하다. 말 그대로 한다면 '현명한 지구(Wise Earth)'[28] 정도가 되겠다. 거기에 걸맞은 인간으로의 변신(?)을 강하게 요청하고 있다고 해도 좋겠다.[29]

둘째로, '인간(Human Beings)'과 '인간 이외의 존재(non-Human Beings)' 사이의 관계 여하와 관련해서, 필자가 떠올렸던 영화는 다름 아닌 〈혹성탈출(惑星脫出, Planet of the Apes)〉(1968)이었다.[30] 프랑스 작가 피에르 불(Pierre Boulle, 1912-1994)의 SF 소설 『La Planète des Singes』(1963)를 토대로 만든 것이다. 이후 1970년대에 이른바 〈혹성탈출〉 시리즈 영화가 만들어졌으며[31], TV에서 방영되기도 했다(1974년 등). 그러다 2001년 리메이크되었으며 [〈Planet of the Apes〉(2001)], 2011년부터 리부트(reboot)되어 인기를 끌었다.[32]

---

28 Terra는 흙, 땅, 대지 등의 뜻을 가진다. 어원은 라틴어 terra(지구, 땅, 육지). SF에서 지구인을 뜻하는 Terran은 거기서 파생되었다.

29 David Grinspoon, "Welcome to Terra Sapiens," [Excerpted from the book *Earth in Human Hands* by David Grinspoon. Copyright © 2016 by David Grinspoon.] 그는 'mature Anthropocene'라는 표현도 쓰고 있다.
   https://aeon.co/essays/enter-the-sapiezoic-a-new-aeon-of-self-aware-global-change

30 '행성탈출'이 바른 번역이다. 일본에서는 '猿の惑星(원숭이의 혹성)'으로 번역되었다.

31 Planet of the Apes(1968), Beneath the Planet of the Apes(1970), Escape from the Planet of the Apes(1971), Conquest of the Planet of the Apes(1972), Battle for the Planet of the Apes(1973).

32 「혹성탈출: 진화의 시작」[Rise of the Planet of the Apes(2011)], 「혹성탈출: 반격의 시작」 [Dawn of the Planet of the Apes(2014)], 「혹성탈출: 종의 전쟁」[War for the Planet of the Apes(2017)]

시리즈 전체를 통해서 가장 인상적이었던 것은 역시 1968년 첫 작품이다. 인간의 퇴화와 유인원(원숭이)의 진화, 그리고 말을 하면서 인간을 지배하는 유인원의 위상 등은 아주 낯설고 흥미로웠다. 1960년대에 처음 등장한 '핵 공포'에 대해 경각심을 불러일으켰다. 게다가 마지막 장면, 그 정체불명의 혹성(행성)이 알고 보니 다름 아닌 지구였다는 설정은 충격적인 반전이었다. 테일러는 무너진 '자유의 여신상'을 발견하고는 거침없이 분노를 내뱉는다. 디스토피아적인 극한상황을 통해서 지구를, 지구의 미래를 다시금 생각하게 해 주는 작품이었다.

3. 지구정치, 지구정치학, 지구공동체

효율적인 논의를 위해서 우선 지구정치, 지구정치학과 관련하여 지금까지 나온 사항들을 간략하게 검토하고, 이어 그것들을 토대로 이 글에서 구상하는 지구정치학에 대해서 논의해 보고자 한다.

(1) 지난 2002년 정치학대사전편찬위원회가 편찬한 『21세기 정치학대사전(Encyclopedia of political science)』(서울: 아카데미아리서치, 2002)에는 '지구정치(global politics, 地球政治)'라는 항목이 나온다. 이 글의 관심사와 관련된 주요 부분만 살펴보기로 한다.

19세기부터 20세기에 걸쳐 정치라고 하면 **주권국가 단위의 정치**를 우선적으로 생각하였다. 전쟁은 국가 간의 전쟁이며, 경제 발전은 저개발국에서 선진공업국으로라는 국가 단위의 발전이며, 민주주의는 국가 내의 민주주의였다. 따라서 정치학은 국내정치를 축으로 구성되었다. … 지방정치는 국내정치의 하부 단위이며, 국제정치는 국내정치의 파생물로서의 상부 단위였다. 모두 국내정치를 기본으로 정치학이 구성되었다.

그러나 21세기가 됨에 따라 지구정치가 좀 더 중요한 단위로서 정치학을 구성하게 되었다. 몇 가지 요인이 그것에 공헌하였다. 군사기술 수준의 진보로 국가 안전보장에 이어 국제 안전보장, 지구적 안전보장, 공통 안전보장이라는 개념이 중요해졌다. … 경제가 1국 단위의 국민경제에서 국가 간의 국제경제 더 나아가 세계시장을 단위로 하는 세계경제로 전개되는 과정에서 국내정치를 축으로 한 견해에 이어 지구정치를 축으로 하는 견해의 중요성이 증가하는 것은 당연하였다. … 정치의 조직 원리로서의 민주주의가 아무리 완만하게 넓은 정의에 기초한 것이라고 해도 과반수의 국가에서 공통 가치, 공통 규범이 일정의 현실이 된 것이다. 여기에 지구정치의 중요성이 증가하게 되었다. 지구적 민주주의가 국가 간의 문제뿐만 아니라 국경을 초월하여 비정부기구나 비정부 개입을 구성 원소로 함으로써 지구정치로의 계기는 더욱 강화된다. (강조는 인용자, 이하 마찬가지)

종래 정치는 '주권국가' 단위의 정치가 핵심에 있었으며, 그것을 중심으로 그 하위 단계에 있는 지방정치, 그리고 그 연장선 위에 있는 국제정치가 포진하고 있었다는 것이다. 하지만 21세기에 접어들면서 '지구정치'가 부각되기 시작했다는 것이다. 주요한 요인으로는 군사기술의 진보로 인해 '국제

안전보장, 지구적 안전보장, 공통 안전보장'이 부각되었다.[33] 그런데 그것은 경제적인 측면, 즉 국가경제를 넘어서는 세계경제가 두드러진 것에서도 영향을 받았다는 것이다. 국경을 유연하게 넘나드는 혹은 넘어서는 '자본'의 실체와 움직임을 떠올리면 크게 틀리지 않을 듯하다.

지구정치가 어떻게 전개되는지에 대해서는 시점이 다양하다. 안전보장에 대해서는 국가 안전보장이 계속 기본이라고 생각되었으며 지구 규모의 공통 안전보장을 구상하는 시점 그리고 지구상, 특히 많은 제3세계 국가가 파탄국가라고 불리는 현상 등 무정부 또는 지속적인 혼란이 예상되는 시점이 있다. **첫째는 웨스트팔리아적 시점에서 국가주권이 축이 되고 있다. 둘째는 필라델피아적 시점에서 국민주권이 축이 되고 있다.** 국가는 없고 오히려 국민 개개인에게 주권이 있다는 생각으로 민주주의 국가는 그 원초적인 형태가 된다. **궁극적으로는 지구민주주의로서 지구 단위의 개개인을 축으로 한 민주주의를 구상하는 시점이다. 셋째는 글로벌리제이션에 억제된 형태로 파탄국가, 파탄사회가 생성된다는 시점에서 주권이 국가에 대해서도 국민에 대해서도 상실된 것**이라고 한다. 때로 반유토피아적 시점이라고 한다. 그 귀결로서 지구상에 항상 무정부, 무조직 상태가 나타난다는 견해이다. … 통치에 대해서는 국가 단위의 민주주의, 권위주의, 기타의 통치 형태가 공존하고 민족주의가 계속 중요하다는 시점, 지구시민을 궁극적으로 생각하는 시점 그리고 혼란과 분쟁이 항상 존재하는 속에서 종교·인종·언어

---

33 '국제 안전보장, 지구적 안전보장, 공통 안전보장'이 구체적으로 어떤 것인지 그리고 그들이 어떻게 같고 다른지 궁금하다. 하지만 여기서는 일단 넘어가고자 한다.

등의 대립이 극대화한다고 생각하는 시점이 있다. (『21세기 정치학대사전』)

　사전에서는 국제정치와 지구정치라는 용어를 같이 구사한다. 하지만 지구정치 논의를 보면 '국가주권', '국민주권', 그리고 '글로벌리제이션'으로 인해 주권이 상실될지도 모른다는 것 등을 보면 역시 '국민국가'가 근간에 강하게 깔려 있다는 것을 알 수 있다. 그러면서 '지구민주주의'와 '지구시민'에 대해 간단하게 언급하는 정도에 머물러 있다. 아무튼 여기서 말하는 지구정치는 국제정치와는 구별될지 모르지만, 이 항목에서는 등장하지 않은 '세계정치(World Politics)'와 거의 겹쳐지는 듯하다. 다시 말해서 인용문에서 '지구정치'를 '세계정치'로 바꾸어 놓더라도 아무런 차이가 없다고 해도 좋겠다.

　(2) 지구정치와 지구정치학에 대해서 정치학 분야에서, 그리고 한국의 국제정치학계에서도 주목해 왔다고 하겠다. 그 흐름을 다 다룰 수는 없는 만큼, 구체적인 사례 두 가지를 살펴보고자 한다.

　① 한국의 대표적인 국제정치학자 하영선 교수[34]는 이미 '지구정치학'이라는 용어를 사용한 바 있다. 21세기를 앞둔 세계의 정치, 경제, 과학 기술 등을 면밀하게 논의한 글들을 모아 『탈근대 지구정치학』(나남, 1993)이라는 단독 저서를 내놓았다. 그는 기존의 국제질서, 세계질서에 대응해서 '신국제질서'라는 용어를 쓰고 있다. 나아가 그의 관심은 지구적 민족주의, 지구민주주의, 탈근대 지구문화, 지구환경, 페미니즘적 국제관계론 등에 미치고 있다. 1993년이란 시점에서 이미 '지구정치학'이란 용어와 함께 경제, 과학,

---

34 서울대학교 정치외교학부 명예교수, 동아시아연구원 이사장.

기술, 환경, 페미니즘 등에 주목한 선구적인 업적이라 해야 할 것이다.[35]

국제정치학자로서 인문학적인 지식을 바탕으로 국제정세 관련 칼럼 등을 통해서 일반인들에게 익숙한 그는 그 후에도 많은 책들을 내놓았지만, 거기에 '지구정치학'이란 용어를 다시 쓰지는 않은 듯하다. 반면 '세계정치'는 계속해서 쓰고 있다. 그가 공편(共編)한 『복합세계정치론: 전략과 원리 그리고 새로운 질서』(한울아카데미, 2012), 그의 세계정치 강의 압축판이라 할 수 있는 『사랑의 세계정치: 전쟁과 평화』(한울아카데미, 2019) 등이 나름 물증이 된다고 하겠다. 세계정치 강의에서 그는 '복합세계정치학' '꿈의 세계정치학' 등에 대해서도 논의하고 있다.

② 독일의 학자 바이츠제커(Ernst Ulrich von Weizsäcker, 1939-현재)는 1989년 내놓은 저서에 『Erdpolitik』(Wissenschaftliche Buchgesellschaft)라는 제목을 붙였다. 제도적인 차원에서의 정치학자는 아니지만, 정치학자보다 더 정치적·정치학적인 감각을 지녔다고 볼 수도 있겠다. 아무튼 그 제목을 영어로 번역하자면 'Earth Politics'가 되며, 실제로 그렇게 번역되었다(1994). 그런데 그 책에서 그는 앞으로 다가올 세기는 '환경의 세기(Jahrhundert der Umwelt)'가 될 것이라고 예언했다. 경제활동을 떠받쳐 주고 있는 자연자원의 수탈이 머지않아 바닥을 드러낼 것으로 보았다. 그래서 그는 환경독재와 같은 강제적인 수단이 아니라 시장 메커니즘을 통한 '효율혁명(Effizienzrevolution)'을

---

35 참고로 그 구성을 보면 다음과 같다: 1. 서론: 신세계질서와 지구적 민족주의/ 2. 신세계질서와 동북아 평화체제/ 3. 신세계 군사질서/ 4. 탈근대 지구민주주의/ 5. 신세계질서의 국제정치 경제학/ 6. 과학기술과 세계질서의 변화/ 7. 탈근대 지구문화/ 8. 지구화시대의 민족주의/ 9. 탈근대의 지구환경 문제/ 10. 탈근대지구화와 페미니즘: 페미니즘적 국제관계론의 대두/ 11. 부록: 탈근대 국제정치 이론.

제시하였다. 전 지구적인 차원에서의 환경문제 제기와 해결책에 대한 사색을 보여주었다. 그의 책은 한국어로도 번역되었는데, 흥미롭게도 그 제목을 『지구환경정치학』이라 붙였다.[36] 우리말 번역자는 '환경'이란 단어를 넣어서, 그 초점을 분명하게 드러내고자 했다.

정치인 리하르트 폰 바이츠제커(Richard von Weizsacker, 1920-2015)의 조카이기도 한 그는 독일의 범국민적 환경보호운동의 주역으로 활동하고 있다. 지구 자원에 대한 광범위한 생태학적인 조사와 분석을 바탕으로 전개된 것이다. 21세기 환경을 보존하기 위해 국민 모두가 환경의 파수꾼이 되어야 한다는 인간과 지구의 정치학이라 해도 좋겠다. 그에 힘입어 독일에서는 '지구정치학'이 환경보호와 보존 운동의 일환으로 사용되고 있다 한다. 충분히 이해할 수 있는 측면이라 하겠다.[37]

③ 영국과 미국, 그리고 오스트레일리아에서 공부하고 가르친 정치학자 드라이제크(John S. Dryzek, 1953-현재)은 1997년 옥스퍼드대학 출판부에서 『*The Politics Of The Earth: Environmental Discourses*』(Oxford Univ. Press, 1997)를 간행했다(2012년 제3판). 직역하자면 '지구(의)정치학: 환경 담론' 정도가 될 것이다. 그 책 역시 우리말로 번역되었는데, 번역자는 『지구환경정치학 담론』이라는 제목을 붙였다.[38] 다룬 내용을 보면 주요한 환경 담론들의 기본 구조와 그 담론들의 역사, 논쟁점 그리고 변화하는 모습들을 소개

---

36 바이체크, 『지구환경정치학』, 이필렬 옮김, 아르케, 1999 참조.
37 1991년 기후, 환경 그리고 에너지를 위한 부퍼탈연구소(독일 서부 소도시 부퍼탈의 싱크탱크) 회장직을 맡아오면서 실용적인 생태학적 정책의 토대를 제공하고 있다. 그 연구소를 막강한 시민단체로 키워냈다.
38 존 S. 드라이제크, 『지구환경정치학 담론』, 정승진 옮김, 에코리브르, 2005.

하였다. 아울러 그는 지구의 한계상황을 지적하면서 환경문제를 어떻게 해결할 것인지 논의를 전개했다. 나아가서는 지속 가능성과 생태 근대화 그리고 녹색주의와 생태민주주의까지 언급하였다. 잘 정리하였다는 느낌을 받지 않을 수 없다.

이렇게 본다면 드라이제크의 책과 바이츠제커의 책 번역과 비슷한 측면이 있다고 하겠다. 모두 '지구정치학'으로 직역하기보다는 '환경정치학'이라는 측면에 더 비중을 두었다는 것이다. 다른 말로 하자면 그 시점에서 한국에서는 지구정치학은 아직은 낯설었다는 것, 그리고 그 이면 깊은 곳에는 정치의 본질이라기보다는 환경에 대한 담론 분석과 비판이라는 인식이 깔려 있다고 하겠다.

④ 최근에 소개된 프랑스의 사회학자이며 철학자인 브뤼노 라투르(Bruno Latour, 1947-현재)의 저작 역시 시사하는 바 크다고 하겠다.[39] 이 책의 프랑스 원제는 『*Où atterrir?*』, 직역하자면 '어디에 착륙할 것인가?'이다[그가 쓴 다른 책 제목은 『*Où suis-je?*』(나는 어디에 있는가?)] 짧지만 함축적이다. 그런데 영어 번역판의 경우 『*Down to Earth: Politics in the New Climatic Regime*』라는 제목을 붙였다.[40] 'the New Climatic Regime'이라는 구절이 시선을 끈다.[41] 우리말 번역에서는 『지구와 충돌하지 않고 착륙하는 방법: 신기후체제의 정치』라는 제목을 붙였다.[42] 역시 기후, 환경에 일차적인 초점을 맞추

---

39 브뤼노 라투르, 『지구와 충돌하지 않고 착륙하는 방법-신기후체제의 정치』, 박범순 옮김, 이음, 2021.

40 Bruno Latour, *Down to Earth: Politics in the New Climatic Regime*, Polity Press, 2018.

41 사회학자 앤서니 기든스 역시 비슷한 인식을 보여준 바 있다. 앤서니 기든스, 『기후변화의 정치학』, 홍욱희 옮김, 에코리브르, 2009. 원서 제목은 *Politics of Climate Change*.

42 그가 말하는 '신기후체제'(New Climatic Regime)는 기후 위기뿐만 아니라 점점 더 심화되

었다고 할 수 있겠다.

(3) 이렇듯이 이미 정치학 분야와 인접 관련 분야에서 기후변화(온난화)·환경·대기오염·생태계 등에 주목하면서 글로벌리제이션(Globalization)·환경정치(학)·생태정치(학) 등으로 범주화하려는 지적인 노력이 이루어져왔다.[43] 그 같은 선구적인 작업들에 경의를 표해야 할 것이다.[44] 그럼에도 불구하고 바람직한 미래를 위해서 비판적인 논평을 가해 본다면 대부분의 논의들은 'the Politics of ○○○○○'(예컨대 Climate Change, Environment, Ecology, etc.)라는 형태로 진행되고 있다는 것이다.

이 글에서 나아가고자 하는 바를 굳이 표현해 본다면 'the Politics of Politics'라 할 수도 있겠다. 비유하자면 예술(의) 철학, 음악(의) 철학, 정치(의) 철학 등에 대응해서 마치 '철학(의) 철학'을 제기하려는 것과도 같다. 요컨대

는 불평등, 대규모의 규제 완화, 악몽이 되어가는 세계화로 인해 지구에 각종 위기가 엄습하는 시대를 가리킨다. 따라서 그에 걸맞는 정치적 도전이 필요하다고 한다. 세계나 국가를 향한 정치가 아니라 지구를 향하는 정치를 해야 한다는 것이다. 지구는 더 이상 인간의 활동을 위해 무한한 자원을 공급하는 자원의 보고가 아니다. 오히려 그 행성의 운명에 직접적으로 관여하는 행위자 중 하나라고 한다. "세계나 국가를 향한 정치가 아니라 지구를 향하는 정치를 해야 한다는 것"에 대해서는 필자 역시 동의하고 있다. 이 글에서는 '개인'까지 포함해서 논의하고자 했다.

43 여기서 더 다룰 여유는 없지만 다음과 같은 최신 저작들 역시 크게 벗어나지 않는다고 하겠다. Frank Biermann, *Earth System Governance: World Politics in the Anthropocene*, MIT Press, 2014; Simon Nicholson, *New Earth Politics: Essays from the Anthropocene*, MIT Press, 2016; Parr Adrian, *Birth of a New Earth: The Radical Politics of Environmentalism*, Columbia University Press, 2017; Morin, Jean-frederic, Orsini, Amandine, *Global Environmental Politics: Understanding the Governance of the Earth*, Manchester Univ. Press, 2018.

44 필자가 말하는 '비정치적인 것들이 갖는 정치성'에 주목하고 있기 때문이다.

정치의 본질적인 핵심과 관련된 것이다. 다시 말해서 '지구정치학'이라는 용어는 같을지 모르지만 거기에 담기는 내용까지 같을 수는 없을 것이다.

왜냐하면 19세기 이후 지금까지의 정치학, 국제정치, 세계정치가 ① '개인(Individual)'과 ② '국가(State)'[특히 민족/국민국가(Nation State)], 그리고 ③ '세계(World)'(국민국가들 사이의 관계)를 토대로 구축되어 있다고 보기 때문이다. 따라서 이 글에서 말하는 지구정치학은 그동안 배제/소외되었거나 주목받지 못한 일차적으로 '그들 사이와 너머'에 주목하고자 한다. 아울러 그들 모두를 감싸 안는 전체(혹은 전 지구적 규모)로서의 '지구(地球)' 차원에서 '정치적인 것'들을, 나아가서는 '비정치적인 것'들까지 재음미해 보려는 것이다. '비정치적인 것들이 지니는 정치성'까지 충분히 읽어 가자는 것이다.

무슨 말인가? 압축적으로 말하자면 한국에서는 '국제화 → 세계화 → 지구화' 순으로 등장했지만, 그리고 지구인문학을 말하는 이 시점에서도 가장 강력한 단위는 역시 ② '국가'라 해야 할 것이다. 그 국가는 기원을 따져 보자면 서구 유럽 정치사에서 일정한 단계에서 등장한 '국민국가(Nation State, 國民國家)'를 기준으로 삼고 있다.[45] 그것은 '주권, 영토, 국민'을 요소로 하는 근대국가(Modern State)이기도 했다. 서구 세계의 팽창과 더불어, 넓어진 근대세계시스템(the Modern World System) 안에서 국민국가는 '표준'이 되었으며[46], 그것은 비슷한 국민국가들 사이에 이루어지는 관계, 즉 국제관계, 국

---

45 시노하라 하지메, 『역사정치학: 혁명, 전쟁, 민주주의를 통해 본 근대 유럽의 정치변동』, 김석근 옮김, 산해, 2004 참조.
46 그것은 심지어 '제3세계'로 불리는 아프리카 대륙에서도 그러했다. 앤토니 스미스, 『제3세계의 국가와 민족: 서구국가와 아프리카 민족주의』, 김석근 옮김, 삼영사, 1986.

제사회의 일원이 되는 것을 의미하기도 했다.[47] 그러니까 inter-states, inter-nations(internatrional)을 가리키게 되었다. 그렇기 때문에 근대국가의 성립에는 '폭력(violence)'이 수반되는 것이 보통이었다.[48] 또한 그와 관련된 국가들 사이의 행위는 Diplomacy로 불리기도 했다. 국제사회에서 국가 멤버십을 획득하지 못할 경우, 아무리 훌륭한 정치체제를 가졌다 할지라도 강력한 무력을 앞세운 서구의 식민지 또는 반식민지가 될 수밖에 없었다. 그러니 출발점에서 이미 '서구 중심주의'가 깔려 있었다고 해야 할 것이다.

전통적인 동아시아 사회에서 그런 국가와 국제사회의 관념을 즉각적으로 이해하고 자신의 것으로 만들기는 어려웠다. 세계관 자체가 달랐기 때문이다. 그래서 19세기 말 등장한 말들이 국가간교제(國家間交際) → 국제(國際), 외국교제(外國交際) → 외교(外交) 등이었다.[49] 시기적으로 '국제'보다 늦게 등장한 ③ '세계(世界, World)'는 그런 국가들 전체(혹은 그 일부)를 가리키는 것과 다르지 않았다.[50] 단적으로 제2차 세계대전 이후에 등장한 '제3세계'라는 말도 그렇다. 흔히 우리가 쓰는 말 중에 제1, 2차 세계대전(World War), 국제연맹(國際聯盟), 국제연합(國際聯合) 등을 들 수 있겠다. 지금도 국제법, 세계기구 운운 하지만 결국은 개별 국가로 환원되어 버리는 것이 단적으로 그

---

47 타나카 아키히코, 『현대세계시스템』, 김석근 옮김, 학문과사상사, 1990.
48 동아시아에서도 근대국가 일본이 탄생하는 과정은 그러했다. 종래 동아시아 전통적인 국제관계에서 독자적인 행위자로 존재했던 류구(琉球) 왕국이나 종래 스스로 '아이누 모시르'(Ainu Mosir)로 부르던 곳(현재 홋카이도(北海道)]은 근대 일본 성립과정에서 강제적으로 편입되었다. 이 글을 준비하면서 영화 'Ainu Mosir'(2020)도 재미있게 보았다.
49 그 후에 등장한 비슷한 구조를 갖는 말로는 interdisciplinary의 번역어로 자리잡은 學際間을 들 수 있겠다. 19세기말 식으로 말하자면 學問間交際를 줄인 말 정도가 될 것이다.
50 물론 '世界'라는 한자어는 오래전부터 있었다. 불교에서 말하는 '三千大千世界'가 좋은 사례라 하겠다.

렇다. 이는 코로나 19 팬데믹 상황에서도 확인되고 있다. 단적으로 지구 전체를 커버하는 '지구의식(Global Consciousness)'이나 '지구성(Globality)'이란 측면에서는 역시 미흡하다. 앞에서 얘기한 것처럼, 여기서 말하는 '지구(地球, Globe)'는 그런 세계와는 조금 다른 뉘앙스를 풍긴다. 특히 방편으로 지구 바깥에서, 우주에서 바라보는 것을 통해서 하나의 '행성(planet)'으로 바라볼 수 있다는 것이다. '세계정치에서 지구정치에로의 이행'이라 해도 좋겠다.

그러면 ① '개인(Individual)'은 어떠한가? 흔히 간과하기 쉽지만 '개인'은 근대국가, 국민국가의 출발점에 자리잡고 있다. 근대의 기원설화라 할 수 있는 '사회계약설(Social Contract Theory)'의 주체가 되기 때문이다. 다시 말해서 개인은 (현실이 아니라) 이론적으로 근대국가의 정치질서를 창출해 낸 작위(作爲)의 주체라는 것, 요컨대 국가의 '주권(主權, Sovereignty)'은 그로부터 창출된다. "나는 생각한다, 고로 존재한다(Cogito ergo sum)."라고 선언한 나는 이미 한 사람[一人], 자신[己]과는 완전히 다른 정치적 의미가 있다. 그때의 개인은 이성적이고 합리적인 인간, 이른바 '절대 개인'을 상정한다. 그들끼리 계약을 맺어 사회를, 국가를 만들어 냈다는 식으로 이해하는 것이다.

따라서 정치사에서 개인의 의미는 아무리 강조해도 지나치지 않다.[51] 하지만 그와 동시에 어두운 부분도 분명히 따라붙고 있었다. 그것은 지극한 '개인 중심주의', 그리고 '인간 중심주의'로 이어졌다. 인간의 '오만'이 시작되었다고 해도 과언이 아니다. 신, 교회, 공동체로부터 자유로운 존재로 상

---

51 이에 대해서는 김석근, 「근대 한국의 '개인' 개념 수용」, 하영선외, 『근대한국의 사회과학 개념 형성사』, 창작과비평사, 2009; 김석근, 「근대적 '개인'의 탄생과 그 주변: 『독립신문』을 통해서 본 '주체'와 '작위'의 문제」, 한국정치학회 · 한국정치평론학회 연례학술대회 발표논문, 2004년 12월 3일 참조.

정된 것이다. 욕망의 긍정과 이기적인 인간, 유대를 모르는 인간, 전통과 신성함을 잃어버린 인간, 인간 이외의 존재들은 자기 욕망을 실현시키기 위한 도구로 비쳐지기 시작했던 것이다.

이 글에서 구상하는 '지구정치학'은 종래의 근대 정치학, 국제정치학의 요소들(개인, 국가, 세계)의 의미를 결코 부인하지 않는다. 다만 그들이 엮어 온 그물망에서 벗어난 측면들에 주목하면서, 미시적으로는 '정치'(따라서 인간) 개념의 근본적인 재검토를 지향하고자 한다. 동시에 거시적으로는 '지구' 전체를 바라볼 수 있는 시야와 지평을 확보할 수 있기를 기대하고 있다. 근대 이후 지금까지 군림해 온 '인간 중심주의'를 넘어서고자 한다.

그 대안이 어떤 것이 될 수 있을지에 대해서는 앞으로 더 논의가 필요하겠지만[52], 현 단계에서는 차크라바르티(Dipesh Chakrabarty, 1948-현재)가 말하는 '생명 중심적(Zoecentric, non-anthropocentrism)'인 사고가 상당한 설득력을 지닌 것으로 여겨진다.[53] 인간 중심주의를 상대화시키는 탈인간 중심주의 (Non-anthropocentrism)! 그리고 '전체로서의 지구'라는 차원에서는 역시 '지구의식'과 '지구성'을 갖춘 '지구공동체'라는 인식이 수반되어야 할 것이다. 성스러운 공동체로서의 지구, 신앙 대상으로서의 지구는 더 멀리 있다고 해

---

52 예컨대 '지구법학' 분야에서는 '인간중심주의를 넘어 지구중심주의로'라는 테제가 나왔다. 강금실외, 『지구를 위한 법학: 인간중심주의를 넘어 지구중심주의로』, 서울대학교 출판문화원, 2020.

53 그는 지구화 담론이 인간중심적이라는 점을 지적한다. 지구시스템이 인간만을 위해 만들어진 것이 아니라는 점을 깨닫기 위해서는 인간중심주의적(Homocentric, anthropocentrism) 사고에서 생명중심적(Zoecentric, non-anthropocentrism) 사고로 전환해야 한다고 주장하였다. Dipesh Chakrabarty, "The Human Condition in the Anthropocene", The Tanner Lectures in Human Values, Yale University, February 18-19, 2015, pp.141, 165-167.

야 할 것이다. 그럴 경우 '인간'과 어떤 '비인간 존재'가 지구공동체의 구성원이 될 수 있을까? 지구중생(地球衆生), 과연 그들은 서로 평등한가? 그리고 그들 사이의 민주주의는 가능할까? 가능하다면 어떻게 실현시킬 것인가? 앞으로 더 생각해 가야 할 과제라 하겠다.

4. '지구정치학'을 향하여(AD TERRA POLITIKA)

지금까지 논의해 오는 과정에서 필자가 구상하는 '지구정치학'이 어떤 것인가, 그리고 무엇을 어떻게 지향하는가 하는 점은 대략 드러났을 것으로 여겨진다. 이제 조금 더 분명하게 정리해 가는 것으로 이 글을 마무리하고자 한다.

이 글에서 구상하는 '지구정치학'은, 적어도 한국에서의 지구정치학은 우선 '지구'라는 관념, 다시 말해서 천원지방(天圓地方) 세계관을 넘어선 지구, 그리고 스스로 구르는[自轉] 지구라는 생각 위에서 비로소 가능한 것이라 하겠다. 따라서 16세기 이후, 그리고 하나의 방편으로 최한기의 『지구전요』를 준거 지점으로 삼는 것이 좋을 듯하다. 둘째 서구 유럽이 주도한 근대 세계, 그리고 주요한 정치 단위로서의 개인·국가·세계에 초점을 맞추는 근대적인 학문으로서의 정치학과 국제정치학의 의미와 성과를 결코 부인하지 않는다. 특히 국제정치학 분야의 경우 국가와 세계(국가 간 체계)로 포착되지 않는 새로운 현상들에 대해서 관심을 가져 왔기 때문이다. 셋째 글로벌라이제이션과 더불어 지구 전체를 감싸 안으려는 지적인 시도, 그리고 우주 또는 태양계라는 시야에서 바라보는 하나의 '행성(Planet)'이라는 시각과 움직임에 충분히 공감한다는 것이다. 그런 의미에서 Terra Sapiens[Wise Earth]를 지향하고자 하며, 그런 거시적인 틀 안에서의 Terra Politika[Earth Politics]라 할 수도 있겠다. 그와 더불어 지구인, 지구시민, 행성시민, 지구중생, 나아가서는 일체중생 등의 개념이 성립하게 된다.

그 때문에 우리가 지구(地球)라고 할 경우, 크게 세 가지 차원을 설정할 수 있지 않을까 한다: Planet, Globe, Earth. 논자에 따라서 지칭하는 바가 조금씩 다르게 나타나는 것은 어떤 차원에서 말하는가에 따라 달라지기 때문이다. 실은 지구라는 용어는 그들 세 차원이 서로 긴밀하게 얽혀 있다는 것이 정확하지 않을까 한다. 하지만 논의를 위한 방편으로 갈라 보는 것이 필요하다.

(1) Planet 차원, 이는 지구를 바깥에서 바라보는 시선이라 해도 좋겠다. 우주 또는 태양계에 속하는 하나의 행성으로 바라본다는 것. 해와 달, 수많은 별들과 대비되는 차원이다. 당연히 전 지구적 규모와 관점이 하나로 응집되어야 하겠지만, 아직은 미흡하기만 하다. 어느 별에선가 알 수 없는 에일리언(Alien, 가공의 외계 생명체)들이 지구를 쳐들어온다거나 하는 사태는, 아직까지는 닥쳐 오지 않았다. 혹시라도 그럴 경우, 태양계에서 지구 전체를 대표할 수 있는 기구 혹은 존재가 있는가? 과연 현재의 UN(United Nations)이나 국제기구, 국제법 등이 그 역할을 충분히 할 수 있을까? 그것은 곧 '지구의식(地球意識, Global Consciousness)', '지구성(地球性, Globality)' 문제라 해도 좋겠다. 미지의 세계인 만큼 지적인 상상력이 필요한 부분이다.[54]

---

54 그런 의미에서 이 글에서 언급한 영화들 외에 인터스텔라, 마션, 컨텍트, 터미네이트 등의 SF영화, 소설 등이 지적인 상상력을 자극해주는 참조 자료가 된다.

요컨대 지구를 하나로 묶어 낼 수 있는 진정한 의미의 Global Governance가 요망된다고 하겠다.

(2) Globe 차원, 이는 전 지구적 규모, 다시 말해서 지구 전체를 감싸 안는 것이다. 진정한 의미의 Globalization을 하자는 것, 안으로 진정한 의미의 '지구성(地球性, globality)'을 확보해 가는 것이다. 그동안 소외/배제된 것들에 대해 섬세한 음미와 포섭이 필요하다고 생각한다. 여러 가지 이유로 주목받지 못한 지식(Knowledge), 정보(Information), 지혜(Wisdom)를 모으고 응집시켜 갈 수 있을 때 비로소 Wise Earth[Terra Sapiens]가 가능해지지 않을까 한다. 정치학적인 관점에서 말해 본다면 개인, 국가, 세계라는 근대 정치학의 주요 단위들의 '사이와 너머'에 주목해야 할 것이다.

조금 더 구체적으로 말해 본다면, 19세기 이후 지금까지 이어지고 있는 '서구 중심주의'—오리엔탈리즘(Orientalism)은 그 뒷면이라 할 수 있겠다—에서 벗어나 서구 이외의 지역에서 전해지는 지적인 유산과 자원에 대해서 열려 있는 자세가 필요하다. 예컨대 최근에 활발하게 논의되고 있는 '인류세(Anthropocene)' 논의를 듣다 보면 문득 전통 시대 동아시아 사유 체계를 환기(喚起)시키고 있는 것은 아닌가 하는 생각이 든다. 서구 유럽이 자신을 확장해서 세계의 '표준'이 되면서 밀려나고 잊혀져 온 동아시아, 이슬람권, 아프리카 등지의 오랫동안 축적된 지적인 사유와 세계관을 지구의 미래를 바람직한 방향으로 열어 가는 지적인 자원 또는 참고 자료로 삼는 지혜가 필요하다.

다음으로는 '인간 중심주의'에서 한 걸음 물러서서 인간을 포함한 모든 것들, 즉 천지만물(天地萬物)을 한 번쯤은 상대적으로 바라보는 것이다. 인간들의 이기심과 욕망을 새삼 되돌아보아야 한다는 것이다. 인간(Human

Beings)은 생각하는 존재, 이성적인 인간이라는 근대사회의 믿음은 그 이외의 나머지 생명체들(non-Human Beings)에 대해서 오로지 도구적인 존재, 다시 말해 인간을 위해서 존재하는 것으로 생각하게 만들었다고 하겠다. 그로 인해 동물, 식물, 사물을 어떻게 이용해 왔는지에 대해서는 굳이 말하지 않아도 될 것이다.

문제는 지구공동체의 구성원, 그리고 그 구성원들 사이의 일체감 또는 공감대는 과연 어디까지 가능할 것인가 하는 것이다. 큰 문제는 잠시 제쳐 두기로 하자. 하지만 바야흐로 지구라는 같은 행성 안에서 구성원의 일부로 살아가는 생명체['지구중생(地球衆生)']라는 사실, 때로는 놀라운 것으로 밝혀지는 그들(예컨대 개미, 벌 등)의 지혜도 우리 인간이 적절하게 참조한다면 Wise Earth로 나아가는 데 도움이 되지 않을까 한다. 더 밀고 나가면 '일체중생(一切衆生, 뭇 삶들, 살아 있는 모든 생명체들)'이란 생각에까지 이르게 되지 않을까 한다.[55]

(3) Earth 차원은 그야말로 종래 지구과학의 대상이기도 했다. 그런데 언젠가부터 거기서, 아니 더 정확하게는 거기서부터 문제가 생겼다. 이상기후, 지구온난화, 북극의 빙하가 녹아내리는 것, 해일 등, 우리 눈으로 확인할 수 있는 이른바 지구위험시대가 온 것이다. EBS 다큐 프라임에서 방영한

---

55 그렇다고 해서 그들과의 '평등'을 말하면서 '지구민주주의' 운운하는 데까지 나아가고 싶지는 않다. 지금으로서는 동물복지(동물학대), 반려동물(반려견), 반려식물 등을 논의하는 단계에 이른 것 같기 때문이다. 필자 역시 인간도 만물(萬物)에 속한다고 생각한다. 하지만 모든 사물이 평등하다고 생각지는 않는다. 평등하게 바라보는 것은 신(神), 조물주(造物主)나 가능하지 않을까 한다. 역시 『동몽선습(童蒙先習)』의 "天地之間, 萬物之衆, 惟人最貴, (所貴乎人者, 以其有五倫也.)"라는 구절이 적확하지 않을까 한다. 그런 측면에서 영화 「혹성탈출(Planet of the Apes)」(1968)이 던져주는 디스토피아적 메시지는 깊이 생각해볼 만하다고 하겠다.

〈인류세〉(2019) 를 한 번 보는 것만으로 문제의 심각성을 충분히 이해할 수 있을 것이다. 예컨대 '닭들의 행성', '플라스틱 화석' 등은 실로 끔찍하기만 하다. 이에 대해서는 더 이상 말하지 않아도 될 것이다.

다만 여기서 한 가지 덧붙여 두고 싶은 것은 Heaven(하늘)에 대비되는 Earth(땅)이라는 측면이다. 풀어서 말한다면 하늘(천국)과 땅 혹은 이 세상(세속), 그리고 위에서 이 세상을 내려다보는 하늘(천국)의 존재를 되찾아 가야 한다는 것이다. 개인과 자유, 그리고 계약이라는 사유가, 인간이 지구에 존재한 이후 꾸준히 이어져 온 영성(靈性, Spirituality), 신성(神聖, Holyness), 장엄(莊嚴, Dignity) 같은 숭고한 정신적인 가치를 밀어내 버렸다.[56] 그 빈자리를 민주주의(democracy)가 차지하게 되었고, 민주주의는 마침내 20세기의 신화(神話)가 되었다. 민주주의의 의미와 가치를 결코 부인하는 것은 아니지만, 때로는 일종의 레토릭으로 지나치게 남발, 남용되고 있다는 생각을 떨쳐 버리기 어렵다.[57]

바야흐로 '정치' 개념에 대해서 근본적인 전환을 담아 내는 새로운 정치학, 지구정치학이 필요한 시점이라 하겠다. 이미 고대 그리스 시대부터 정

---

56 'A Common Earth Religion'(Jürgen Moltmann, "A Common Earth Religion: World Religions from an Ecological Perspective", *The Ecumenical Review*. 63, 2011), 'a planetary spirituality'(Whitney A. Bauman, Whitney A. Bauman, "A Third Way: Developing a planetary spirituality," *Dialog* 57(1), 2018)와 일맥상통한다고 할 수 있겠다. 방법적으로 종래 '암흑시대'(the Dark Age)로 불리워 온 중세에 대한 심도 있는 재조명 작업이 필요하다고 본다. 그렇다고 특정한 종교를 옹호한다거나 하는 것은 결코 아니다. 〈지구화 시대의 인문학: 경계를 넘는 지구학의 모색〉 학술대회에서도 '지구종교' 발표가 있었으며, 좋은 참조가 되었다.

57 돌이켜 보면 필자 역시 종교 갈등, 분쟁 문제를 말하면서 '신(神)들의 민주주의'니 "신(神)들의 신(神)이 필요하다"는 식의 발언을 한 적이 있다.

치학에서는 인간을 'Zoon Politikon(정치적 동물, Political Animal)'로 간주해 왔다. 인간은 폴리스(Polis)를, 정치를 떠나서는 살아갈 수 없다는 말이기도 했다. 그 말 자체가 인간을 가리켰으며, 또한 인간이 아닌 존재와 구별해 주는 특징으로 여겨졌다. 그렇다, 지금도 인간은 여전히 정치적 동물이다. 변함없다. 하지만 동시에 인간은 또 'Terra Zoon(Terrestrial Animal)'이기도 하다는 것을 덧붙여야 할 듯하다. '지구(땅) 위에서 살아가는 동물'이기도 하다는 것, 조금 더 부연하면 '지구의 운명을 두 어깨에 짊어지고 나아가야 하는 동물'이기도 한 것이다.[58]

진정한 의미의 지구정치학은, 그리고 지구정치학자는 종래의 정치학 분야, 국제정치, 세계정치 연구 성과를 기꺼이 참조해 가면서도 전 지구적인 규모로서의 '지구(地球)' 차원에서 '정치적인 것'들을, 나아가서 '비정치적인 것들이 지니는 정치성'까지 섬세하게 읽어 가야 할 것이다.

---

58 "인간만이 지구상에서 세상을 만들며, 지구가 하찮은 우주적 존재로 전락하는 것을 막을 수 있다. 오직 인간만이 지구를 우주적 이해의 중심지로 거듭나게 할 것이다. 지구에서 인간의 소멸은 우주적 의미를 갖는 비극이 될 것이다." 클라이브 해밀턴, 앞의 책, 2018, 185쪽.

제
3
장

'공생'의 지구정치신학*
: 캐서린 켈러의 '(성공)보다 나은 실패
(a failing better)'를 위한 정치신학

박일준 원광대 동북아시아인문사회연구소 연구교수

* 이 글은 "공생의 정치신학: 캐서린 켈러의 '(성공)보다 나은 실
패'(a Failing Better)를 위한 정치신학", 「한국기독교신학논총」
116(2020.04): 327-360에 수록되었던 논문을 본서 취지에 맞게
수정하여 재수록한 글임을 일러둔다.

　　　　　지금까지 신학은 지구를 정치신학적으로 사유하는 데 실패했다. 우선 기후변화와 생태 위기에 대처하는 데 실패한 것은 결국 우리의 운동이 정치적 역량으로 모아지는 데 실패했기 때문이다. 우리의 정치는 근대 이후 발전된 자유민주주의에 기반해 있지만, 이 민주주의는 산업혁명기 이후 발전과 진화를 거듭하는 자본주의와의 결탁으로 인해 의미 있는 운동을 창출하기보다는 오히려 억압하는 데 기여하고 있다. 산업자본주의를 거쳐 소비자본주의와 금융자본주의를 통해 이제 기호자본주의(semiocapitalism)로 진화한 자본주의는 소위 포스트휴먼적 상상력조차 자본주의적 상상력으로 침식하여 소위 호모 데우스(homodeus) 즉 인간이 신이 되는 시대를 선전하며 "불평등의 업그레이드" 시대로 타락시키고 있는 중이다. 다른 한편으로 지구를 정치신학적으로 사유한다는 것은 곧 우리의 존재가 생명 혹은 유기체적 존재들을 넘어 물질적 존재들과도 공생(共生)과 공산(共産, sympoiesis)하고 있다는 것에 대한 인식을 의미한다.

　　　　　근대 이래 자유민주주의 체제의 정치적 실패를 철저히 사유하면서, 이제 제도권 정치를 넘어 '정치적인 것(the political)'의 연대를 통한 대안을 모색할 때, 인간과 생명/생태 개념을 넘어 비인간 물질 존재들과의 연대까지 포괄하는 방향으로 나아가야 한다는 것을 가리킨다. 캐서린 켈러의 지구정치신학 기획은 해방의 주체를 통한 변혁이나 혁명이 아니라 공생 집단체 혹은 창생 집단체의 아상블라주를 통해 전개되는 운동을 구상하며, 이제 서민 이하의 존재들, 즉 the undercommons(지하서민들)의 범주에 비인간 물질 존재들을 포괄하며, 더 넓게는 지구라는 시스템과의 연대를 도모하는 정치신학을 대안으로 구상한다.

1. 정치신학의 주제로서 지구와 공생

우리 시대 정치는 철저히 실패했다. 인간 문명의 진보와 풍요를 약속했던 정치적 약속들은 속절없이 무너져 사기극으로 전락하고 말았고, 이 정치적 실패는 비단 인간 문명의 붕괴만이 아니라, 기후변화와 생태 위기를 통해서 보게 되듯이 우리와 더불어 살아가는 비인간 존재들과 아울러 지구의 기후 시스템과 같은 비유기체적 시스템들의 붕괴마저 가속화하고 있는 중이다. 그래서 지구와 더불어 살아가는 공생공산의 존재를 단지 철학적으로나 신학적으로 사유하는 것을 넘어서서, 정치적으로 그리고 좀 더 구체적으로 정치신학적으로 사유하고 실천하는 일의 중요성이 더욱 긴급해졌다. 우리의 정치는 삶을 더 정의롭고 풍요롭고 공평하고 넉넉하게 만드는 데 실패했다. 근대로부터 이어진 인간 해방의 꿈은 소위 '호모 데우스'라 불릴 극소수 특권계층의 형성으로 신기루처럼 부서지고, 우리의 삶을 풍요롭게 만들겠다던 경제는 오히려 우리의 삶을 피폐하게 만들어 가고 있다. 정치(政治)는 결코 정치(正治)로 이어지지 못하고, 거주지와 삶을 의미하는 단어로부터 유래하는 경제(eco-nomy)는 결코 삶을 가능케 하는 체제로 이어지지 못하고 있다. 자유민주주의는 사람들에게 온전한 자유도 온전한 평등도 가져다주지 못했고, 자유민주주의의 물질적 성장 엔진이었던 자본주의는 그 성장의 끝이 도래했다고 일컬어진다. 자본주의는 폐허들을 양산하면서, 불안정하고 취약한 인생들의 숫자만을 성장시킨다. 안나 칭(Anna Lowenhaupt Tsing, 1952-현재)은 이를 "불안정성의 범지구적 상태"[1]라고 표현한다. 모든 것이 정처 없이 표류하고, 가치가 의미를 상실하고, 기준은 권력의 힘과 크기를 의미할 뿐인 우리 시대의 핵심적 문제들 중 하나가 "정명"(to retify names)의 실패라고 크로켓(Clayton Crockett, 1969-현재)은 주장한다. 즉 사물과 이름이 일치하지 않는 기호자본주의의 시대, 법과 정의 그리고 민주주의 등과 같은 이름들이 올바로 작동하지 않는 시대, 이름은 화폐처럼 정처 없이 자유롭게 떠돌아다닌다.[2] 이런 가운데 신자본주의의 범지구적 질서에 맞서 지역주의가 민족주의와 인종주의와 종교의 옷을 입고 다시 등장한다. 그래서 이를 "종교의 귀환"(the return of religion)으로 부르기도 한다.[3] 모든 것이 불분명해진 시대를 종교적 전통의 가치로 분명하게 자리매김하겠다는 듯이 말이다. 그래서 종교의 귀환은 곧 샹탈 무페(Chantal Mouffe, 1943-현재)의 표현처럼 "정치적인 것의 귀환"[4]이기도 하다. 이는 민족주의와 인종주의 그리고 종교의 부흥이 '정치적인 것'이라는 말이 아니다. '정치적인 것'(the political)이란 "모든 인간 사회에 본래부터 있으며 우리의 존재론적 조건을 결정하는 … 차원"으로서, 우리의 모든 정체성은 관계성, 말하자면 내외의 경계성으

---

1 Anna Lowenhaupt Tsing, *The Mushroom at the End of the World: On the Possibility of Life in Capitalist Ruins*, Princeton: Princeton University Press, 2015, p.6.
2 Clayton Crockett, *Radical Political Theology: Religion and Politics After Liberalism*, New York: Columbia University Press, 2011, p1.
3 *Ibid.*, p.2.
4 *Ibid.*, 2; 샹탈 무페, 『정치적인 것의 귀환』, 이보경 옮김, 후마니타스, 2012, 11쪽.

로 구성되며, 이는 외부 타자에 대한 적대 관계를 통해 우리의 경계가 설정된다는 칼 슈미트(Carl Schmitt, 1888-1985)의 논리를 따른 것이다.[5] 하지만 정치적인 것이 이러한 모습으로 귀환하는 것은 도착적 귀환일 수 있다. 왜냐하면 오늘날 우리의 정치가 맞이하고 있는 급박성은 기후변화와 지구온난화로 인해 예외 없이 모든 생명과 존재가 존재의 위협을 당하고 있는 급박성이기 때문이다. 정치적인 친구/적의 경계를 설정하는 예외적 주권 권력의 힘을 자신의 정치신학[6]의 토대로 삼았던 칼 슈미트의 '정치적인 것'의 논리는 그 어떤 예외도 허용치 않는 오늘 우리 지구행성의 위기에 적합하지 않다. 그렇기에 우리는 정치적인 것의 귀환 시대에 지구와 공생공산(共生共産)을 사유하며, 정치신학을 재규정할 필요성 앞에 놓여 있다.

생태계 위기와 기후변화는 지구 위에서 살아가는 생명의 공멸을 의미할 수도 있다는 점에서 이제 정치신학의 주제는 해방이나 반란 혹은 저항보다는 공생(symbiosis)과 공산(sympoiesis)으로 주의를 돌려야 한다. 하지만 우리가 통속적으로 생각하는 공생이란 그저 관계적으로 얽힌 존재들이 서로 좋게 상리공생(相利共生)하는 모습으로 각인되어 있다. 신학적 의미에서 혹은 기독교 신앙적 의미에서 공생이란 서로 이익을 나눌 수 있는 존재들끼리의 평화롭고 우호적인 관계를 가리키지는 않는다. 초대 기독교 공동체는 기존 사회가 공동체의 일원으로 동등하게 받아들이기 어려운 존재들을 하나

---

5 샹탈 무페, 앞의 책, 2012, 13쪽.
6 '정치신학'(political theology)라는 용어가 독일의 보수적인 법 이론가 칼 슈미트(Carl Schmitt)의 1921년 출판된 책 제목으로부터 유래한다는 것이 매우 역설적인데, 그는 "국가에 관한 근대 이론의 모든 중요한 개념들은 세속화된 신학적(theological) 개념들"이라고 주장했다(Keller, *Political Theology of the Earth*, p.8).

님의 동등한 형제와 자매로 받아들이는 기획을 통해 형성되었고, 그것은 현 사회구조 하에서 인간으로 취급받지 못하는 존재를 예를 들어, 노예와 여자를 형제와 자매로 받아들이고 품는 행위를 포함하고 있었다. 황제를 정점으로 모든 존재가 신분제로 위계질서가 정해진 사회구조 하에서 그들은 기존 사회의 위계질서를 하나님 나라 공동체의 기준으로 재구성하고 있었고, 그래서 그들은 정치적 박해의 대상일 수밖에 없었다. 즉 기독교 공동체는 처음부터 기존과는 다른 정치체제를 전개하는 정치적 공동체였다는 말이다. 그것은 모두를 적/아군의 이분법으로 재구성하여, 자신들의 정치적 아군을 결집해 정치 세력화해 내는 칼 슈미트적 정치신학과 정반대로, 적/아군 혹은 친구/적의 이분법을 허물고, 동등한 존재로서 정당한 대접을 받지 못하는 인간 이하의 존재(the inhuman)를 형제와 자매로 호명하며, 존재를 회복시켜 주는 정치, 즉 공생의 정치였다. 캐서린 켈러(Catherine Keller, 1953-현재)는 이를 정치적인 것의 귀환으로 선포하고, 신학적으로 성찰한다. 정치적인 것(the political)의 신학은 제도권 정치를 넘어, "우리의 우주정치적 얽힘들의 위태로운 유한성과 다중다성적 리듬(polyrhythmic)의 복잡성"[7]을 포착하고, 거기서 새로운 정치적 행동주의를 위한 시간을 열어[8], 현재의 제도권 선거정치를 넘어서는 "민주적 투쟁성(democratic militancy)"[9]을 모색하는 신학이다. 여기서 켈러의 정치신학(political theology)은 배제와 혐오의 정치 즉 친

---

7   Catherine Keller, *Political Theology of the Earth: Our Planetary Emergency and the Struggle for a New Public*, New York: Columbia University Press, 2018, p.39; 폴리리듬(polyrhythm)은 서로 다른 리듬이 중첩되어 연주되는 것으로서, 재즈같은 분야에 쓰이는 음악용어로부터 유래한다.

8   *Ibid*, p.39.

9   *Ibid*, p.40.

구와 적의 이분법적 정치신학이 아니라, '말씀이 육신이 되셨다'는 성육신의 논리를 기후변화의 위기와 민주주의의 붕괴와 자본주의의 종말의 상황 속에서 대안적으로 실현하려는 신학적 노력이다. 신학을 세속의 한복판에 실현하는 것을 지향한다는 점에서 이는 세속화된 신학(theology secularized)[10]을 의미하기도 하지만, 배제와 혐오가 아니라 "창생 집단체"(the genesis collective)[11]의 관계성 속에서 비존재로 밀려난 이들을 존재로 회복하여, 피조세계에 참여시킨다는 의미에서 성화(sanctification)의 정치신학이기도 할 것이다. 이 성화(聖化)는 이제 인간만이 아니라 비인간 생물존재들과 비유기체적 시스템들을 포괄한다는 점에서 이제 인간의 해방만을 도모하는 정치신학이 아니라 '모든 존재의 얽힘을 체현하는 공생공산의 정치신학적 실천'이 될 것이다.

2. 좌절된 미래와 분노의 정치

오늘 우리가 말하는 민주주의(democracy)는 좀 더 정확히 말하자면 자유민주주의(liberal democracy) 체제이다. 즉 자유주의(liberalism)와 민주주의(democracy)라는 이념적 대립이 자유와 평등 혹은 공정성이라는 이름으로 담지되어 있는 것이다. 자유주의와 민주주의의 결합은 공동의 적, 즉 절대주의와 권위주의적 전통들로부터 개인의 자유와 해방을 쟁취하기 위

---

10 *Ibid*, p.162.

11 Catherine Keller, *On the Mystery: Discerning Divinity in Process*. Minneapolis: Fortress Press, 2008., p.47.

한 공동 투쟁의 결과였다.[12] 하지만, 이미 보수적 정치학자 칼 슈미트(Karl Schumitt)가 지적했듯이, 자유와 평등은 서로 하나가 될 수 없는 갈등 속에 있을 수밖에 없으며, 자유민주주의란 이 갈등의 자리를 "긴장의 장소"(the locus of tension)[13]로 간주하고, 이 "구성적 긴장"[14]을 "여러 다른 헤게모니적 배열들 간의 끊임없는 협상 과정"으로 삼는 정치적 절차를 의미할 것이다. 하지만 신자유주의 경제 질서의 등장과 지배로 인해 "포스트 민주주의" 시대로 진입했고, 이제 평등의 이념은 공정한 경쟁으로 대치되어, 개인의 권리로 환원되어버린 껍데기뿐인 인권 개념으로 초라하게 남아 있을 뿐이다.[15] 말하자면, 자유민주주의는 신자유주의 경제 질서의 등장과 더불어 급격히 자유주의 패러다임으로 바뀌었고, 평등의 가치를 주장하는 민주주의는 자유선거 시행과 인권 수호의 초라한 구호들로만 존재하고 있을 뿐이다.[16] 즉 우리는 "대중주권과 평등이라는 민주주의 이상이 침식"된 "포스트 민주주의의 상태"[17], 즉 자유주의 체제가 승리한 시대를 살고 있다.

공평성, 다르고 다양한 문화와 믿음들에 대한 관용, 인간 존엄성의 수호 그리고 무엇보다도 자유의 신장을 외쳤던 자유주의 체제가 "실제적으로는 거대한 불평등을 낳고, 획일성과 동종성을 부여하고, 물질적 영적 퇴화를 부추기고 그리고 자유를 침해"[18]했다. 자유주의가 이상적으로 주장했던 것

---

12 샹탈 무페. 『좌파 포퓰리즘을 위하여』. 이승원 옮김, 문학세계사, 2019, 28쪽.

13 앞의 책, 29쪽.

14 앞의 책, 30쪽.

15 앞의 책, 31쪽.

16 앞의 책, 31쪽.

17 앞의 책, 34쪽.

18 Patrick J. Denneen, *Why Liberalism Failed*, New Haven: Yale University Press, 2018, p.3.

과 우리가 자유주의 체제하에서 현실적으로 경험하는 것 사이의 격차가 점점 심화되는 시대에 우리는 우리를 해방하는 수단들이 우리를 감금하는 철장으로 변했다는 것을 깨닫고 있으며, 그래서 출구를 찾지 못한 분노와 불만족이 증폭되고 누적되고 있으며, 때로 마녀사냥의 대상을 찾아 혹은 정의(justice)의 이름으로 광장으로 표출하는 시대를 살고 있다. 자유주의로부터 신자유주의 체제로의 이행에서 발견되는 새로운 지배계급의 출현, 금융귀족 같은 소위 신-엘리트들의 출현[19], 그에 따른 대중들의 분노와 저항은 자제력과 숙고의 능력 그리고 민주적 정부를 만들어 가기 위한 절차들보다는 '정치적 분노와 좌절'을 표현하는 데 에너지를 소진하고 있다.[20]

자유주의(liberalism)의 핵심에는 "권리를 담지한 개인이 자신만의 훌륭한 삶을 추구하고 만들어 나갈 수 있다"라는 인간 이해가 자리잡고 있다.[21] 개인의 자유를 최대한 보장하기 위해 자유주의 모델 정치체제는 제한된 정부(limited government)와 자유시장 경제체제를 주장하며, 이를 이념적으로 정당화하기 위해 각 개인이 자유롭고 합리적인 선택으로 동의한 소위 사회계약(social contract)설을 발명하고, 이를 정치적으로 실현하기 위해 자유롭고 공정한 선거에 의한 대의민주주의 체제를 주창하였다. 하지만 자유주의 정치체제는 점점 더 미세한 영역에 이르기까지 시민들의 삶을 통제하기 위해 확장되고 있고, 시민들은 정부가 시민들의 문제를 해결하는 데 너무 멀리 있다고 느끼고 있으며, 세계화로 대변되는 신자유주의 경제체제는 시민들

---

19 이를 샹탈 무페는 "서구 사회의 과두제화"(oligarchization)로 표현하고 있다(『좌파 포퓰리즘을 위하여』, 33쪽).
20 Deneen, *Why Liberalism Failed*, p.xiv.
21 *Ibid*, p.1.

을 무한경쟁과 적자생존 그리고 각자도생의 삶으로 몰아갈 뿐이다. 오늘날 많은 이들은 자유주의 체제가 유일하게 확보해 준 개인의 권리란 오직 충분한 부와 지위를 확보한 이들의 권리와 자유뿐이라고 느낀다.[22] 따라서 시민들은 현 체제가 실력주의(meritocracy)를 추구하는 체제가 되었고, 소위 능력 있는 이들은 자신의 능력을 세습하고, 교육 시스템은 인성이나 소명을 찾는 장이 아니라 사회의 소위 '루저(loser)'를 솎아 내는 시스템으로 변질되었다고 느낀다.

소비자본주의 체제와 결탁하여, 자유민주주의는 시민의 정치적 권리를 상품을 구매하고 소비할 수 있는 소비자의 권리로 대치하였고, 사회적 경쟁의 승자와 패자의 이분법적 구조가 세대를 거쳐 대물림되는 현실과 그로 인해 야기된 경제적 불안정성과 심화되는 불평등의 격차를 값싼 상품을 더 많이 소비할 수 있는 권리를 통해 무마시키려 노력해 왔다. 문제는 이러한 격차가 공정성의 이름으로 끊임없이 승자로부터 패자를 체로 거르는 시스템으로부터 만들어진다는 것이다. 심지어 이 격차가 초첨단 기술을 사용할 수 있는 경제적 능력으로 이어져, 정말 소수의 초부유층이 자신들을 슈퍼휴먼으로 업그레이드할 수 있는 현실이 소위 "호모 데우스"의 시대로 등장하였으며, 이를 하라리(Yuval Noah Harari, 1976-현재)는 "불평등의 업그레이드"라고 표현했다.[23] 세계화가 초래하는 무한경쟁의 현실에서 이는 불가피한 과정이라는 논리로 포장되고, 그럼에도 불구하고 현세대의 모두는 역사상 그 어느 누구도 누리지 못한 발전의 혜택을 누린다는 위로 아닌 위로가 주어지

---

22 *Ibid.*, p.3.
23 Yuval Noah Harari, *Homo Deus: A Brief History of Tomorrow.* London: Harvill Secker, 2015, p.346.

기도 한다.[24] 분명한 것은 이 자유주의적 패러다임에 근거한 세계화 경제가 현세대의 누구로부터도 통제받지 않는다는 사실이다.

드닌(Patrick J. Deneen, 1964-현재)은 자유민주주의 체제하에서 벌어지는 현재의 총체적 난국이 자유주의의 실패로부터 비롯된 것이 아니라, 오히려 자유주의가 그 본연에 충실했기 때문에 일어난 결과라고 진단한다. 즉 자유주의는 "성공했기 때문에 실패했다"[25]는 것이다. 오늘날 우리의 총체적인 좌절과 실패는 바로 우리가 "자유주의의 이상들에 맞추어 살아 내는 데 실패"[26]했다는 잘못된 분석이다. 이는 우리가 자유주의(liberalism)가 이데올로기라는 사실을 망각한 데서 비롯된 것이며, 이 이데올로기의 동굴에서 살아왔다는 사실을 비교를 통해 알려 줄 다른 대안적 이데올로기를 보지 못한 데서 오는 오류이다.

현재 우리 시대의 실패는 자유주의의 전적인 성공에 따른 결과라는 드닌의 진단과 병행하여, 샹탈 무페는 진보 혹은 좌파 정치의 무능이 이 실패를 부추긴 주요 원인들 중 하나라고 진단한다. 즉 현재 서구 정치에서 "우파 포퓰리즘 정당들이 담고 있는 수많은 요구들이 진보적 해답이 필요한 민주주의의 요구라는 것을" 좌파 정치인들은 아직 깨닫지 못하고 있다는 것이다.[27] 즉 진보 혹은 좌파 정치인들이 신자유주의 경제체제와 일구어 낸 타협이 우리 시대 유례없는 승자와 패자의 격차를 양산하고 있으며, 이 세계화의 패배자들이 외치는 함성이 우파 포퓰리즘의 목소리 속에 반영되어 있다는 것

---

24 Deneen, *Why Liberalism Failed* , p.10.
25 *Ibid.*, p.3.
26 *Ibid.*, p.4.
27 샹탈 무페, 『좌파 포퓰리즘을 위하여』. 이승원 옮김, 문학세계사, 2019, 39쪽.

이다. 문제는 우파 포퓰리즘의 목소리로 반영되는 민주주의적 열망들이 낙오자와 실패자의 좌절과 분노로 응집되고, 그 분노의 감정이 자신과 다른 사람들을 향한 적대와 혐오로 표출된다는 것이다. "노동자와 중산층의 최소한의 이익도 지켜 내지 못한"[28] 진보 정치인들에 대한 깊은 불신이 우파 포퓰리즘의 목소리 속에 담겨 있는 것이다. "공장에서의 노동조건, 노동조합의 조직, 여성 인권, 보편적 교육, 빈민 주거, 공공 건강 캠페인 등을 겨냥한 대중운동과 사회 개혁의 진전에 초점"[29]을 두었던 진보의 시대는 제1차 세계대전으로 종언을 고했고, 세계 경제 대공황과 제2차 세계대전 이후 전개된 냉전 체제는 자유민주주의 불안한 동거를 (적어도 서구에서는) 자유주의 체제로 급격히 전환시키는 계기가 되었다. 냉전 시대라는 체제하에서 진보주의는 "세계화, 제국주의적 확장, 규제 없는 자본주의를 관대하게 끌어 안음"[30]으로써, 스스로 자멸해 갔다. 자유민주주의 정치 시스템의 성공적인 실패는 더 나은 실패(a failing better)[31] 즉 '성공보다 나은 실패'를 시도하지 않았던 결과인지도 모른다. 그것은 자본주의의 폐해들을 민주주의라는 명분으로 은폐하고, 민주주의의 병폐들을 자본주의적 성장이라는 달콤한 사탕으로 망각하게 만들었던 실패를 정면으로 인식하기 꺼려했던 우리의 모습, 즉 문명의 진보라는 이데올로기의 실패를 솔직히 받아들이지 않았던 우리의 모습을 가리키는 듯하다. 자유주의와 민주주의의 불안한 결합은 물질적

28 크리스 헤지스(Chris Hedges), 『진보의 몰락』(Death of the Liberal Class), 노정태 옮김, 서울: 프런티어, 2013, 25쪽.
29 앞의 책, 27쪽.
30 앞의 책, 28쪽.
31 Keller, Political Theology of Earth, p.123.

성공과 경제적 성공을 양산해 내는 자본주의의 발전과 진화에 안주했던 것이다. 그래서 경제적 상황의 변화에 따라 정치적 안정성이 극히 취약해지는 결과를 낳았다. 비교적 경제 변화와 상관없이 정치적 안정을 구가할 수 있었던 마을 공동체 시스템이 전면적으로 붕괴 혹은 폐지되고, 전 지구를 시장경제라는 우산 하에 두고자 기획되었던 세계화는 역설적으로 다문화 시대에 독특하고 다양한 문화가 꽃을 피우도록 하는 것이 아니라, '획일적인 다문화'가 자유주의 기획의 일부로 고립되어 게토화시키는 결과를 낳았다는 것이 바로 자유민주주의의 모순을 대변한다. 그래서 정치는 차라리 실패한 것이 나았을는지도 모른다. 그런 실패를 경험했더라면, 지금 같은 극단적 상황은 도래하지 않았을는지도 모른다. 역사에 '만약'은 불필요하거나 불가능하다 해도 말이다. 지금 우리는 인간의 해방을 추구했던 진보의 신화들이 자본주의적 힘에 휘둘려 총체적으로 실패하면서, 인간의 문명뿐만 아니라 다른 생명들과 비유기체적 존재들 더 나아가 지구 자체까지 치명적인 위험에 빠뜨리는 실패를 저지르고 있다. 우리가 이제 지구로 눈을 돌리는 것은 인간을 외면하고 지구를 더 주목한다는 것이 아니라, 오히려 인간을 포함한 모든 생명들과 비유기체적 물질 존재들 모두의 존재 역량이 실현되는 지구를 외면하고는 그 어떤 대안도 실현이 불가능하다는 사실을 분명하게 인식하고자 함이다.

3. 미래 이후 시대의 정치신학: 언더커먼스의 정치신학

프랑코 베라르디(Franco Berardi, 1949-현재)는 "우리는 미래 이후의 시간을 살고 있다"[32]고 선포한다. 산업혁명과 자본주의의 등장 이래 미래는 '성장'과 '팽창'이라는 단어와 결부되었다. 즉 '무한한 성장과 생산 기반의 끝없는 팽창'이 미래라는 단어 속에 내포되었고, 그래서 "해마다 소비되는 사물의 양이 증가하기만 한다면 행복해질 수 있다"는 환상적 믿음이 우리 안에 자리 잡고 있었다.[33] 그런데 만약 경제의 무한한 성장이 지속될 수 없다면, 그리고 지구상의 물리적 자원들이 바닥날 수 있고 인지노동자들의 신경에너지 역시 바닥날 수 있다면[34], 어떻게 될 것인가? 1972년 로마클럽의 「성장의 한계」는 이미 성장과 팽창이 무한히 계속될 수 없다는 것을 경고한 바 있다. 만일 성장과 팽창이 가능하지 않은 미래가 도래한다면, 무한한 성장과 팽창을 통해 미래를 기대하던 세대에게 "미래 없는 상황"[35]을 가져다줄 것이다.

"미래주의적 꿈과 자본주의적 기만이 끝장"난 시대의 신자유주의는 산업자본주의로부터 금융자본주의로 진화하여, "환경, 사회적 생산, 집단적 지식을 금융독재에 종속"[36]시켰다. 그런데 금융자본주의의 자본축적 방식은 "과거 사회의 문명에서 생산된 것을 끊임없이 파괴하는 데 기반을 둔다."[37] 그리고 2008년 9월 터진 금융 위기는 이 금융자본주의의 몰락을 초래했으며, 이제 금융권의 잘못을 사회적 지출에 사용해야 할 돈을 끌어다 메꾸고 있다. 이 때문에 교육 및 보건 재정 삭감이 이어지고, 사회적으로 불안정성과 취약성이 높아지며, 그로 인해 발생하는 분노와 좌절과 우울감이 무지와 폭

---

32 프랑코 '비포' 베라르디, 『미래 이후』. 강서진 옮김. 난장, 2013, 12쪽.
33 앞의 책, 10쪽.
34 앞의 책, 10쪽.
35 앞의 책, 10쪽.
36 앞의 책, 11쪽.
37 앞의 책, 11쪽.

력으로 이어지는 악순환이 계속되고 있다. 불안정성은 "더 이상 주변적이고 임시적인 특징이 아니라, 디지털화되고 복잡하게 뒤얽힌 재조합적 생산 영역에서 노동관계의 일반적 형태"가 되었다.[38] 그리고 노동자들은 "노동관계, 월급, 노동일의 길이에 관한 확정적 규칙을 더 이상 지니지 않는" "프레카리아트"(precariat)가 되었다.[39] 그런데 이 불안정성은 "노동시장의 불안정한 성격"으로부터 비롯되는 것이 아니라, 프레카리아트를 구성하는 인지노동의 불안정성으로부터 유래하는 "기술적 문화적 조건"이다.[40] 미래가 사라진 불안정한 시대는 깊은 좌절감과 분노의 폭발로 그 증상들을 드러내는 중이다.

오늘날 우리가 맞이하고 있는 기후변화는 근대 이후 정치 경제 발전의 총체적 결과이며 증상이다. 기후변화라는 총체적 위기의 증상 이면에는 지구 행성 위에 모든 삶의 운명을 불안정성(precarity)으로 몰아간 자본주의적 성장 구조가 놓여 있고, 이제 우리는 자본주의가 남겨 놓은 "폐허들" 위에서 새로운 삶의 구조를 모색해야 하는 시대를 살아간다.[41] 이제 기후변화를 넘어 "기후비상사태"라는 경고가 쏟아져도, 이를 해결하기 위한 정치적 노력은 도리어 퇴행하고 있다.[42] 현재의 정치와 경제의 제도는 이 문제에 대처할 수 없고 무능하다는 것이 점점 더 분명해지고 있다. 이 무능한 체제에 대한 신학적 비판으로서 캐서린 켈러는 "지구정치신학"(political theology of the

---

38 앞의 책, 139쪽.

39 앞의 책, 139쪽.

40 앞의 책, 140쪽.

41 Tsing, *The Mushroom at the End of the World*, p.3.

42 Kylan Mandel, "과학자들이 기후 비상사태를 선언하며 '인류의 막대한 고통'을 경고했다," 〈허핑턴포스트〉, 2019년 11월 7일자. 접속: 2019년 11월 9일.
   https://www.huffingtonpost.kr/entry/story_kr_5dc3cbe9e4b03ddc02ef451c?utm_hp_ref=kr-homepage

earth)을 주창한다. 하지만 자유민주주의 체제가 신자유주의 경제 질서의 등장 이후 포스트-민주주의 시대로 진입한 지금, 정치는 더 이상 시민의 목소리를 대변하기보다는 자본의 자유를 실현하고 있고, 평등은 기호자본주의 체제하에서 모두가 평등한 디지털 노예로의 하향평준화가 실현되고 있는 차에 우리는 기후변화 위기에 대처하기 위한 정치적 행동주의를 조직해 낼수 있을까? 켈러는 그 가능성이 실현되려면, 종교적인 것의 귀환 혹은 정치신학으로 전환되어야 한다고 역설한다. 우리 시대 보수와 진보는 같은 동전의 반대 면으로서, 칼 슈미트의 정치신학에 기인하는 적/아군의 이분법을 공유하는 하나의 정치적 매트릭스이며, 경쟁적 동반자일 뿐이다. 기후변화와 지구온난화라는 위기를 이 슈미트적 정치 프레임에 놓고 판단하면, 우리는 극우의 정치놀이에 참여하는 꼴에 불과하다.[43] 보수/진보의 이분법을 넘어서, 이미 부르주아와 프롤레타리아 식의 이분법을 넘어선 기호자본주의의 매트릭스를 비판적으로 성찰하고, 프레카리아트를 위한 대안을 모색하려면 우리에게는 제 삼의 대안이 필요하고, 이 대안은 신학으로부터 나올 수밖에 없다. 시민권자들의 투표권을 근거로 구성된 대의민주주의 체제는 프레카리아트나 밑바닥 인생들을 위한 정치를 외면하고, 표가 되는 정치 즉 중산층의 정치로 전락한 지 오래되었기 때문이다. 근대의 자유(liberty) 개념은 본래 신적 권력에 대립하는 개념으로서 인본주의나 실존주의와 같은 사유들을 통해 제시되었지만, 근대의 이념들이 정치적으로 경제적으로 실현된 오늘날 역설적으로 우리는 '우리가 얼마나 자유하지 않은지를 점점 더[44] 깨

43 Crockett, *Radical Political Theology*, p.3.
44 *Ibid.*, p.3.

닫고 있을 뿐이다. 바로 여기에 신학의 정치적 귀환을 위한 필요성이 있다.

정치신학의 귀환은 결코 제도권 정치나 정치학의 분석 대상으로서의 정치를 의미하지 않는다. 오히려 '정치적인 것'(the political)은 기존 제도권 정치에 대한 대안 정치로서 정치적 모임의 귀환을 가리킬 수 있으며, 켈러에 따르면, '정치적인 것'은 곧 시민화로서 문명(civil-ization)의 도시적 단위들, 다시 말해 집단 중심의 이기적 유대감을 넘어선 사람들의 결집 혹은 함께-모임을 가리킨다.[45] 켈러는 기독교 운동의 핵심은 바로 이 정치적인 것의 운동이었다고 지적한다. 다신론이 우세하고 황제의 중앙집권적 통치가 기존 정치를 구조화하고 있는 역사적 상황 속에서 공동체 중심의 기독교 운동은 처음부터 "이미 그리고 언제나 정치적"일 수밖에 없었다는 것이다.[46] 세속의 다신교적 문화와 황제를 추앙하는 제국주의적 세속 질서의 도식 속에서 예배 공동체 중심의 새로운 삶을 주창하는 기독교신학은 "결코 단순히 (기존) 정치(politics)와의 동일시"를 의미하는 것이 아니라, 그 종교의 이론적 실천으로서 "이미 언제나 정치적" 운동의 잠재력을 담지하고 있는 것이다.[47] 이 것이 오늘 기후변화와 이데올로기적 정치 질서의 붕괴의 한복판에서 정치신학의 복귀가 가리키는 정치인 것이다. 이 정치신학은 정치신학이라는 용어를 주창한 칼 슈미트(Karl Schmitt)의 '친구와 적'이라는 이분법적 편 가르기로서의 정치를 단연코 거절한다.[48] 오늘날 우리 정치가 무능한 근본에는 이 슈미트의 정치적 이분법이 초래한 무능력한 귀결들이 자리 잡고 있기 때문

---

45 Keller, *Political Theology of the Earth*, p.7.
46 *Ibid.*, p.7.
47 *Ibid.*, p.8.
48 *Ibid.*, p.23.

이다. 이민자들과 난민들과 성소수자들 그리고 유색인종들과 여성들을 '우리가 아닌 그들'의 자리에 즉 적의 자리에 놓고 권위주의와 파시즘적 정치적 행동주의를 촉구하는 오늘날 극우의 모습은 슈미트적 정치가 지향하는 곳이 어디인지를 정확히 지적한다: 공멸.

작금의 기후변화와 생태적 상황은 우리에게 정치적 결단과 행동의 시간을 재촉한다. 그것은 지구를 위한 결단과 행동의 시간이 될 것이다. 그 결단과 행동의 촉구는 근대이래 혹은 인간 문명 속에서 지속적으로 이어져 왔던 예외주의(exceptionalism)에 반대하는 결단을 의미한다: 남성 중심적 예외주의, 인간 중심적 예외주의, 백인 중심적 예외주의, 서구 중심적 예외주의 등. 모든 예외주의는 집단이나 부류를 둘로 갈라, 한쪽 편의 우월성을 강조하고 다른 쪽을 적으로 삼아 결집하는 슈미트적 정치신학이다. 이를 프란시스 교황은 "정치적 마니교"(political Manicheanism)라 부르며 경고했다.[49] 정치적인 것의 귀환으로서 정치신학은 이러한 남성 중심주의, 인간 중심주의, 백인 중심주의, 서구 중심주의 등을 넘어서, "예외 없는 상호 의존성의 창조적 취약성들"[50]을 정치적 대안으로 삼는 신학을 가리킨다. 그것은 곧 이주민, 기후난민, 전쟁난민, 비정규직 등을 포함한 "보통 사람 이하의 존재들"(the undercommons)을 대변하는 정치신학을 의미할 것이다. 즉 기존의 정치 구조에서 대변되지 않는 이들을 보호하고 품기 위해 정치적으로 행동하는 신학 말이다. 거기에 이제는 지구를 비롯하여 비존재로 취급받아 왔던 물질적 존재들이 포함되어야 한다. 그것은 곧 거대 권력에 반대하는 저항운동으

---

49 *Ibid.*, p.21.
50 *Ibid.*, p.16.

로서의 정치신학을 넘어서서, '정치적인 것'을 "공익을 위한 결집"(gathering for the common good)으로 정의한다는 것을 의미한다.[51] 이 결집이 '정치적인 것'이라는 것은 곧 이 결집이 정치적 투쟁(struggle)을 동반한다는 것을 의미하기도 한다. 신학적으로 이것은 곧 '그때' 즉 '하나님 나라를 위한 결집' 혹은 '그때를 위한 집단적 투쟁'이 될 것이다. 그렇기에 이 투쟁은 초대교회의 정치적인 것의 운동처럼, 그 무언가에 대한 증오와 혐오에 근거하여 반대하는 투쟁이 아니라 "공중(公衆, public)을 위한 그리고 공중과 함께하는"[52] 투쟁으로의 방향 전환을 말한다. 이는 투쟁을 "증오"(enmity)가 아니라 하나의 과정으로 보는 시각의 전환을 요구한다.[53] 샹탈 무페는 이를 "민주적 아고니즘"(democratic agonism)[54]으로 정의한다. 아고니즘은 "정치적 입장들의 활발한 충돌과 이해관계들의 열린 갈등"[55]을 요청한다. 이는 상대방을 적으로 규정하고, 적에 대한 증오를 불러일으켜, 내부의 '우리'를 규합하는 방식의 적대 관계(antagonism)에 반대하는 대안적 정치투쟁 개념이다. 상대방을 의견을 민주적으로 경합하는 경쟁자로 존중하는 아고니즘의 민주적 윤리는 투

---

51 *Ibid.*, p.22.
52 *Ibid.*, p.24.
53 *Ibid.*, p.26.
54 샹탈 무페의 번역자들은 이를 "경합주의"로 번역하기도 하는데, 이는 서로 다른 정치적 입장들이 자신들의 정치적 설득력을 위해 경합하는 과정을 '투쟁의 과정'으로 보기 때문이다(*Ibid.*, p.26). 하지만 켈러는 이 '아고니즘'(agonism)이란 단어 속에 '고뇌'(agony)의 함의가 담지되어 있음을 통찰한다. '경합'이라고 번역했을 때, 아고니즘은 공정한 경쟁을 촉구하는 이미지가 강조된다면, 이 단어 속에 agony의 함의가 있음을 읽어낼 때에는 다른 의견들과 단순히 경합하는 것이 아니라, 그것이 고뇌에 찬 투쟁과 갈등의 과정임을 함축한다. 이런 맥락에서 '경합주의'라는 번역은 다소 단어의 본래 함의에서 조금 벗어난다. 이하에서 agonism의 번역용례인 '경합주의'를 따라가기 보다는 음역하여 '아고니즘'으로 표기한다.
55 *Ibid.*, p.26.

쟁의 중단이나 일치된 행동을 의미하지 않으며[56], 또한 괴로운 시간들을 망각하는 것을 의미하는 것도 아니다. 오히려 정치적 변혁은 혁명이나 전복으로 한 번에 도래하는 것이 아니라 길고 장구한 인고의 시간을 거쳐도 실패할 가능성이 높다는 것을 인식하는 운동이다.

　지금까지 정치적 투쟁은 '정치적인 것' 아래로 평범한 사람들(the commons)을 밀어 넣고, 정치적인 것의 희미한 욕구나 기여 혹은 그를 위한 배경적 자원으로 간주해 왔다. 그러나 우리가 보통 사람들의 수준에 정치적인 것을 맞춘다면, 서민(the commons)은 아주 강한 의미로 정치적 집단의 "급진적 사회성"을 가리킨다.[57] 예를 들어, 기후변화 시대의 서민이란 단지 가난한 사람만을 의미하는 것이 아니라 인간 이외의 존재들 모두와 그의 기반인 지구를 포함한다. 즉 "인간의 신분 아래로 영원히 미끄러져 내려가는 사람들, 모든 사람들 아래로 당연하게 밀려 내려가는 인간 이외의 존재들"[58] 그래서 그 누구도 대변해 주지 않는 존재 모두를 '서민(commons)' 개념에 포함한다. 역설적으로 우리 시대에 평범한 일반 시민을 일컫는 서민(the commons)은 예외적인 특권적 존재가 되어 가고 있으며, 이를 비판하면서 흑인비판이론은 스스로를 "서민 이하의 존재"(the undercommons) 혹은 '언더커먼스'라고 표현하기도 한다.[59] 이 '서민 이하의 존재'로 동일시되는 '우리'는 기존의 제도권 정치에서 "분열 혹은 분열에 동의하는 이"[60]로 기표되는데, 제도권

56 *Ibid.*, p.29.
57 *Ibid.*, p.30.
58 *Ibid.*, p.30.
59 *Ibid.*, p.30.
60 *Ibid.*, p.30.

정당의 정치적 타협에 언제나 분열과 불안정성을 창출하기 때문이다. 이들이 창출하는 분열과 불안정성은 기존 제도권 정치가 지키고 보호하는 영토 즉 돈과 권력으로 울타리 쳐진 땅을 정치적으로 에워싸 "불안정성을 창출"하는데, 역설적으로 언더커먼스의 희망은 바로 이것이다.[61] 비인간 혹은 인간 이하의 존재로 내몰린 이들이 스스로의 목소리를 정치적으로 담아내고 결집하면서 창출하는 불안정성은 기존 제도권 정치에는 불안과 분열이 되지만, 제도권 바깥으로 밀려나는 존재들에게는 변혁의 희망이 되기 때문이다. 그래서 '언더커먼스'(the undercommons, 서민 이하의 존재)는 "정치에 대한 희망을 잃었지만, 그러나 저항과 자기-조직을 계속하는 공중(公衆, public)"[62]을 가리키는 이름이다. 이들과 함께하는 투쟁은 결코 적대 관계(antagonism)를 배제하지 않는다. 오히려 정치(politics)에 대한 "일반적 적대 관계"(general antagonism)[63]를 주장하면서, 제도의 그릇됨을 고발하고, 정치를 부정확하고 거짓되게 만드는 것들을 지적하면서, 서로에 의지해 빚지며 운동하는 무리들이다. 그럼에도 불구하고 이 대결과 경합의 관계는 정치적으로 의견이 다른 자를 분노와 증오로 혐오하며 마녀사냥 하지 않으며, 지구행성 위의 모든 존재는 얽힘(entanglement)의 관계 속에 근본적으로 서로에게 빚진 자라는 것을 철저히 되새긴다. 따라서 이제 우리는 '언더커먼스' 혹은 '지하서민' 또는 서민 이하의 존재에 비인간 생명 존재들과 비유기체적 물질적 존재들 그리고 이 모든 존재의 터전인 지구를 정치적으로 사유하며, 상대방을 선거에서 이기기 위한 전략이 아니라, 모든 존재들이 지구 위에서 공생공산 할

---

61 *Ibid.*, p.30.
62 *Ibid.*, p.31.
63 *Ibid.*, p.31.

수 있는 구원의 전략을 정치적으로 도모하고 행동해야 한다.

4. 비존재적 집단체(the collective)의 정치적 가능성
　─켈러의 창생 집단체(the genesis collective)

　불확정성(the indeterminate)은 새로운 질서가 창출될 기회다. 서민 이하
의 존재(the undercommons)는 정책적 통계에 잡히는 존재가 아니다. 늘 '서
민 이상의 존재'(the overcommons)에 초점을 두는 정치는 선거권을 행사하
는 존재들에게만 관심이 있다. 바로 여기에 우리 대의민주주의 체제의 실
패가 놓여 있다. 그 불확정성이 불안정성(precarity)으로 변환되고, 이 불안
정성은 늘 "운 없는 인생들의 운명"(fate of the less fortunate)[64]이 되어 가는 시
대, 우리 정치의 불안정성은 바로 그 정치가 활용하는 통계적 숫자 아래에
놓인 존재들을 망각하는 데 있다. 안나 칭(Anna L. Tsing)은 이 불안정성의
운명이 이제 "지구의 운명"이 되었다고 선언한다.[65] 정치가 올바로 작동하
려면, 서민(the commons)의 위아래가 서로 연결된 존재, 서로 얽혀 있는 존
재라는 것을 인식함으로부터 시작해야 한다. 바로 이런 의미에서 '불확정
성' 즉 서민 이하의 존재로 표현되는, 통계에서 빠져나간 존재들에 우리 정
치의 기회가 놓여 있는 것이다. 삶과 생명은 인간과 인간 이외 존재 사이의
"자기-조직화"(self-organization)'로부터 창발하는데, 이것은 바로 "아상블라주

64 Tsing, *The Mushroom at the End of the World*, p.2.
65 *Ibid.*, p.3.

(assemblage)의 활동, 즉 세포와 유기체·재즈밴드·혁명 등과 같이 상호 작용하는 차이의 앙상블들이 빚어내는 생산 활동"이다.[66] 이런 의미에서 정치적인 것(the political)은 바로 "결정적인 차이를 가로지르는 집단체적 아상블라주"(collective assemblage across critical difference)[67]이다. "결정적 차이"(critical difference)란 "차이가 창발적 공중을 위해 작용하는 위기, 자기-조직화의 새로운 행위들을 요구하는 분기"(divergence)[68]를 의미한다. 예를 들어 기후변화와 지구온난화는 바로 그 결정적 차이의 한 예이다. 그 위기들을 통해 공중(the public)은 기존 정치와 경제 및 사유 패러다임의 한계를 분명하게 보게 되고 혼돈을 겪지만, 그 위기를 극복해 나갈 대안과 새로운 패러다임을 모색하기 때문이다. 그래서 자기-조직화는 언제나 "혼돈의 가장자리"(at the edge of chaos)[69]에서 일어난다. 신학적으로 이 '창생 집단체'의 과정은 "모든 것을 결정하는 주권적 창조 이야기에 들어맞지 않는 어떤 것"이 도래하는 과정이라는 점에서 "언제나 이미 정치적"이다.[70] 하지만 신자유주의는 "지구의 자기-조직화하는 다수적·지질학적, 생물학적, 기후적·생태계들"을 자기의 세계 조직에 적합하지 않은 "외부효과들"로 치부해 버렸다.[71] 다수가 집단적으로 얽혀 창출하는 미세한 진동들을 수치와 통계로 변환하는 것이 가능치 않았기 때문이다. 기후변화의 위기 시대에 창생 집단체(the genesis collective)는 정치적 대안으로서 의미가 있을까?

66 Keller, *Political Theology of the Earth*, p.33.
67 *Ibid.*, p.33.
68 *Ibid.*, p.33.
69 *Ibid.*, p.34.
70 *Ibid.*, p.34.
71 *Ibid.*, p.35.

베라르디는 집단체(the collective)를 다중과 네트워크 그리고 떼(swarm)로 구별한다. 이 중 베라르디에게 정치적 가능성을 갖는 단위는 "떼"이다. 다중이란 "공통의 지향성을 공유하지 않고 공통된 행동 패턴을 보이지 않는 의식적 · 감성적 존재들의 복수성"[72]을 말한다. 네트워크는 "(유기체적 혹은 인공적) 존재들의 복수성이자 상호 접속과 상호 연동을 가능케 해 주는 절차 덕분에 공통의 행동을 수행할 수 있는 인간과 기계의 복수성"[73]을 말하는데, 네트워크는 자신의 내장된 프로그램으로 접속자들을 늘 일정한 방향으로 유도하는 성격이 있다. 이 점에서 접속자들의 행동은 네트워크의 프로그램에 종속되어 있다. 떼(swarm)는 "자신의 신경 체계 속에 새겨져 있는 규칙들을 따라 행동하는 (혹은 따르는 것처럼 보이는) 살아 있는 존재들의 복수성"[74]을 말한다. 사회가 복잡해지고 정교해지며 가속화될수록 사람들은 "떼처럼 행동하는 경향"이 늘어나, "의미의 공통적인 자동적 속성에 의존하고 서로 일치하는 행동을 공유하는 경향"을 보인다.[75] 바로 이런 상황에서 떼(swarm)는 "공통의 의미가 생산되고 서로 일치하는 행동이 형성되는 장소"이면서 또한 "권력(의 장소)"[76]가 된다.

비록 떼와 네트워크를 말끔히 구별하기란 거의 "불가능"[77]하지만, 기호자본주의 체제하에서 우리가 점점 떼로 살아가는 경향은 증가하고 있다. 네트

---

72 프랑코 '비포' 베라르디. 『프레카리아트를 위한 랩소디: 기호자본주의의 불안정성과 정신 노동의 정신병리』(*Precarios Rhapsody: Semiocapitalism and the Pathologies of the Post-Alpha Generation*), 정유리 옮김. 도서출판 난장, 2013, 211쪽.
73 앞의 책, 211쪽.
74 앞의 책, 212쪽.
75 앞의 책, 212쪽.
76 앞의 책, 212쪽.
77 앞의 책, 213쪽.

워크와 구별되는 떼의 중요한 특징은 말하자면, "의도가 없는 지향성과 행위자 없는 행동을 특징으로 하는 이질적인 전체"로서, 떼에는 "중앙의 명령도, 전체 떼를 조사하거나 감시하거나 통제할 수 있는 단위 혹은 대리인도 없다."[78] 그럼에도 불구하고 떼는 "일정한 방향으로 행동하고, 그 움직임에는 동기가 있으며, 그 패턴에는 목적이 있다."[79] 네트워크는 자신의 프로그램으로 접속자들을 종속시키는 반면, 떼가 보여주는 의도성이나 목적성 혹은 동기들은 중앙 프로그램의 통제가 아니라, 떼를 구성하는 개체들의 자발적이지만 예측 불가능한 전체로서의 특성이다. 이를 베라르디는 "떼의 역설"[80]이라고 부른다. 한편으로 떼는 중앙의 의도적인 통제는 없지만 그 행위 패턴을 통해 힘의 지향을 보여준다. 다른 한편으로 떼는 질서정연하고 역동적으로 조직화되어 있지만 자신의 유지 이외에 그 어떤 목적이나 목표를 갖고 있지 않은 집합성을 보인다.

우리의 두뇌를 네트워크에 접속하여, 우리의 뇌신경을 네트워크와 연결하는 기호자본주의 시대에 떼를 창출하는 만남 혹은 결집에는 두 가지 형태가 있다: 접속(connection)과 결속(conjunction). 접속은 네트워크적 환경에서 떼가 구성되는 방식으로서, 아무런 결속감 없이, 즉 아무런 의식적·정서적 결속력을 가짐이 없이 접속하는 신체들을 가리키는 반면, 결속은 몸들이 신체적으로 모여 결집하는 것을 가리키는 것으로서, 이 결속의 차원에서 소속은 아무런 의미가 없지만 이 집합체는 "의미를 창조하며, 이렇게 공유된 의

---

78 앞의 책, 215쪽.
79 앞의 책, 215쪽.
80 앞의 책, 215쪽.

미가 집합체를 지배하는 절차"가 된다.[81] 접속의 차원에서 떼는 네트워크에 종속된 행동 패턴을 보이지만, 결속의 차원에서 떼는 의미를 창조하여 공유된 행동을 창출하는 힘을 보여준다. 다시 말해서, 접속의 체계에는 지식이 존재하지 않으며, 그저 의미론적 인식만이 있을 뿐이지만, 집합적 결속에서 지식은 "기존의 것을 인식하는 것이 아니라 새로운 것을 창조하는 것"이 된다.[82] 결속의 한 예로서 우리는 사랑을 예로 들 수 있는데, 사랑은 "사랑하는 연인들을 바꾸"며, 이처럼 "무의미한 기호들의 결속은 이전에 결코 존재하지 않았던 의미를" 창출한다.[83] 사랑은 두 신체 간의 물리적 만남이 배제된 접속 관계만으로는 가능하지 않다. 그리고 이것이 결속과 접속 관계의 결정적인 차이이다. 결속의 관계에서 인간의 몸은 단지 두뇌와 네트워크와의 접속을 가능케 해 주는 단순한 인터페이스 수준을 넘어서서, 몸의 만남을 통해 새로운 의미를 창출하는 기능이 있다는 점에서 베라르디는 떼의 창발성을 주장한다.

그런데 우리 시대 디지털 네트워크는 코드의 표준화를 통해 서로 다른 요소들을 호환 가능케 함으로써, 이질적인 것들을 의식적 유기체들 사이의 교환을 통해 떼에서 네트워크로 전환시키면서 결속에서 접속으로 관계를 전환시키고 있다. 유기체가 전자장치들과 신경가소성을 통해 상호 작용하면서 '커플링'(coupling)하게 만드는 장치들이 확산되고 있기 때문이다. 달리 표현하자면, "인지적 기계들과 언어적 기계들 사이의 접속이 갈수록 증가"

---

81 앞의 책, 217쪽.
82 앞의 책, 217쪽.
83 앞의 책, 217쪽.

하면서 "유기체의 두뇌들과 신체들 사이의 결속이 감소"하고 있다.[84] 그러면서 몸의 결속적 만남이 창출하는 의미가 무의미한 코드의 교환으로 변환되면서, 현대 포스트휴먼 시대는 의미의 결여를 경험하고 있다. 무의미한 접속적 만남의 증가는 삶을 허무주의의 늪으로 유인하고 있는 것이다. 베라르디는 묻기를, "인류의 유연한 두뇌는 이 미로에서 빠져나오는 길을 찾을 수 있을까? 우리는 세계와 정신이 새롭게 결속할 수 있는 가능성을 만들어 낼 수 있을까?"[85] 이 물음들이 "미래를 위한 실질적인 질문"[86]이라고 말했다. 이 가능성은 결코 "정치적 의지나 합리적인 정치적 계획에 의존"하여 창출되지 않으며, "오로지 우리의 감수성과 신경-진화를 동기화할 수 있는 우리 자신의 능력에만 의존"하여 가능할 것이다.[87] 이는 곧 "연대의 문제"[88]이지만, 정작 문제는 이제 더 이상 연대가 가능하지 않다는 것이다. 왜냐하면 연대는 "노동자들 사이, 사람들 사이의 영토적·물리적 관계에 기반을 두고" 있는데, 이 영토적·물리적 기반이 기호자본주의의 디지털 네트워크 시스템으로 인해 무너졌기 때문이다.[89] 우리의 연대를 창출하기 위해서 우리는 "인지노동의 신체적 재구성"이 필요하고, 이에 지식인의 역할은 "필수적"인데, 오늘날 지식인이 더 이상 존재하지 않는다.[90] 지식인들 모두 소진되고 탈진되었기 때문이다. 연대를 구성하기 위해서 우리는 "일반 지성을 하나의 신체

---

84 앞의 책, 233쪽.
85 앞의 책, 234쪽.
86 앞의 책, 234쪽.
87 앞의 책, 234쪽.
88 앞의 책, 241쪽.
89 앞의 책, 241쪽.
90 앞의 책, 242쪽.

로서 자기조직화"[91]해 내야 하는데, 이것이 미래의 반란에서 가장 결정적인 물음이 될 것이다. 몸의 만남을 통해 연대의 의미를 찾는 인간 유기체가 디지털 네트워크의 환경으로 구축된 기호자본주의라는 현실 속에서 오프라인 모임을 통해 그들의 신체성을 회복할 수 있을 것인가? 이것이 '오늘날 코그니타리아트(Cognitariat) 즉 인지노동자가 당면한 주요 문제'이다: "일반 지성은 자신의 신체를 찾고 있다."[92]

신체성을 동반한 결속(conjunction)의 관계가 기호자본주의의 매트릭스를 구성하는 디지털 네트워크에 기반한 접속의 관계로 전환되는 추세 속에서 우리는 떼의 정치적 잠재력을 어떻게 회복할 수 있을 것인가? 여기서 존재란 "에너지와 변혁"이고, 신학은 "에너지"이며, 에너지는 "물질화한다"(matter)는 사실을 기억하자.[93] 이는 말씀이 육신이 되었다는 성육신 교리의 핵심이다. 만일 이 신학의 에너지가 변혁의 에너지가 되어 "얽힌 차이들의 마디들 속에 물질적으로 실현된다면"(materialize), 신학의 에너지는 메시아적 시간의 응축을 초래할 수 있을 것이다: "그리스도 안에(en christou) 모든 것들"을 조망하면서 말이다.[94] 모든 만물의 서로 간 접힘(folding)과 얽힘(entanglement)은 이미 그리고 언제나 그리스도 안에 있고, 바로 그렇기 때문에 성육신하신 하나님의 체현(embodiment)을 실현해 나갈 수 있다. 정치적인 것의 귀환이 왜 신학적 운동이 되는지를 여기서 보게 된다.

오늘날 우리의 정치적 문제는 "인간적 예외주의와 기계론적 환원주의

---

91 앞의 책, 242쪽.
92 앞의 책, 243쪽.
93 Keller, *Political Theology of the Earth*, p.67.
94 *Ibid.*, p.67.

에 즉각 저항하는, 사물들의 물질화를 향한 투쟁"[95]이다. 여기서 '물질화' (mattering)는 물질로 구체화된다는 의미와 문제화된다 혹은 중요해진다는 의미를 모두 함의한다. 인간의 몸은 정신의 실현이 아니라 몸을 통해 물질 세계와 소통하며, 그래서 몸이 속한 지구가 문제가 될 때 우리의 몸뿐만 아니라 몸에 기반하여 작동하는 정신도 문제가 된다. 민주주의의 붕괴와 기호자본주의의 출현 그리고 자본주의적 성장의 붕괴는 우리에게 이 문제들이 결코 경제나 정치의 어느 특정 영역에 국한된 것이 아니라 그리고 인간 삶의 지평 안에 한정된 문제들이 아니라, 행성에 존재하는 모든 존재들의 생존에 치명적으로 중요한 문제가 된다는 것을 알려 준다. 그렇기에 이러한 문제들에 관심하는 우리의 운동은 더 이상 생태환경운동에 국한되는 것이 아니라 '지구(를 위한) 정치신학'(political theology of earth)이 될 수밖에 없는 것이다.

5. (성공)보다 나은 실패(a failing better)로서 정치신학적 투쟁

창세기에서 하나님의 형상으로 창조된 인간에게 모든 생물을 지배할 권한을 주었다는 해석은 당대의 "정치적 맥락"에서 읽혀져야 한다.[96] 즉 창세기 1장에서 포로기 때 자신들을 포로로 잡고 있었던 바빌론 제국의 종교를 "반영하고 조롱"[97]하고 있다는 사실 말이다. 바빌론 종교의 경전 『에누마 엘

---

95 *Ibid.*, p.78.
96 *Ibid.*, p.75.
97 *Ibid.*, p.75.

리쉬』에는 동물 창조에 대한 언급이 없다. 신은 인간을 "신들의 노예로 봉사케 하기 위해 창조"[98]한다. 이 『에누마 엘리쉬』의 본문에 맞서 창세기는 인간이 신들의 노예가 아니라 '신의 형상' 즉 '하나님의 형상으로' 지어졌고, 노예처럼 봉사하기 위해서가 아니라 '지배'하도록 명령을 받았다는 선포를 통해 인간에 대한 새로운 정치신학적 정의를 제시하고 있다. 즉 이 본문은 인간의 지배나 주권에 초점을 두고 있는 것이 아니라, 노예처럼 살아가고 있는 인간들의 존엄성을 회복시키는 데 더 관심이 있다고 볼 수 있을 것이다. 말하자면 서민 이하의 존재들(the undercommons) 즉 비존재로 간주되는 존재들을 존재의 자리로 호명하여, 그들과 존재의 존엄성을 공유한 것이다. 초대교회 때 남자와 여자, 주인과 노예, 그리고 어른과 아이가 함께 모여 예배하며 서로를 '형제'와 '자매'로 호명하던 일은 황제를 정점으로 엄격한 신분제 질서가 구축된 제국의 정치 상황에서는 일어나서는 안 되는 일이었다. 말하자면 기독교인들이 서로를 형제와 자매로 호명하는 행위는 정녕 정치적인 행위였던 것이다.

　기독교 전통의 이 '정치적인 것'이 분열과 증오와 혐오의 원인이 아니라 모두가 더불어 하나님 앞에서 동등한 존재로 공생할 수 있는 모델로 귀환할 수 있을까? 그래서 켈러는 창세기 1장을 창조의 이야기가 아니라 "시작"(inception)의 이야기로 읽자고 제안한다. 시작이란 어떤 새로운 것이 일어나도록 하기 위해서 위기의 순간에, 결정적인 차이를 대면하여 "새롭게 시작할 수" 있는 결단을 의미한다.[99] 그것은 의도적으로 새로운 가능성을 촉발할

---

98 Ibid., p.76.
99 Ibid., p.43.

용기를 의미한다. 혼돈과 동요의 시간에 주저앉아 좌절하고 불안해하기보다, 실패하더라도 다시 일어나 시작할 수 있는 용기 말이다. 시작은 "지금의 불확정성 속에 살"면서, "서민 이하의 존재들(the undercommons)을 통하여 웅얼거리고", "다중적으로 교차하고", "지구에 기반한 시간으로부터 발아"한다.[100] 하지만 이 시작의 정치신학은 결코 낙관적 희망에 근거하지 않는다. 왜냐하면 희망은 우리를 중독시키는 약물 효과일 수 있기 때문이다. 희망하는 시간, 하나님 나라(basileia theou)의 시간은 결코 도래하지 않는다. 하나님 나라는 가까이 있지만, 그것은 결코 도착하지 않는다. 도착해서 우리의 것이 되어 버린 하나님 나라는 더 이상 인간의 욕망 대상 혹은 오브제 아(Objet petit a)로서의 기능을 수행하지 않을 것이기 때문이다. 바로 그것이 희망의 진정한 힘이다. 그것은 현재의 잠재성 속에 담지된 과거의 것들을 모아 응축하여, 인간 욕망의 대상이 됨으로써, 새로운 희망의 싹을 틔워 나간다. 그럼에도 불구하고 지금까지 하나님 나라 실현을 모토로 한 우리의 모든 혁명과 변혁의 시도들은 무위로 돌아가고 우리는 지금 기후변화의 위기와 포스트휴먼의 이름으로 포장된 기호자본주의의 여전한 건재를 목도하고 있다. 그리고 우리의 희망은 풀이 죽는다. 이를 "수의로 덮힌"[101] 희망이라고 표현해야 할지도 모른다. 우리의 희망은 줄곧 싹을 틔우자마자 비탄에 잠긴다. 다양한 사회적 대안운동과 투쟁들이 지금까지 그래 왔다.

희망을 수의로 덮고 이제 우리는 포기해야 할까? 도나 해러웨이(Donna J.

---

100 *Ibid.*, p.59.
101 *Ibid.*, p.59. 본래 이 표현은 Jesoph R. Winters의 *Hope Draped in Black: Race, Melancholy, and the Agony of Progress* (Durham: Duke University Press, 2016)로부터 유래한다.

Haraway, 1944-현재)는 "문제들과 더불어 지내기"(staying with the trouble)를 제안한다.[102] 우리는 문제가 완전히 해결된 완벽한 대안이나 시대를 꿈꾸기를 멈추어야 한다는 것이다. 우리의 삶은 언제나 문제와 더불어 함께할 것이고 완전한 해법이나 대안은 없지만, 그럼에도 불구하고 삶은 이 문제들을 부둥켜안고 해결을 위해 시도하고 앞으로 나아가는 것임을 강조한 것이다. 문제를 회피하고 탈피하기보다는 '문제와 더불어 함께 머물기'라는 전략은 고도성장이라는 환상으로 현실에서의 문제를 계속해서 외면해 왔던 자본주의적 해결 방식에 대한 대안적 통찰이기도 하다. 하지만 이는 절망 속에서 희망을 읽자는 이야기가 아니다. 희망은 오히려 현재의 고통에 아편이 될 수도 있다. 아편은 고통을 잊게 해 주는 진통제가 될 수 있지만, 결코 증상을 치유해 주지는 않는다. 따라서 켈러는 '희망'이 화이트헤드(A.N. Whitehead, 1861-1947)가 말한 "잘못 놓여진 구체성의 오류"에 취약하다고 지적한다. "현재의—체현된— 잠재성을 추상(적 개념)으로 혼동"하는 오류 말이다.[103]

하지만 희망 자체를 포기하거나 거절하는 것은 올바른 전략이 아니라고 지적한다. 오히려 수의에 덮힌 희망(hope draped in black)일지라도, 그 희망이 아편으로 작동하는 오류를 주의하면서, 남아 있는 가능성들을 꿈꿀 수 있어야 한다고 켈러는 지적한다.[104] 그것은 곧 창생 집단체의 관계적 얽힘이 언제나 길을 찾아 나간다는 사실을 주지하고 기억하는 것이기도 하다. 여기

---

102 Catherine Keller, *Political Theology of the Earth, p.88;* 이 어구는 *Donna Haraway*의 *Staying with the Trouble: Making Kin in the Chthulucene* (Durham: Duke University Press, 2016)으로부터 유래한다.

103 Keller, *Political Theology of the Earth*, p.90.

104 *Ibid.*, p.90.

서 우리는 켈러와 함께 로마서 8장 22-26절의 말씀을 떠올리게 된다:

> 피조물이 다 이제까지 함께 탄식하며 함께 고통을 겪고 있는 것을 우리가
> 아느니라. 그뿐 아니라 또한 우리 곧 성령의 처음 익은 열매를 받은 우리까
> 지도 속으로 탄식하여 양자 될 것 곧 우리 몸의 속량을 기다리느니라. 우리
> 가 소망으로 구원을 얻었으매 보이는 소망이 소망이 아니니 보는 것을 누가
> 바라리요. 만일 우리가 보지 못하는 것을 바라면 참음으로 기다릴지니라.
> 이와 같이 성령도 우리의 연약함을 도우시나니 우리는 마땅히 기도할 바를
> 알지 못하나 오직 성령이 말할 수 없는 탄식으로 우리를 위하여 친히 간구
> 하시느니라 (롬 8:22-26 [개역개정]).

이 로마서 인용에는 우리 눈에 보이는 희망이 아니라 보이지 않는 희망을
바라며 기다린다는 다짐이 등장한다. 그리고 성령의 탄식하심으로 간구하
심을 믿으며 현재의 이 난국에 머물기(staying-with)의 전략을 읽어 볼 수 있
다. 하지만 희망에 대한 거절이 아니라, 성령이 탄식으로 우리와 함께함 속
에 여전히 희망이 있다는 사실도 분명히 한다. 그 희망은 우리의 눈에 보이
는 희망이 아니라 눈에 보이지 않는 희망임을 분명히 하면서, 우리에게 감
언이설처럼 다가오는 희망의 목소리들을 경계해야 할 것도 아울러 당부
하고 있다. 더구나 이 본문 속에서 "몸의 속량"(the redemption of our bodies,
[NRSV])을 기다린다는 바울의 언급은 매우 중요하다. 구원은 몸으로부터의
구원이 아니라 몸의 구원을 가리키기 때문이다.[105] 즉 우리의 구원은 이 문

---

105 *Ibid.*, p.98.

제들(troubles)로부터의 탈출이 아니라, 문제들과 더불어 머물며 '함께-고통당함(com/passion)' 속에 있음을 의미한다. 바로 이런 맥락에서 켈러는 성육신을 'in-carnation' 혹은 'inter-carnation'으로 읽기를 주장한다. 성육신은 '육으로 들어오심(in-carnation)'이거나 혹은 이 몸들의 물질적 관계성을 통해 육화되는 것(inter-carnation)을 가리킨다는 말이다.[106] 하나님은 당신의 말씀을 우리의 몸들을 통해 실현하기 원하신다.

신학은 실패했다. 신학은 기후변화와 민주주의의 붕괴와 기호자본주의 체제하에서 벌어지는 프레카리아트의 삶을 복돋우는 데 실패했다. 그러나 이것이 하나님의 실패를 말하는 것인가?[107] 기독교의 종말론이 세계 자체의 종말이 아니라 우리가 세계를 바라보는 도식(schema)의 종말을 의미하듯, 우리의 하나님 담론이 실패하는 것은 하나님 자신의 실패가 아니라 우리가 담론을 통해 전달하는 하나님 도식이 실패하고 있다는 것이 맞는 말일 것이다. 그래서 "어떤 하나님" 도식이 실패하고 있는지, 그리고 "어떤 신학적 구성"[108]이 실패하고 있는지를 묻는 것이 중요하다. 여기서 켈러는 우리의 실패와 더불어-머물기(stay-with)를 제안한다. 무엇보다도 희망은 낙관주의가 아니다.[109] 오히려 희망은 "언제나 괴로움을 느끼는 것이고(agonize) 경합적(agonistic)이어서, 결정적 차이(critical difference)를 대면하고, 감당할 수 없는 상실에 애도하지만, 그럼에도 불구하고 새로운 것을 향해 투쟁하

---

106 Catherine Keller, *Intercarnations: Intercarnations: Exercises in Theological Possibility*, New York: Fordham University Press, 2017, pp.1-10.
107 Keller, *Political Theology of the Earth*, p.107.
108 *Ibid.*, p.107.
109 *Ibid.*, p.113.

는" 것을 의미하며, 이는 "새로운 신정정치의 정치공동체"(the polis of a new theopolitics), 즉 "새 예루살렘, 새 하늘과 새 땅, 새로운 피조물"을 향한 희망을 의미한다.[110] 여기서 새로움을 의미하는 '새로운'(novem)이라는 형용사는 "약속의 선물, 혹은 선물의 약속"을 의미하는 것이지만, 이 약속이 "보장"(guarantee)을 의미하는 것은 아니다.[111] 이 선물은 "무조건적"이고, 보답을 기대하지 않으며 그래서 "책임감"의 조건 즉 "응답-능력"(response-ability)[112]을 제공한다.[113] 희망은 "이 선물을 미래로 짊어지고 가는 것"[114]이다. 이런 맥락에서 희망을 승리에 대한 보장, 성공에 대한 보장으로 조심성 없이 번역하는 것은 곧 "희망 자체를 짓밟는" 행위에 속한다.[115] 희망을 성공이나 결과에 대한 보장과 연관된 낙관주의로 조심성 없이 번역하는 것은 희망을 약속과 선물로 삼기보다는 과거의 관행과 사고방식에 우리를 고착시키는 행위에 불과하기 때문이다. 그것은 희망이 "불확실한 대안들의 난관과 더불어 머물기"[116]로부터 잉태된다는 것을 망각하고, 가리고 은폐하는 행위이다.

　미래에 대한 희망은 실패 없는 미래를 꿈꾸는 것이 아니다. 오히려 모든 희망은 거듭된 실패들로부터 잉태되는 것인지도 모른다. 인종과 성과 계급

---

110 *Ibid.*, p.113.

111 *Ibid.*, p.113.

112 책임감(responsibility)을 "response-ability" 즉 응답-능력으로 정의하는 시도는 이미 켈러(Catherine Keller)의 *On the Mystery: Discerning Divinity in Process* (Minneapolis: Fortress Press, 2008), p.74 등 여러 곳에서 시도된 것이다. 책임감이란 우리에게 response할 수 있는 능력을 묻는 물음이라는 것이다.

113 Keller, *Political Theology of the Earth*, p.113.

114 *Ibid.*, p.113.

115 *Ibid.*, p.114.

116 *Ibid.*, p.118.

의 구조적 부정의에 대항하는 우리의 항거는 "성공으로 곧게 뻗은 길에 머무르려 노력하는 이들의 분노"를 촉발할 것이고, 그 분노의 역류에 우리의 투쟁과 항거는 언제나 "반복된 실패를 거듭할 운명"인지도 모른다.[117] 그런데 만약 신학이 이 실패들과 더불어 자신의 신앙을 지키는 것이라면[118] 어찌할 것인가? 우리 신앙인이란 거듭된 실패들의 산물인 "폐허들 속에 매장된 가능성들"[119]을 찾아내는 사람들이라면 어쩔 것인가? 우리의 신학 작업은 혹은 우리의 정치신학은 세계의 변혁과 혁명을 성공적으로 수행하는 것을 의미하지 않는다. 오히려 우리는 '서민 이하의 존재(the undercommons)'로 간주되거나 비존재(nonbeing)로 간주되는 존재와 생명들을 찾아 그들에게 응답할 수 있는 힘을(response-ability) 발휘하는 것이다. 바로 그들에게 응답하는 것이 우리의 책임(responsibility)이다. 어떻게 책임진단 말인가? 성육신은 우리에게 책임이 무엇을 의미하는지를 알려 준다: 전능하신 하나님이 아들이 되셔서, 무기력한 인간들의 고통 곁으로 다가와 함께하셨다. 그렇다면, 성공을 추구하는 정치적 기획 혹은 정치신학은 오히려 우리에게 "신학숭배"(theolatry)[120]가 될 것이다. 이런 맥락에서, 신학이 진정으로 신학이고자 한다면, 신학은 언제나 "잘 실패하는 방법"(how to fail better)의 전략이어야 한다는 것을 켈러는 사무엘 베케트(Samuel Beckett, 1906-1989)의 말을 인용하여 표현한다.[121] 하나님에 대한 우리의 모든 신학적 담론은 하나님의 모

---

117 *Ibid.*, p.119.
118 *Ibid.*, p.119.
119 *Ibid.*, p.119.
120 Keller, *On the Mystery*, p.18.
121 Keller, *Political Theology of the Earth*, p.122.

든 면을 담아 낼 수 없고, 그런 시도를 하겠다고 만용을 부려서도 안 된다. 그렇다면 우리의 신학 담론과 정치신학적 투쟁은 언제나 알 수 없는 면을 대면할 수밖에 없고, 그렇기에 "더 나은 앎"(knowing better)이란 언제나 "더 나은 무지"(unknowing better)를 의미할 것이고, 이것이 우리의 정치신학적 실천에서는 "더 나은 실패"(failing better)의 비전으로 작동해야 한다는 것을 의미한다.[122] 이는 우리가 실패할 수밖에 없다는 패배주의나 절망의 표현이 아니라, 오히려 (성공보다) 나은 실패(better failure)의 중요성을 그리고 그것이 우리의 정치신학적 노력의 중심에 있어야 함을 강조하는 것이다.[123] 우리는 "함께 헤엄쳐 가든지, 함께 익사하든지"[124] 해야 하는 공생의 운명공동체이다. 그렇기에 우리의 정치신학은 우리의 모든 제도와 노력이 실패한 "(그) 폐허들 속에서 하나님"을 발견하는 것이다.[125] 바로 거기에 신학의 희망이 근거한다. 실패는 언제나 삶과 생명의 한 단면일 뿐이며, 오늘의 성공은 내일의 실패가 될 것이고, 오늘의 실패는 내일의 성공의 밑거름이 될 수 있다면, 실패는 우리가 회피해야 할 어떤 것이 아니라, 우리가 성공을 꿈꿀 때 언제나 염두에 두고 있어야 할 하나님의 다른 얼굴일 수도 있는 것이다. 따라서 지구의 생명 혹은 우리의 삶을 생각할 때, 오로지 성공만을 목표로 돌진하던 근대의 진보적 이상이나 자본주의 시대의 이상은 오히려 실패보다 못한 성공일 수 있다. 성공하는 사람이나 존재보다 실패하는 사람이 다수를

---

122 *Ibid.*, p.123.

123 *Ibid.*, p.123.

124 화이트헤드(A.N. Whitehead)의 말을 모방한 것으로 원문은 "All we know of nature is in the same boat, to sink or swim together"이다 (*The Concept of Nature*, originally published in 1920 [New York: Cosimo, 2007], p.148)

125 Keller, *Political Theology of the Earth*, p.135.

이루어 가는 포스트휴먼적 기호자본주의 시대의 현실에서 신학이 성공을 구원으로 묘사하거나 목표로 설정한다면, 우리의 신학은 실패보다 못한 성공을 향해 달리게 될 것이다. 그것은 신학이 달려갈 길이 아니다. 적자생존과 무한경쟁과 승자독식의 경쟁 구조하에서 우리의 정치신학이 추구하는 '사랑의 아고니즘'은 "짓밟힌 미래로 밀려 나아가는 행성적 공중들의 비경쟁적 아상블라주"(the noncompetitive assemblage of a planatary public)를 예증하는 것이어야 할 것이다.[126]

6. 지구의 존재 역량을 정치적으로 신학하다

성공보다 나은 실패? 이는 패배주의를 미화하는 것이 아닌가? 무기력을 포장하는 미사여구가 아닌가? 변혁이나 혁명 혹은 저항이 아니라, 그저 고통에 함께하고, 시련과 더불어 머무르자는 제안은 정치신학적인 제안이기보다는 복종과 침묵을 권면하는 것이 아닌가? 우리가 살아가는 시대는 더이상 성공 신화를 꿈꾸는 시대가 아니다. 대학을 나와 편의점 파트타임을 전전하면서 매일의 양식을 근심해야 하고, 평생직장이 사라지고 인생 이모작 혹은 인생 삼모작이라는 말이 마치 낭만처럼 포장되어 회람될 때 노년을 향해 달려가는 기성세대의 주름살은 다시 한으로 쌓여 간다. 포스트휴먼의 시대 혹은 인공지능의 시대가 되었다는 것은 곧 우리의 일자리가 사라지고, 인공지능이 전문직과 생산직을 차지하는 시대를 의미할 수 있으며, 자율주

---

126 *Ibid.*, p.157.

행의 시대란 이제 인간은 운전을 통해서도 생계를 유지할 수 없는 시대가 도래하고 있음을 나타내는 징후인지도 모른다. 역설적인 표현이지만, 호모 데우스의 시대란 모든 사람이 신적인 능력을 가지고 무한한 행복을 누리는 시대를 의미하는 것이 아니라, 극소수의 사람들이 인간 몸의 생물학적 한계를 극복하고 신처럼 불로장생의 삶을 실현해 나가는 사이에, 대다수의 사람들은 이제 인간적 삶의 가장 기초적인 조건조차 보장받지 못하고 불안한 시간들을 연명해 나가는 시대를 가리키는지도 모른다. 근대 이래 인권(human right)을 주장하던 시대는 종말을 고하고 있다.

이제는 지구 생태계와 더불어 살아가는 사람으로서 삶의 역량(capability)을 넘어서, 모든 존재의 존재 역량(existential capabilities)을 고민해야 하는 시대가 되었다. 그것은 곧 지구상의 다양한 생물/비생물적 존재들과 더불어 살아가는 인간의 존재 의미란 무엇인가, 즉 인간됨(being-human)이란 무엇인가를 물어야 한다는 것을 의미한다. 켈러는 인간-됨이란 곧 더불어 뒤얽혀 살아가는 존재이며, 이는 곧 우리의 구원이 이 척박한 세상의 관계를 탈출하는 데 있는 것이 아니라, 성육신의 구원 논리를 따라, 이 떼의 군상들과 아픔을 공유하며, 이 난국에 머무르는 데 있음을 강조했다. 비인간 혹은 언더커먼스로 밀려나는 존재들과 더불어 함께하는 존재들, 그런 존재들이 없다면, 호모 데우스의 시대는 신의 삶을 누릴 만큼 부와 권력을 축적하지 못한 99.9%의 사람들에게 내일이 없는 삶을 가져다줄 뿐일 것이다. 사람으로 대접받지 못했던 노예들과 여성들에게 형제와 자매로 호명하며, 그들의 존재를 일깨워 준 초대 기독교의 하나님 나라 운동의 정신이 우리 지구 인류 문명에 적용되는 데에는 무수한 시간이 필요했다. 노예해방은 19세기에서야 이루어졌고, 여성의 참정권은 19세기 말부터야 일부 국가들로부터 인정

받기 시작했다. 흑인인권운동은 1960년대나 되어서야 일어났고, 민주화운동은 20세기 후반부가 되어서야 시작되었다. 그러나 아직도 우리는 인종차별과 성차별과 혐오의 문화가 범람하는 시대를 벗어나지 못했다. 하나님 나라로 가는 길은 성공이냐 실패이냐의 문제가 아니라, 바로 과정(process)임을 여기서 다시금 주지하게 된다. 하나님 나라 즉 바실레이아는 가까이 있지만 결코 손에 넣을 수 없는 '오브제 아'처럼 우리를 끝없이 유혹할 것이다. 그래서 정치는 신학일 수밖에 없다. 여기서 우리의 정치는 이제 '비존재'로 간주되던 물질적 존재들까지도 정치적 주체로 고려할 수 있는 역량을 요구받는다. 그것은 곧 지구를 정치적으로 철학하고, 신학하고, 행동하는 것을 요구받는 것이고, 그래서 우리는 인간/비인간, 유기적 생명/무기적 존재, 자연/문화, 세계/지구의 이분법을 넘어 모든 존재들의 공생공산을 사유하는 지구정치신학을 요구받고 있는 것이다.

지구정치신학이란 공생공산의 신학을 지구의 관점에서 조망하는 정치신학을 가리킨다. 지구 위에 살아가는 존재를 단지 인간이나 생물의 관점에서만 조망하는 것이 아니라, 지구를 구성하는 물질적 존재들과의 얽힘 속에 조망할 수 있는 정치신학 말이다. 이런 맥락에서 지구정치신학은 인권을 넘어 모든 존재 특별히 물질적 존재의 존재-권리 혹은 존재-역량을 궁리하는 정치신학이다. 지금까지 우리의 정치적 실패들의 근원에는 인간중심적 세계관이 놓여있다면, 그 세계관의 치명적인 약점은 바로 인간 이외의 존재들 혹은 비유기체적 존재들을 함께 얽혀 활동하는 존재로 고려하지 못한 것이다. 이제 우리의 정치신학적 핵심과제는 비인간 생명/생태 존재들 뿐만 아니라 물질 존재들에게 어떻게 그들의 정치적 권리를 확보할 수 있는 정치신학을 기획할 수 있을 것인가이다. 켈러의 지구정치신학은 이제 시론적 제안이다. 그 시론에 응답하여 어떻게 정치적 행동주의를 엮어낼 수 있을 것인가는 비단 기독교 신학의 문제일 뿐만 아니라, 종교 간 대화와 협력 및 여러 학문분야들과 '함께-만들기'(sympoiesis)의 역량을 요구한다.

'은혜'의 지구마음학

이주연　원광대 원불교사상연구원 책임연구원

이 장에서는 혐오를 넘어서기 위해 우리에게 어떤 관점과 실천이 필요한지를 논의한다. 혐오는 오염으로 인해 자신이 완전무결하지 못하고 낮은 존재가 될 수 있다는 무의식적 불안감에서 유발된다. 요즘은 지구화 시대의 가속화로 인해 혐오가 더욱 중층적이고 복합적인 형태로 나타나고 있다. 타자의 존엄성을 고려하지 않았던 제국주의 시대에 새로운 사유법으로 등장했던 타자철학은 타자의 절대성에 주목했다. 지구화 시대에는 지구인문학적 관점이 전 지구적 존재들의 존엄함과 평등성에 주목함으로써 '지구적 혐오 현상'의 해법으로서 그 역할을 할 수 있다.

　지구인문학은 토마스 베리의 주장처럼 지구에 매혹될 것을 권유하는데, 신유물론자들과 포스트휴머니스트들, 그리고 한국의 종교가와 사상가들이 이 지구인문학적 사유법을 제시해 왔다. 특히 천지만물이 주고받는 '은혜'에 주목한 원불교의 은(恩)사상은 모든 존재들의 긴밀한 상호 의존 관계를 바탕으로 서로의 은혜에 보답할 것을 권장하고 있어, '실천학'으로서의 지구인문학이라 할 수 있다. 이 글에서는 종교적 울타리를 뛰어넘어 누구나 보은과 불공이라는 실천법을 이해하고 체득할 수 있는 구체적 방법으로 '은혜와 자리이타(自利利他)의 지구마음학', 즉 '은혜의 지구마음학'을 제안한다.

1. 혐오의 시대

문재인 대통령은 국가인권위 설립 20주년 기념식에서 '사회적 약자와 취약계층에 대한 인권 보호, 첨예해지는 차별과 혐오 문제 등 새로운 과제들에 대해 국가인권위원회를 중심으로 해결해 나가야 할 것'[1]이라고 당부했다. 혐오의 감정은 흔히 미워하고 싫어하는 것을 말하는데, 단순히 싫어하는 감정으로서 사회에 수용되지 않고 극복해야 할 과제로 여겨지는 이유는 혐오가 소외와 차별이라는 또 다른 형태의 정서를 동반하기 때문이다.

더욱이 혐오는 소수자들이 시민으로서 함께 살아갈 수 있는 '공존의 조건'을 파괴[2]하기 때문에, 현대의 위기상황에 연관된 주요 키워드로 등장하곤 한다. 특히 혐오 식품이나 혐오 범죄의 경우 소수의 희생(타자화)을 통한 다수의 자기 치유 메커니즘,[3] 즉 어느 개인의 싫어하는 감정에 그치지 않고 집단적인 혐오감을 기반으로 정당성을 부여함으로써 소수자들이 사회에 녹

---

1 서영준, 「文대통령 "차별·혐오 등 새로운 과제 국가인권위 중심 해결"」, 『파이낸셜뉴스』, 2021. 11. 25. https://www.fnnews.com/
2 홍성수, 『말이 칼이 될 때』, 어크로스, 2018, 80쪽.
3 김종갑, 『혐오-감정의 정치학』, 은행나무, 2017, 78쪽.

아들지 못하는 상황을 '자연적인 현상'으로 왜곡시킨다. 그 대표적인 사례가 여성 혐오다. 혐오의 대상으로서 여성은 성적으로 대상화되거나 '여자다움'의 프레임에 갇힌다. 이 프레임에는 어머니·아내·여자친구에 대한 기대가 담겨 있으며, 이 기대는 집단적으로 작용한다. 여성 혐오는 특정한 여성 개인에 대한 주관적 감정의 표출이 아니라 사회적 변화가 집단적으로 반영된 현상[4]인 셈이다.

혐오는 전 세계적으로 드러나 있다. 백인 우월주의자들이 사용하는 표현 '화이트 파워'는 다른 인종에 대한 혐오 정서를 극명하게 보여주며, 서구에서 수수방관되어온 혐오의 문제를 투영해 주고 있다고 보아도 좋을 것이다. 또한 아프리카 일부 지역에서 행해지는 여성 할례는 여성이 누릴 수 있는 성적 자유에 대한 혐오를 품고 있다. 할례 문화에는 남성 우월주의가 그 기저에 존재한다. 여성의 쾌감과 자유를 박탈함으로써 남성에게 순응하도록 하려는 의도와 가부장적 욕구가 작용하는 것이다.

혐오는 성별, 성소수자, 유색인종, 노인 등을 향해 생성된다. 법철학자 마사 누스바움(Martha Nussbaum, 1947-현재)은 혐오가 동물적인 것에서 벗어나려는 인간의 욕구에 결부되어 있다고 말했다.[5] 혐오는 구토라든가 메스꺼움 같은 신체적 반응을 유발한다. 이런 반응이 일어나는 것은 어떤 역겨운 대상이 '체내화'될 수 있다는 점에 대한 불쾌감 때문이다. 우리는 어떤 대상에 대해서는 역겨움을 느끼지 않지만, 또 어떤 대상에 대해서는 역겨움을 느낀다. 가령 누군가의 땀냄새나 대소변에는 혐오를 느끼는 반면, 머리카락이나

---

4 김종갑, 앞의 책, 168쪽.
5 마사 C. 너스바움, 『혐오와 수치심』, 조계원 옮김, 민음사, 2015, 144쪽.

눈썹에 혐오를 느끼지는 않는다.

너스바움은 대상에 따라 혐오의 감정이 달라지는 이러한 현상에서는 오염물인지 그렇지 않은지의 문제가 기준이 된다고 본다. 그렇다면 어떤 오염이 어느 정도 진행되었느냐에 따라 혐오감이 생성되거나 그렇지 않아야 할 것 아닌가? 그러나 의외로 혐오는 주로 관념적 요소에 의해 유발된다. 즉 문제가 있는 물질이 자신의 체내에 들어올 수 있다고 '여길 때' 혐오가 생긴다. 예를 들어 대부분의 사람들은 자신의 입 안에 침이 고여 있을 때는 무감하지만, 자신이 침을 뱉은 잔으로 음료를 마시게 되면 혐오감을 느낀다. 나 자신의 몸 밖으로부터 무언가가 침투됨으로 인해 자신이 저열해질 수 있다는 데서 혐오를 느끼는 것이다.[6]

따라서 오염으로 인해 자신이 완전무결하지 못하고 낮은 존재가 될 수 있다는 무의식적 불안감이 혐오를 유발한다고 볼 수 있다. 여기에는 영원하고 순수한 존재, 즉 완성된 인간이 되고 싶은 욕구가 포함되어 있다. 타액과 이물질, 냄새 등의 동물적 요소들이 배제된 완전무결한 인간이 되길 원하기 때문에 이물질과 냄새를 지닌 존재 또는 자신에게 이물질과 냄새를 침투시킬 가능성이 있는 존재를 증오하고 미워하게 된다.

그 예로 2018년에 제주도에 들어온 예멘 난민들에 대해 혐오감이 불거졌던 바 있다. 이때 예맨 난민들은 외부로부터 침투한 존재, 위협을 주는 존재로 인식되었다. 당시 청와대 국민청원 게시판에는 "예맨 난민 때문에 저처럼 제주도에 살고 있는 여성들은 어떻게 밤에 길을 다니냐."[7]는 글이 올라왔

---

6 마사 누스바움, 앞의 책, 166-170쪽.
7 대한민국 청와대, https://www1.president.go.kr/petitions/525883.

다. 예멘 난민 혐오의 기저에는 '이슬람포비아(Islamphobia)', 즉 이슬람 혐오가 있으며, 또한 여기엔 2001년 발생한 9·11테러를 비롯한 각종 테러, ISIS, '김선일 씨 피살 사건' 등으로부터 만들어진 공포가 있다. 따라서 예멘 난민에 대한 혐오에는 단지 무슬림인 사람들이 테러리스트로 인식되는 이슬람 혐오가 작용한다고 볼 수 있다.

테러리스트에 대한 공포는 곧 나 자신의 완전성을 위협하는 요소에 대한 거부감이기도 하다. 혐오는 우리가 될 수 없는 어떤 존재, 즉 불멸의 존재가 되고 싶은 소망을 중심으로 움직인다.[8] 테러리스트는 이 소망을 역행하는 존재로 인식되었다. 예멘 난민을 향한 혐오뿐 아니라 타종교, 타집단을 왜곡하고 혐오하는 정서는 우리의 영원불멸과 완전성을 향한 염원과 맞닿아 있다.

요즘 혐오는 예전에 비해 더욱 다양한 대상을 향해 중층적으로 나타나고 있다. 코로나 확산이라는 하나의 상황에서도 여러 유형의 혐오가 나타나는데, 쿠팡 배송기사의 출입을 금지하거나 '중국 코로나'같이 해당 국가가 바이러스의 진원지인 듯 오해하게 만드는 혐오 표현이 등장하고, 확진자들 또한 혐오의 대상이 되어 사회생활에 어려움을 느끼는 경우가 동시다발적으로 발생한다.

하나의 혐오 정서는 빠르게, 그리고 다양한 경로를 통해 광범위하게 전파되기도 한다. 인터넷이나 소셜 네트워크를 통해 혐오 표현이 세대나 성별을 막론하고 서로에게 공유되기 쉬울 뿐 아니라, 국경을 넘어 이동하는 이주민과 난민들에 대한 혐오 또한 전 세계적으로 문제가 되고 있다. 국적과 시민

---

8 마사 누스바움, 앞의 책, 191쪽.

권을 갖지 못한 이들은 팬데믹 시대에 더욱 위기에 처할 수밖에 없고, 그래서 혐오의 대상이 되어야 하는 악순환을 보인다. 이 밖에 동물 혐오와 같이 새로운 현상이 등장한다. 요즘 시대의 동물들은 빠르게 운반되고 소비되기 위해 작은 철창 안에서 성장호르몬과 항생제를 맞으며 사육되거나 평생 번식만을 목적으로 갇혀 지낸다. 한편 연간 10만 마리의 유기견이 발생한다.

이 밖에도 혐오의 대상들은 '남자답지 않고' '여자답지 않으며' '국가를 무너뜨릴' 존재이며 '테러를 저지를 것으로 의심되며' '범죄자이며' '인색하고' '불결하며' '칠칠치 못하고' '나약한' 이들 등으로 그려지고, 이는 혐오적 연상의 사슬로 계속해서 이어진다. 그리고 이런 사슬들은 끝없는 반복 속에서 확신으로 굳어진다. 그런 연상은 미디어가 보여주는 표현들 속에도 담겨 있고 소설과 영화 같은 픽션의 형식들과 인터넷에서도 공고화될 뿐 아니라 학교 같은 기관들에서도 작동한다.[9]

이와 같이 혐오의 활동 범위가 넓고 가변적으로 된 데에는 지구화 시대의 도래로 인해 국경과 지역 간 거리가 좁아진 데다, 미디어의 발달과 더불어 빠른 속도로 정보가 공유되는 등의 배경이 있다. 지구화(globalization)는 영토적인 분절화에 기초하고 있던 근대국가의 경계가 허물어지고 세계가 하나의 단위체로 통합되어 가는 과정[10]을 말한다. 우리가 종래로부터 흔히 사용해 오던 '지구촌'이라는 말은 하나로 연결되는 세계, 즉 지구화되어 가는 세계를 비유한 것이기도 하다. 비대면 모임이 권장되면서 온라인 화상회의 프로그램 사용자가 늘어나고 있다. 전 세계적으로 통용되는 음악, 커피, 패

9 카롤린 엠케, 『혐오사회』, 정지인 옮김, 다산지식하우스, 2019, 243-244쪽.
10 조명래, 「'지구화'의 의미와 본질」, 『공간과사회』 4, 1994, 39쪽.

스트푸드, 패션 브랜드 등도 하나로 연결되는 지구화 경향을 보여준다.

지구화 시대의 도래로 더욱 복합적·확장적 추세를 보이는 혐오, 특히 저 타자가 나의 완전성을 위협할 것 같아 증오하게 되는 이 혐오의 심리는 주체와 타자를 구분하고 타자를 '오염물'로 여기는 심리다. 이 심리에서 주체는 오염된 타자를 가까이함으로써 저열해진다(고 인식한다). 그러나 많은 철학자와 사상가들은 내가 임의로 타자에게 의미를 부여할 수 있다고 보는 것에 오류가 있다는 점을 강조해 왔다. 타자, 그리고 주체가 타자를 보는 시선에 천착한 대표적인 철학자로 레비나스와 부버가 있다.

에마뉘엘 레비나스(Emmanuel Levinas, 1906-1995)는 주체에 있어 타자는 전적으로 외재적인 위치에 존재한다고 보았다. 그에게 타자는 '절대적' 타자인 것이다. 유대인이었던 레비나스는 타자철학을 통해 제2차 세계대전 당시 지배적이었던 전체주의를 강하게 비판했다. 히틀러 패망 후 지금까지 여러 형태의 폭력과 테러를 양산해 오는 유대인 혐오는 유대인을 '타자로서의 유대인'이 아닌 '주체가 의미화할 수 있는 유대인'으로 여긴 것에서 기인한다. 즉 주체가 자신의 방식대로 의미화 할 수 있다고 보는, 따라서 타자는 하나에 수렴될 수 있다고 보는 전체주의적 관점에 의한 것이다.

마르틴 부버(Martin Buber, 1878-1965) 또한 전체주의에 회의를 느꼈으며, 타자와의 관계에 많은 관심을 가졌다. 그는 존재 간의 관계를 '나-너의 관계'로 보았다. 그의 철학이 지향하는 것은 서로 다른 우리가 그 다름 자체를 인정하는 가운데 인격적인 만남을 만들어 감으로써 올바른 공동체를 형성하는 것이다. 그는 맞은편에서 걸어오는 이의 길을 나 자신은 절대 알 수 없다고 말했다. 이 말은 레비나스의 견해에서와 같이 주체가 타자를 완전히 이해하는 건 불가능하다는 의미, 즉 주체는 타자에게 그 어떤 영향도 미칠 수 없다는 의미이다. 다만 중요한 것은 상대자의 길이 아닌 '우리의 길'[11]이다.

주체가 의미화하거나 변화시킬 수 없는 타자의 절대성, 그리고 이러한 타자와의 만남을 대화적으로 이끌어 가고자 했던 레비나스와 부버의 철학은 자아를 중심에 두었던 서구 전통 철학에 대한 반기이기도 했다. 그도 그럴 것이 서양의 근대는 제국주의로 얼룩져 있었고, 타자를 혐오하는 전체주의적 관점을 뛰어넘는 윤리와 철학이 필요한 상황이었다.

레비나스와 부버의 사유로부터 우리는 혐오 시대의 시사점을 얻을 수 있다. 바로 '맘충'으로 불리는 주변의 여성, '틀딱충'으로 불리는 노인, '급식충'이라 불리는 청소년은 특정 표현으로 정의 내려도 되는 대상이 아니라는 것이다. 이들은 누군가가 그 어떤 이름도 붙일 수 없는 절대적 타자이다. 나의 완전성을 위협하는(한다고 인식되는) 타자를 혐오하는 것은 타자의 절대성과 주체성에 무게중심을 두지 않음을 의미한다.

그러나 요즘 혐오 대상이 되고 있는 여성·타인종·노인·동물은 '자아의 완전성을 저해하는 저열한 존재'가 아닌, 나아가 그런 존재로 이름 붙일 수 있는 존재가 아닌 절대적·주체적 존재이다. 혐오 시대에 요청되는 타자에 대한 이 관점은 지구인문학이 추구하는 만물의 존엄성과 관련된다. 그간의 인간 중심주의를 지양하는 지구인문학은 인간과 비인간 존재를 비롯한 '만물'을 중심에 둔다. 지구인문학의 '지구' 중심적 관점은 혐오 시대에 필요한 하나의 사유법이 될 수 있을 것이다.

---

11 마르틴 부버, 『나와 너』, 김천배 옮김, 대한기독교서회, 2007, 107쪽.

2. 은혜로 혐오 시대 넘어서기

1) 지구인문학과 원불교학의 만남

앞에서 논의했듯 혐오의 기저에는 근본적으로 타자의 절대성과 외재성을 인식하지 못하는 데 따라 진정한 만남과 대화를 시도하지 못하는 문제가 있다. 또한 자아를 중심에 두고 타자를 도구화하거나 객체화함으로 인해 혐오가 발생한다. 여기에 더하여 지구화의 가속화로 인한 초연결사회의 등장, 세계의 압축이 혐오를 더욱 복합적이고 광범위하게, 빠른 속도로 확산되게끔 한다. 이 문제는 어디서부터 접근해야 할까? 흔히 '정답은 문제에 있다'고 하는 만큼, 우리가 지구화를 어떻게 이끌어 가야 할 것인지, 그렇다면 '지구'에 대한 우리의 시각은 어때야 하는지에 일차적 관심을 둘 필요가 있을 것이다.

"나는 생각한다. 그러므로 나는 존재한다."라는 데카르트의 인식론을 비롯한 서구의 인간 중심주의는 인간을 제외한 비인간을 인간의 도구 또는 인간에게 정복당해도 문제되지 않는 존재로 개념화하였다. '인간은 다른 생명종보다 우월하다'는 인간 중심주의는 자연에 대한 인간의 지배를 정당화해 주었고, 이윤의 극대화를 추구하는 자본주의는 인간의 욕망을 부추겼으며, 과학·기술의 발달은 인간의 무한한 욕망을 충족시킬 수 있는 가능성을 보여주었다.[12] 결국 인간 중심주의는 인간과 자연을 이분법적으로 분리함에 따라 지금의 환경문제와 자원 부족 등의 한계를 보이고 있다.

---

12 윤용택, 「환경철학에서 본 확장된 인간중심주의」, 『철학·사상·문화』 3, 2006, 32쪽.

그러나 지구신학자 토마스 베리(Thomas Berry, 1914-2009)는 "실체로서의 지구에 다시 매혹되어야 지구를 파괴하려는 우리 자신의 행위로부터 지구를 구할 수 있다."[13]라고 말했다. 그의 사유는 갈수록 이 지구에서 인류가 어떻게 살아갈 수 있을 것인지에 대한 고민으로 깊어졌다. 베리는 말했다. "모든 존재는 우주와의 긴밀한 제휴 관계 속에서 이해될 때 존재의 완전한 정체성을 획득하게 된다. … 우주란 의미의 세계였고, 사회질서·경제적 생존·질병 치유의 근본적인 틀이었다. … 그러나 산업사회의 사람들은 더 이상 우주와 더불어 살고 있지 않다."[14]

그가 말한 '지구에의 매혹'은 우리가 지금보다 좀 더 지구와 가까워져야 함을 의미한다. 베리가 '우주와 더불어 사는 것'을 강조하는 것은 본래 인류가 우주와 긴밀하기 때문이다. 그러나 다만 긴 역사 속에서 그 긴밀함이 감소되었을 뿐이다. 그는 모든 존재가 상호 연관성을 가진다고 보았다. 그렇기 때문에 지구는 '일체성'을 확립할 수 있을 뿐 아니라 전 세계는 '하나의 우주'가 될 수 있다고 보았다.[15] 베리의 시각은 흡사 독립적으로 스스로 존재하는 것은 아무것도 없으며 모든 존재와 현상은 인과관계 속에서 상호 의존성을 지닌다고 보는 불교의 연기설(緣起說)을 연상하게 한다.

존재들의 평등성과 상호 관계성에 대한 강조는 베리 외에도 지금까지 여러 논의에서 발견된다. 주로 인간과 비인간이라는 종(種)의 이분법적 위계화를 지양하려는 포스트휴머니스트와 신유물론자들이 대표 주자라고 할

---

13 토마스 베리, 『지구의 꿈』, 맹영선 옮김, 대화문화아카데미, 2013, 49쪽.
14 토마스 베리, 『위대한 과업』, 이영숙 옮김, 대화문화아카데미, 2009, 29-30쪽.
15 이는 모든 원자 입자가 다른 원자 입자에 대해 즉각적으로 존재한다는 원리를 바탕으로 한다. 토마스 베리, 앞의 책, 2013, 186쪽.

수 있다. '우리의 주변을 통과하며 흐르는 생기적 물질성'[16]을 언급한 제인 베넷(Jane Bennett, 1957-현재), 서구적 이원론을 해체하기 위한 새로운 정체성 '사이보그'와 소중한 타자성을 강조한 도나 해러웨이(Donna Haraway, 1944-현재), 행위자 네트워크 이론을 통해 인간과 비인간의 동등성을 설명한 브뤼노 라투르(Bruno Latour, 1947-현재) 등이다.

'종을 횡단하는 의사소통'을 탐구했던 에두아르도 콘(Eduardo Kohn)의 경우, 그는 현대사회의 인간 중심적 사고가 과연 타당한 것인지 의문을 제기했다. 콘이 연구한 대상은 아마존의 루나족, 그리고 재규어와 같은 비인간 존재, 죽은 자 등이었다. 그의 연구는 '인간이 숲을 어떻게 생각하는지'가 아닌 '숲이 어떻게 생각하는지'에 대한 것으로, 여기에서 주체는 어디까지나 인간이 아닌 숲이다. 콘은 물었다. 인류가 이 지구 위를 걷기 전에는 도덕성도 윤리도 존재하지 않았는데, '비인간'에게 동일한 잣대를 적용하는 것이 온당할 수 있을까? 그가 강조한, 모든 곳에 인간적인 성질을 투사하지 않는 '인간적인 것을 넘어선 인류학'은 관점의 중심을 우리 인류에 국한하여 두지 않고 모든 존재를 고르게 향하려 했다. 이렇게 함으로써 우리의 삶과 얽혀 있는 모든 존재들에 귀 기울이는 법을 배우게 되는 것이다.[17]

이러한 '지구에의 매혹', 즉 인간 중심주의적 접근이 아닌 이 지구의 만물과 더불어 살고자 하는, 다시 말해 '인간적인 것을 넘어선' 접근은 한국 사상들을 통해서도 활발하게 이루어져 왔다. 가까이 현대에 논의되었던 것부터 언급하자면, 김대중이 강조한 적 있는 '전 지구적 민주주의'를 들 수 있다.

---

16 제인 베넷, 『생동하는 물질』, 문성재 옮김, 현실문화, 2020, 13쪽.
17 에두아르도 콘, 『숲은 생각한다』, 차은정 옮김, 사월의책, 2018, 230-232쪽.

'전 지구적 민주주의'는 '하늘과 땅과 그 안에 있는 모든 것들을 참다운 형제애로 감싸는' 세계적인 민주주의를 의미한다. 비서구의 민주주의가 서구의 민주주의와 다른 점이 있다면, 서구의 경우 그 민족국가의 영역 내에서는 민주주의를 실천했다 할지라도 영역을 벗어나서는 그렇지 못했던 것에 비해, 비서구 지역에서는 '하늘 아래의 모든 것들이 평화롭게 살도록 하는 것'을 근본정신으로 한다는 점이다.[18] 인간과 비인간에 대한 이원론적 분리에서 벗어나 모든 존재들의 행복과 안녕이 곧 세계 평화라고 보는, 그래서 '전 지구적'이라고 표현할 수밖에 없는 민주주의가 이와 같이 제시된 바 있다.

이기상(李基相)은 한민족의 종교와 사상을 형성하는 종합적 원리로서 '한' 사상을 강조했다. '한'은 환히 밝다는 '환(桓)'을 뜻한다. '한'사상은 하나로 통하는 세상, 즉 '하나 되고, 어울리며, 어우러지는' 삶을 지향한다.[19] 선과 악, 생과 사 같은 것들을 이원론적으로 바라보지 않기에, '한'사상은 '인간과 인간이 아닌 것 사이를 철저히 분리하는 정신적 고착[20]에 대한 좋은 대안이 될 수 있다.

이 '한'사상을 이어 온 한국의 자생 종교들은 최근까지 '지구에의 매혹'을 위한 사상들을 발신해 왔다. 동학의 시천주(侍天主)사상, 즉 "누구나 하늘을 모시고 있다."라는 명제는 존재들의 평등성을 선포한 대표적 사상이다. 동학은 평등의 대상을 '사람'에게 한정시키지 않고 '사물'에까지 확장시켰다. 최제우의 뒤를 이어 동학을 전국 조직으로 발전시킨 해월 최시형의 경물(敬

18 김대중 외, 『아시아적 가치』, 전통과현대, 1999, 61-64쪽.
19 이기상, 『글로벌 생명학』, 자음과모음, 2010, 126-129쪽.
20 토마스 베리, 앞의 책, 2009, 117쪽.

物)사상이 그것이다.[21] 경물사상은 인간이 아닌 사물도 한울님처럼 공경해야 한다는 사상으로, 경천(敬天), 경인(敬人)과 함께 최시형이 강조했던 삼경(三敬)사상의 하나다. 최시형은 풀 한 포기, 나무 한 그루, 새 한 마리도 함부로 할 수 없다고 보았는데, 그 이유는 이 모두가 곧 한울님을 모시고 있기 때문이다.

또한 한울로써 한울을 먹는다는 이천식천(以天食天)도 우주만물이 전부 한울님으로부터 명(命)을 부여받았다는 우주관을 근거로 한다. 이천식천의 관점에서 보았을 때 우주는 인간만을 위한 공간이 아니다. 이천식천은 우주적 삶이 약육강식에 의한 삶, 즉 살육과 다툼에 의한 삶이 아닌 '한울이 한울 전체를 키우게 하는 것'임을 함의한다. 이는 생명 중심, 생태 중심의 문제를 근원적인 면에서 제기한다.[22] 즉 인간이 중심에 있으므로 비인간적 존재 또는 자신이 아닌 타자를 도구화할 수 있다는 관점이 아닌, 공생의 삶, 모두가 한 울타리 안에서 공존하는 삶을 지향한다고 볼 수 있다.

동학의 뒤를 이어 역시 '비서구적 근대'[23]의 길을 제창하며 등장한 원불교도 천지만물과의 공생에 주목했다. 원불교의 교조 소태산 박중빈(朴重彬, 1891-1943, 이하 소태산)은 우주의 궁극적 진리를 '일원(一圓)'의 진리로 천명하고 이 진리의 현실적 발현을 '은(恩)'으로 설명하여 은혜를 발견하는 도로써 병든 마음과 병든 세상을 치료할 수 있다고 하였다.

---

21 조성환, 「동학이 그린 개벽의 꿈」, 『농촌과 목회』 81, 2019, 37쪽.
22 윤석산, 『일하는 한울님』, 모시는사람들, 2014, 289쪽.
23 동학과 원불교가 지향한 '비서구적 근대'에 관해서는 박맹수, 「'비서구적 근대'의 길로써 동학과 원불교의 공동체운동-그 공공적 성격을 중심으로」, 『원불교사상과종교문화』 76, 2018 참조.

소태산은 비서구적 근대의 길을 지향한 만큼 이원론적 방식이 아닌 겸전의 수양법을 펴냈다. "물질(物質)이 개벽(開闢)되니 정신(精神)을 개벽(開闢)하자."라는 개교 표어는 물질과 정신의 조화로운 발전을 추구하며, 원불교 교법의 핵심이라 할 수 있는 '표어'들, 즉 '처처불상(處處佛像) 사사불공(事事佛供)', '무시선(無時禪) 무처선(無處禪)', '동정일여(動靜一如) 영육쌍전(靈肉雙全)', '불법시생활(佛法是生活) 생활시불법(生活是佛法)'은 몸과 마음, 움직일 때와 고요할 때, 불법과 생활 등 자칫 분리하여 접근하기 쉬운 개념들을 병행시켜 나간다. 이 밖에도 '이사병행', '삼학병진', '내외겸전' 등의 방법들을 제시함으로써 이성과 과학, 그리고 서구 사회를 우위에 두려던 서세동점 풍조에 대응할 수 있었다.

소태산은 이러한 방법을 기반으로 남녀노소, 지위의 고하를 막론하고 모두가 생활 속의 불법을 닦아 가도록 했는데, 이때 각자 진급이 되고 은혜 입기를 발원할 것을 강조했다. 여기에서 은혜를 입는다는 것은 원망할 일이 아닌 감사할 일이 많아짐을 의미한다. 소태산에게 은혜의 제공자는 인간만이 아닌 천지·부모·동포·법률, 즉 천지만물 대자연으로부터 우리 주변의 인연들, 그리고 법규에 이르는, 말하자면 '모든 것'이었다. 그는 모든 일, 모든 존재와의 은(恩)적 관계를 '보은(報恩)'과 '불공(佛供)'을 통해 더욱 윤택하게 구현해 가야 한다고 했고, 이렇게 서로가 은혜를 주고받는 세상을 만들어 감으로써 모든 존재를 낙원으로 인도할 수 있다고 보았다.

소태산 열반 후 법통을 이어 후계 종법사를 역임한 정산 송규(宋奎, 1900-1962, 이하 정산)가 제시한 삼동윤리(三同倫理)는 '장차 하나의 세계를 이룩할 기본 강령'[24]으로서 '동원도리(同源道理) · 동기연계(同氣連契) · 동척사업(同拓事業)'을 강조했다. 이 중 특히 모든 인종과 생령이 근본은 다 같은 한 기운으로 연계된 동포[25]라고 보는 '동기연계'는 우주만유를 한 가족으로 여긴다는 의미이다. 삼동윤리에 의하면 모두가 함께 존엄하고 평등한 관계에 놓여 있다.

정산 이후 종법사를 역임한 대산 김대거(金大擧, 1914-1998, 이하 대산) 또한 만물과의 공존에 많은 관심을 가졌다. 대산이 열반에 들기 전에 내렸던 게송 '진리는 하나, 세계도 하나, 인류는 한 가족, 세상은 한 일터, 개척하자 하나의 세계'는 소태산의 일원주의와 정산의 삼동윤리의 맥을 이었다. 실제 그는 1965년 종법사 취임 당시 '일원대도와 삼동윤리의 실현은 현대의 위기를 극복하는 길'이라 하여 전 지구적 공존과 공생에 주목했고, 그가 제시한 세계 평화를 위한 3대 제언, 즉 종교연합운동 · 세계공동시장 개척 · 인류심전계발운동 등은 이러한 이념을 실천하기 위한 일환이었다.

이와 같이 지구상의 모든 존재가 함께 존중받는 공생의 길은 동학과 원불교 등을 통해 지속적으로 제시되어 왔다. 특히 비서구에서는 인간과 비인간 존재를 이분법적으로 분리하지 않고 만물을 일체화함으로써 모두가 한울이자 한 기운으로 얽힌 한 가족으로 자리하게 되니, 이는 서구의 이원론적 관점을 극복하는 길이기도 하다. 전 지구적 존재들은 이렇게 인간의 삶을 위한 도구에서 한울, 한 가족으로 그 위상을 달리 가짐으로써, 무관심의 대상에서 매혹의 대상으로 바뀌게 된다.

24 『정산종사법어』 제4 경륜편 27장.
25 『정산종사법어』 제13 도운편 36장.

지구화 시대의 혐오 사회에 있어 이러한 '지구에의 매혹'은 모든 존재를 공경의 대상의 반열에 올려놓는다. 타자를 공경한다는 것은, 레비나스와 부버가 염려했던 '타자를 주체가 임의로 의미화하려는 경향'에 대한 개선 방안이 될 수 있다. 다시 말해 나, 그리고 나와 다르거나 못하다고 여기는 어떤 존재에 대한 시각을 이원론적 분리가 아닌 일체화로써 형성할 수 있게 되고, 이는 갈수록 복합적이고 빠르게 나타나는 혐오 정서를 추스를 수 있는 한 변곡점이 될 수 있을 것이다.

2) 혐오에서 은혜로

지구인문학의 관점으로 볼 때 전 지구적 존재는 한울이자 한 기운으로 얽힌 한 가족이기 때문에 혐오의 대상이 될 수 없다. 더하여 원불교의 은(恩)사상은 만물이 주고받는 은혜에 주목한다는 점에서 이 시사점을 실천적으로 구현할 수 있다. 은(恩)사상은 삶의 현장에서 천지와 부모, 동포와 법률의 은혜를 자각하고, 이것을 현실 생활 속에서 실천하는 실사구시의 실천 원리이자 실학적 신앙이다.[26] 김팔곤은 인류에 해독을 주는 사회악을 바루기 위해서는 물리적 힘과 정신적 힘이 필요한데 그중 정신적 힘으로서 종교가 있어야 하고, 인간 윤리의 기본 방향을 추진하는 정신의 원동력 중 '은(恩)'은 특히 현대적 상황에 맞도록 제시된 것이라고 말했다. 이러한 은의 사상은 인간에게 기본적으로 요청되는 박애, 자비, 인애를 비롯한 이타적 사

---

26 류병덕, 「소태산의 실천철학-조선후기 실학과 대비하여」, 『(석산 한종만박사 회갑기념) 한국사상사』, 원광대학교출판국, 1991.

랑의 자세라 볼 수 있다.[27]

소태산은 이 은(恩)을 천지은·부모은·동포은·법률은의 사은(四恩)으로 표현하며, "없어서는 살지 못할 관계가 있다면 그같이 큰 은혜가 또 어디 있으리오."라고 강조했다. 은(恩)사상에서는 모두가 서로에게 꼭 필요한 관계에 놓여 있다고 본다. 은(恩)은 원불교에서 신앙의 대상으로 삼고 있는 법신불 사은의 속성이자, 전 지구적 존재가 맺고 있는 관계를 의미한다.

서로 없어서는 살지 못할 관계에 놓여 있다는 것은 서로 간에 긴밀한 상생의 관계가 형성되어 있음을 의미한다. 소태산은 『정전』을 통해 사은으로부터 피은된 내역뿐 아니라 보은을 하려면 어떤 조목이 필요한지, 그리고 배은을 할 경우 어떤 결과가 만들어지는지를 명시했다.

사은에 대한 보은을 중요시하는 것은 원불교의 은사상이 지구인문학적 측면에서 지니는 특이점이 될 수 있다. 특히 '동포 보은의 조목'에서는 '항상 공정한 자리에서 자리이타로써 할 것'을 권하여, 전 지구적 존재들에 대한 보은행의 기준을 자리이타 정신에 두어야 함을 강조했다. 이러한 '보은의 조목', '보은의 결과'와 '배은의 결과' 등은 '실천학'으로서의 지구인문학이라 할 수 있다.

사은은 본래 우리가 신앙의 대상으로 삼는 일원상의 '내역'이다. 그리고 사은의 내역은 우주만유이다. 이는 법신불 일원상을 신앙하는 것이 곧 사은을 신앙하는 것이며, 나아가 우주만유를 신앙하는 것임을 의미한다. 형이상학적인 '법신불'만으로는 일원상의 신앙을 현실 생활 속에서 실천하기 어려

---

27 김팔곤, 「사은윤리의 현대적 의의」, 『원불교 신앙론 연구』, 원불교사상연구원 편, 원광대학교출판국, 1996, 297-311쪽.

운 탓에, 사은으로 구체화하여 신앙하는 것이다. 가령 어떤 타자를 혐오하지 않고 일원상으로서 온전히 신앙하고자 한다면 그를 '법신불'이라고만 하기보다 '사은'으로 여기는, 즉 '남이 있으므로 내가 있고 내가 있으므로 남이 있다'[28]는 은적 관계에서 타자를 신앙하는 것이 사실적이고 구체적인 접근이 될 수 있다.

전 지구적 존재들 간의 은적 관계, 서로를 없어서는 살 수 없는 존재로서 신앙하는 것은 타자를 한울, 한 기운, 한 가족으로서 여기고 공경하는 상생의 관계를 견고하고 두텁게 하는 길이 될 것이다. 특히 혐오 문제에서 은혜라는 카드는 기독교의 사랑, 불교의 자비와 더불어 타자에 대한 시각을 전환하는 담론으로 기능할 수 있다. 혹 해(害)가 되는 관계에서도 이 은사상의 관점에서는 '시간적으로 멀리 삼세를 일관해서 생각하고, 공간적으로 멀리 시방을 두루하여 관계되어 있는 것을 알며, 나의 근본과 현존재인 자신은 사은의 공물임'[29]을 앎으로써 절대적 은혜를 지향하기에 그렇다.

그러나 염려되는 점이 있다면, 법신불의 화현으로서 사은, 즉 우주만유에 대한 신앙과 보은 불공이 사은 당처와 나와의 관계 위주로 파악됨으로써 사은 당처에 대한 개별적 신앙심은 강화된다 할지라도, 저 개개물물이 법신불 그 자체의 나를 살리기 위한 '동체대비적 등류태'라는 점은 약화될 수 있다는 것이다.[30]

사은 당처를 향한 개별적 신앙은 일찍이 레비나스와 부버가 지적했던 문

---

28 신도형, 『교전공부』, 원불교출판사, 1981, 74쪽.
29 신도형, 앞의 책, 74쪽.
30 노권용, 「원불교 법신불신앙의 의의와 과제」, 『원불교 신앙론 연구』, 원불교사상연구원 편, 원광대학교출판국, 1996, 146-151쪽.

제, 즉 내 앞의 타자를 내가 원하는 대로 의미화할 수 없고 해서도 안 되는 절대적 존재로 볼 수 있느냐 하는 점에서 그저 불충분조건으로 그칠 수 있다. 그 이유는 당처에 대한 신앙이 강화될 경우 대상을 '죄복인과'의 측면에서 바라보기 쉽기 때문이다. 타자를 나에게 죄주고 복주는 존재로만 의미화하게 되면 그 이상의 드넓은 타자, 즉 법신불로서의 그를 보지 못함으로써 절대적 타자로 자리매김하기 어려워진다.

물론 울리히 벡(Ulrich Beck, 1944-2015)은 그의 저서 『자기만의 신』에서 이렇게 말했다. "세계사회적 관계에서 폭력을 포기하는 유토피아가 있다면 그것은 개인화된 다양성에 기초한다."[31] 그가 강조하는 '자기만의 신'은 신앙이 주관화 또는 개인화되는 것이다. 지구화 시대의 속성은 본래부터 순수한 것은 없으며 모든 것은 뒤섞인 것이라는 점에 기초한다. 이러한 시대에는 '복수의 단일문화주의'를 강조하는 다문화주의가 아닌, '이도 저도 다'라는 혼종의 경험을 개념화한 세계시민주의를 지향하게 된다. 이 세계시민주의의 지구화 시대에는 모두가 공통적으로 가지는 단일한 신앙이 아닌 개인화된 신앙, 복수의 신앙으로 '자기만의 신'을 가슴속에 모신다는 것이다.

그는 지구화 시대에 필요한 신앙 형태를 설명하기 위해 레싱(Gotthold Ephraim Lessing, 1729-1781)의 희곡 『현자 나탄』의 반지의 우화를 인용했다. 아들들이 각자 아버지에게서 반지를 물려받았는데, 그들은 모두 자기 반지가 그 하나뿐인 반지라고 생각한다는 이야기다. 그는 말했다. "하나뿐인 반지를 소유해서는 안 된다! 그것은 보편주의라는 지옥이다." 벡의 이 이야기는 하나뿐인 반지와 여러 반지들이라는 두 가지가 동시에 존재해야 하듯,

---

31 울리히 벡, 『자기만의 신』, 홍찬숙 옮김, 도서출판 길, 2013, 194쪽.

신앙도 절대적 진리에 개인화가 병행되어야 함을 의미한다.[32]

지구화가 가속화되고 있는 지금, 종교는 단일성과 보편주의가 아닌 구성원 각자의 경험과 삶에 맞아떨어지는 '자기만의 신'을 섬기도록 발전한다는 게 그의 견해다. '자기만의 신'은 유일신적인 사고방식, 그리고 선악에 대한 이원론적 구분, 타자를 배제하는 보편주의를 지양하는데 그 이유는 지구화가 심화될수록 보편주의들—특히 유일신 종교—간의 충돌이 격화되기 때문이다. 보편주의의 충돌에 벡이 제시하는 대안이 '자기만의 신'이다. 개인화된 신앙을 가진 인간이 '자기만의 신'을 창조하고 또 그렇게 스스로가 창조한 신의 계시를 통해서 '자기만의' 삶에 주관적인 확실성과 구원을 약속받는다는 것이다.[33]

보편성과 특수성을 함께 강조하는 벡의 견해는 지구화 시대와 더불어 나타나는 신앙 형태의 변화를 반영한 것이다. 그가 말한 '자기만의 신'을 일원상의 신앙에 적용해 보면 '자기만의 일원(一圓)'이라 할 수 있다. 개신교 장로이자 한의사, 문학인 등의 정체성을 가지고도 불법연구회의 교리를 흡수할 수 있었던 조송광(曺頌廣, 1876-1957)이 바로 '자기만의 일원'의 초기 모델이다. 소태산의 제자가 되기를 원하면서도 변절을 걱정하는 그에게 '참으로 아는 사람은 때와 곳을 따라서 이름만 다를 뿐'[34]이라고 한 소태산의 가르침은 복수의 신앙이 가능함을 함의한다. 단일한 일원이 아닌 복수의 일원에 대한 신앙으로서 '자기만의 일원'은, 벡이 말했듯 폭력(혐오)을 포기하는 유토피아의 메커니즘이 될 수 있다.

---

32 울리히 벡, 앞의 책, 194, 261쪽.
33 울리히 벡, 앞의 책, 128쪽.
34 『대종경』 전망품 14장.

벡은 한스 큉(Hans Küng, 1928-2021)이 제시한 보편적 세계윤리가 개인화된 영적 추구의 밑바탕을 이룬다고 보았다. 보편적 세계윤리는 모든 문화에서 나타나는 윤리적 규칙으로, 인류 공통의 윤리이다.[35] 그가 보편적 세계윤리의 중요성을 언급한 것은 '자기만의 신'의 기저에는 복수의 신앙이 지니는 다양성과 개별성, 무수한 차이들을 변질시키지 않으면서도 모두 감싸 안을 만한 정도의 공통적 윤리가 존재하기 때문이다. 같은 원리에서, '자기만의 일원'은 그 다양성 또는 혼종성과 대립 등을 모두 끌어안는 보편적 세계윤리로서 '법신불'이라는 '동체대비적 등류태'[36]를 바탕으로 할 때, 개별적 특수성이 그 빛을 발할 수 있다. 즉 '자기만의 일원'을 추구하는 일원주의는, 비유컨대, 물이 지니는 절대성과 불변성을 근본으로 하되 이를 담아 내는 그릇에 따라 나타나는 다양성을 —혼합에서 멈추지 않고— 회통적으로 보는 관점이다.[37]

따라서 원불교 신앙의 측면에서는 '법신불'과 '사은' 중 어느 한쪽에 치우치지 않는 균형감 있는 신앙을 이어 가야 한다고 말할 수 있다. 이때 균형감 있는 해석은 류병덕이 언급했던 '초월적으로 표현한 것이 신(神), 내재적으로 표현한 것이 불(佛)이라고 한다면 일원상은 이 신과 불의 표현을 동격으로 동시적으로 표현한 것'[38]이라는 설명과, 노권용이 요약했던 '일이이(一而二)', '불일불이(不一不二)'[39] 등으로도 표현 가능하다. 그리고 비유적으로는

---

35 울리히 벡, 앞의 책, 214-216쪽.
36 노권용, 앞의 책, 151쪽.
37 이주연, 「지구적 연대를 위한 뒤섞임」, 『우리는 어디로 가야 하는가』, 모시는사람들 철학스튜디오 기획, 서울: 모시는사람들, 2020, 264쪽.
38 류병덕, 『원불교와 한국사회』, 시인사, 1977, 172쪽.
39 노권용, 「교리도의 교상판석적 고찰」, 『원불교사상과종교문화』 45, 2010, 263-264쪽.

"우리가 피아노를 칠 때 낮은 음, 높은 음 다 있지만 결국 음 하나로 일관되는 것처럼 만법 자리도 그와 같다"[40]라고 한 박길진의 언급도 같은 맥락에서 이해할 수 있다.

> 그것은 결코 상대와 대립하는 매개 없는 이른바 포월적(包越的) 전체에 그치는 것이 아니다. 그러기에 유일신론(唯一神論)도 아니고 전체주의(全體主義)도 아니다. 이것이야말로 많으면서 하나이고 하나이면서 많음에 통하는 대자재(大自在)한 것이다. … 이것은 불교의 불성과도 비슷하고, 스피노자의 신과도 비슷하다.[41]

이 글은 박길진이 동양대 유학 시절에 쇼펜하우어에 천착하는 동안 '진실재'에 대한 생각을 정리하여 작성했던 학사학위논문 일부이다. 박길진에게 진실재는 곧 '일원'이었다. 그리고 이 일원은 '많으면서 하나이고 하나이면서 많음'으로 표현되었다. 바로 '자기만의 일원'이다.

'혐오를 포기케 하는 유토피아'로서 지구화 시대의 개인화된 신앙, 즉 '자기만의 일원'은 법신불과 사은에 균형감 있게 신앙하려는 접근을 필요로 한다. 이러한 접근에 의해 내 앞의 타자는 내가 임의로 이름 붙일 수도, 의미화할 수도 없는 절대적인 존재인 동시에, 전 지구적 존재를 모두 끌어안는 보편적 지구윤리로서의 '법신불'로 거듭나게 된다. 그리고 나에게 죄도 주고 복도 줄 수 있는 당처의 존재이며 근본적으로 은혜로운 존재로서의 실제

---

40 박길진, 『일원상과 인간의 관계』, 원광대학교출판국, 1985, 133쪽.
41 朴吉眞, 「實在の硏究: ショーペンハウアーを中心に」, 日本 東洋大學 學士論文, 1941, 37쪽. 번역은 원광대학교 원불교사상연구원 야규 마코토(柳生眞) 교수의 초역을 참고했다.

적 의미 또한 지니게 되는 것이다.

원불교에서 전 지구적 존재의 관계성을 은(恩)으로 표현한 것은 이렇게 서로가 서로에게 가장 근원적인 법신불이기 때문이며, 비유하자면 '땅의 바탕이 있으므로 우리가 형체를 의지하고 살게 된'[42] 것과 같이, '자기만의 일원', '자기만의 사은', '자기만의 우주만유'로서 저마다의 특수성을 발휘할 수 있도록 서로가 여건을 조성해 주기 때문이다. 이 은적 관계는 결국 전 지구적 존재들의 본질적 관계이며, 미워하는 감정과 왜곡돼 버린 시각들로 인한 혐오의 근본적인 대안이 될 수 있을 것이다. 즉 류병덕과 김팔곤이 강조했듯, 이 사회의 해독에 대한 대응책으로서의 이타적 윤리이자 실천 원리로서 그 의미를 찾을 수 있다.

만물 간의 은혜, 즉 은적 관계를 표명한 은사상은 내가 상대에게 은혜를 베풀었으므로 상대가 나에게 은혜를 베풀어야 한다는 관점이 아니라는 점에서 '절대적 은혜'를 강조한다. 그리고 이 절대은은 '불공(不共)'을 통해 실질적으로 구현될 수 있다. 즉 원불교 『정전』의 「일원상 서원문」에서 "진급이 되고 은혜는 입을지언정, 강급이 되고 해독은 입지 말자."라고 권유하는 것은 천지만물이 본래 은적 관계 속에 있지만 이 은적 관계가 강급과 해독을 낳는 관계가 되지 않도록, 즉 혐오·소외·차별 또는 자연 착취로 인해 나타나는 바이러스와 같은 해독을 생산하지 않는 실질적 실천, 즉 불공이 필요함을 의미한다. 한마디로 불공이 따르지 않는 절대은은 아무리 '본래 은혜'라고 하더라도 누군가에게 해독이 될 수 있다는 것이다.[43]

---

42 『정전』, 제2장 「사은」.
43 이주연, 「원불교 사은(四恩)연구의 경향과 과제」, 『한국종교』 50, 2021, 122-123쪽.

서로에게 근원적인 법신불이자 '자기만의 일원'으로서 절대적 은혜를 주고받는다고 할 때, 여기에는 '불공'이라는 실질적인 방법이 동반됨으로써 내가 입은 은혜를 상대처에 보은할 수 있다. "형제, 부부, 집 안에 있는 물물 하나라도 부처이다. 그 물건 하나하나에 불공을 잘하면 도움을 얻을 것이다."[44]는 대산의 권유, 그리고 부하 직원이 업무 관계로 결재를 받기 위해 들어가면 앉아 있다가도 매번 일어나서 맞아 주었던 박길진의 불공법은 은혜가 곧 불공을 통해 그 꽃을 피워 낼 수 있음을 시사한다.

3. 지구마음학, 그 현장의 소리

1) 마음을 '학(學)'하다

K대학에서 예비 교사 대상 팀티칭 강의를 한 달간 하게 되었다. 고민 끝에 강의 내용을 '지구마음학: 지구공동체를 위하는 마음학' 중심으로 하기로 했다. 자신만을 위한 마음학이 아닌, 지구공동체를 위하는 마음학을 알려 주겠다고 결심한 이유는, 지구를 위하는 행위와 마음학이 밀접한 관계에 있음을 절감했기 때문이다. 지구공동체에서 살아가는 모든 존재가 은혜로 얽혀 있다고 할 때, 특히 이 은혜는 내가 베푼 만큼 주어지는 상대적 은혜가 아닌 절대적 은혜이고 이 은혜가 현실적으로 발현되기 위해서는 '보은'과 '불공'이라는 실천이 필요하다고 할 때, 종교나 사상의 울타리를 넘어 모두가

44 대산종사수필법문편찬회 편, 『대산종사 수필법문집 2』, 원불교출판사, 2020, 579쪽.

공유할 수 있는 방법을 어떻게 만들 수 있을까?

이 방법은 곧 인간이라면 누구나 가지고 있는 '마음'을 공부하는 것에 있다. 서로의 은혜를 인식할 수 있는 것도, 삶 속에서 실질적인 불공을 할 수 있는 것도 모두 마음이 있어 가능한 일이다. 마음을 편안하게 하는 것에 그치지 않고 자신이 세상을 어떻게 바라보고 있는지, 은혜라는 속성을 이해할 수 있는지 성찰하도록 유도하는 과정은 학생들로 하여금 마음의 평수를 확장하도록 함으로써 지구공동체를 향한 보은과 불공이 가능하도록 할 것이다.

사실 교육 현장에서는 지구의 위기에 관련해 많은 시도를 해 오고 있다. 국회를 통과한 교육기본법 개정안에는 환경 위기에 대응하기 위해 모든 국민이 생태전환교육을 받을 수 있도록 한다는 내용이 담겨 있다. 그야말로 지속 가능한 지구를 위한 노력의 일환이라 할 수 있다. 특히 서울시 교육청에서는 생태전환교육을 위해 다양한 교과 활동과 프로그램을 구상하고 있는 걸로 보인다. 따라서 학습자가 직접 자연환경을 가까이해 보거나, 지구의 미래를 준비하기 위한 요건들을 체험하는 등 다양한 방법으로 생태적 감각을 익힐 수 있을 것이다.

그런데 심층생태학자들은 좀 더 근본적인 문제를 통해 지구의 위기를 해결할 수 있다고 말한다. 심층생태학(Deep Ecology)이란 용어를 처음 제시한 아르네 네스(Arne Naess, 1912-2009)는 자신이 철학자였기 때문에 종교적 사유보다는 철저한 내적 성찰을 통해 근본 문제에 접근하고자 했다. 그래서인지 네스는 '생태적 자기(ecological self)'라는 개념도 도입했다. 생태적 자기를 학생들에게 설명한다면 '우린 본래 지구공동체의 일원'이란 의미로도 해석할 수 있을 것이다. 네스는 이러한 생태적 자기의 실현으로서의 '자기실현'에 일침을 가한 적이 있다.

오늘의 '자기실현'이 협소한 자아를 평생에 걸쳐 만족시키는 것과 상관이 있는 것이라면, 이 말을 간디가 쓴 아주 다른 의미의 자기실현이나 그보다는 종교적 함의가 적으면서 모든 생명을 끌어안을 수 있는 더 넓고 깊은 의미의 자신으로 쓴다는 건 부적절한 일이 아닐까요? 아마 그럴 겁니다. 그런데 이 말이 인기가 있기 때문에 사람들이 당장은 듣고서 안심을 하는 것 같습니다. 자기실현을 협소한 자아의 만족과 같은 뜻으로 본다는 것은 스스로를 심각하게 과소평가하는 일이라는 것을 알 때, 우리는 사람들에게 더 큰 나라는 관념을 얘기할 수 있습니다. 우리는 생각보다 훨씬 더 크고, 깊고, 관대하고, 기품과 기쁨을 누릴 수 있는 존재입니다! 경쟁 없이 만족할 수 있는 길은 우리에게 얼마든지 열려 있습니다![45]

자아실현은 자기실현, 특히 생태적 자기실현과 분명 다르다. 자신의 에고를 만족시키는 과업 수행은 생태적 자기를 실현하는 것과 다른 것이다. 네스가 말한 대로 우리는 생각보다 훨씬 더 크고, 깊고, 관대하고, 기품과 기쁨을 누릴 수 있는 존재다. 우리가 본래 지닌 광대하고 무한한 생태적 자기를 일깨우고 발현시킴으로써 지구 위기의 극복에 도움이 될 것이다. 그러나 만약 생태전환교육에서 학습자들이 여러 프로그램에 참여하는 동안 네스가 염려했던 '협소한 자아'의 영향권 내에 머문다면, 교육을 통해 배워 가는 동물복지나 비인간 존재들과의 공존 문제는 결국 일종의 도덕적 명분으로 제한될 가능성이 있다. 지구의 구성원에 대한 시선은 기본적으로 인간과 자연에 대한 이분법적 시각을 지양해야 하는데, 생태전환교육이 옳고 그름을 나

---

45 아르네 네스 외, 『산처럼 생각하라』, 이한중 옮김, 소동, 2012, 34쪽.

누는 도덕적 명분 중심으로 진행되면 이러한 이분법적 시각을 근본적으로 벗어날 수 없기 때문에, 교육적 효과를 더욱 기대하기 어렵게 된다.

혼히 '마음'이란 키워드가 들어가면 인성 교육을 떠올리기 쉬운데, 필자가 맡은 강의는 일단 도덕적 지침을 따라야 한다는 내용이 아닌, 학생들이 좀 더 자유로워질 수 있는 내용으로 채워야겠다 싶었다. 왜냐하면 '마음의 자유'를 누릴 수 있을 때라야 타자를 향한 시선에도 너그러움과 여유가 찾아오고, 그럼으로써 지구를 향한 마음도 달라지기 때문이다.

학생 자신이 도덕적 명분 중심으로 마음을 가지게 되면 지구의 구성원들에 대해서도 이분법적 시선을 거두기 어렵다. 가령 '인사를 잘해야 한다'는 명분을 지키는 방식으로 교육을 하면 인사를 잘하지 않는 이에 대해 부정적인 관념을 가지기 쉽고, 이 부정적 관념이 누적될 경우에는 단지 인사라는 덕목만이 아니라도 타자의 행위들에 대해 옳고 그름의 시선을 유지할 가능성이 높다.

'마음'이란 것은 탁구공 같은 것이어서 예상할 수 없는 변수들을 수없이 가지는데, 이런 '마음'의 작용을 선과 악의 이분법적 잣대로 판단하려 한다면 당장 자신의 '그른(그르지 않을 수 있는데 그르다고 판단되는)' 모습들로 인해 스스로 위축되는 것은 물론이거니와, 타자에 대한 시선도 협소할 수밖에 없어진다. 이 점에서 학생들이 자신의 마음―때론 스폰지 같고, 때론 울퉁불퉁하며, 때론 칼처럼 날카로운―을 주의 깊게 들여다보고, 다양하게 나타나는 작용들을 있는 그대로 안아 줄 수 있는 방향으로 유도하였다.

수업 주제가 '지구공동체를 위하는 마음학'인데, 왜 지구공동체를 등장시키지 않고 학생 자신의 마음부터 다루는 것인지 물을 수도 있다. 그러나 앞서 네스가 제안한 '생태학적 자기'를 일깨우는 과정은 '자기'에 대한 직관에서 시작될 뿐 아니라, 토마스 베리가 『위대한 과업』(2009)에서 설명한 대로 '위대한 자아(Great Self)'는 개별 자아에서 실현되고 개별 자아는 위대한 자아에서 실현되기 마련이다. 굳이 이런 설명이 아니라도, 나 자신이 뿌듯하고 넉넉해지면 주변을 품어 줄 여유가 생기는 법이다.

모든 존재 양식을 수용하는 유일한 태도는 그 실체의 구성 요소가 다양하며 상호 의존한다는 점을 인정하는 것이다. 인간은 여성과 남성, 노인과 아동, 농부와 상인, 외국인과 원주민이 하나로 되는 기획이다. 그와 마찬가지로 지구도 땅과 바다, 비와 바람, 동식물과 인간 등 전체의 웅대한 우주로 구성된 단 하나의 기획이다.[46]

베리가 강조한 '모든 존재 양식을 수용하는 유일한 태도'는 각 존재들의 다양함과 긴밀한 의존 관계를 '인정'하는 것이다. 다양함을 수용할 수 있는 태도는 우리 내면에서부터 만들어지기 시작한다. 태도란 것이 외부 요인만으로는 이루어질 수 없기 때문이다. 자신의 내면에서 시시때때로 빚어져 나오는 다양한 작용들부터 직접 따스하게 수용해 보는 데서 오는 이완과 행복감은 타자의 다양함을 수용하도록 이끌어 주게 된다.

총 4회에 걸친 강의 시간만으로 마음학을 안내하기는 쉽지 않은 일이다. 그러나 최대한의 효율을 살려, 1차시에는 마음의 구조와 원리 이해, 2차시에는 마음학의 유형과 체험, 3차시에는 지구공동체를 위하는 마음학 알기, 4차시에는 지구공동체를 위하는 마음학 실습을 위주로 강의를 진행하였다.

46 토마스 베리, 앞의 책, 2009, 232쪽.

학생들은 사실 실습과 빡빡한 학교 일정으로 바쁜 나날들을 보내고 있기 때문에, 정작 자신의 마음이 어떤 구조로 되어 있고 어떤 원리하에 작용하는지를 면밀히 들여다볼 틈이 없다. 그들뿐이겠는가. 많은 현대인들이 자신의 마음이 얼마나 넓은 스펙트럼을 보유하고 있는지, 얼마나 광대하고 오색찬란한 빛깔을 머금고 있는지 눈치채기 어려운 게 요즘 현실이다.

1주차 강의에서는 학생들이 자신의 마음이 움직이는 과정을 인식하도록 유도함으로써 무형의 마음이 어떻게 유형적으로 인식될 수 있는지를 이해하게끔 했다. 이후 2차시에는 고요한 마음학과 움직이는 마음학, 그리고 일상 속 마음학의 세 가지 유형을 순차적으로 소개하고, 그 구체적인 방법을 체험에 곁들여 안내했다. 이 중 일상 속 마음학이 다음에 이어질 3차시 및 4차시 강의와 깊은 연관성이 있다. 학생들은 종교 수도자나 템플스테이 참여자들이 참선하는 모습을 인터넷이나 TV에서 보았을 뿐, 일상생활을 영위하는 동안 마음학을 어떻게 병행할 수 있을지 짐작하기 어려워했다. 먹고, 자고, 공부하고, 싸우고, 울고, 웃는 동안 마음학을 어떻게 공부할 수 있는가? 답은 먹고, 자고, 공부하고, 싸우고, 울고, 웃는 것에 있다. "새소리가 있어 산의 고요함을 알았다."라는 어느 선승의 말처럼, 요란스럽게 움직이는 작용이 있기 때문에 마음을 공부할 수 있다.

일상 속에서 마음을 공부하는 것에는 중요한 시사점이 하나 더 있다. 바로 삶 속에서 부딪히는 선과 악·옳음과 그름·남성과 여성·자연과 문명을 이원화하지 않고, 이들을 모두 '경계', 즉 은혜를 생산하느냐 그렇지 못하느냐의 분기점 한 가지로만 본다는 것이다. 일상 속 마음학의 기초적인 공식은 "○○이의 마음땅은 원래 요란함이 없건마는 경계를 따라 있어지나니, 그 요란함을 없게 하는 것으로써 ○○이의 원래 훌륭한 마음을 세우자."

이다. 이 공식은 원불교의 마음공부법인 '일상 수행의 요법' 1조 '심지(心地)는 원래 요란함이 없건마는 경계를 따라 있어지나니, 그 요란함을 없게 하는 것으로써 자성(自性)의 정(定)을 세우자.'를 일부 변형한 것이다. 여기에서 '심지(心地)', 즉 '마음땅'은 어떤 식물이건 다 자랄 수 있음을 내포한다는 점에서 매우 중요한 키워드다. 마음땅에서 자라나는 여러 식물이 있을 뿐, 긍정하거나 부정할 식물이 별도로 자라나지는 않는다. 우린 산에 뿌리를 내리고 자라나는 여러 초목들에게 왜 나왔는지 다그치지 않는다. 그저 응시할 뿐. 이렇게 학생은 자신의 마음땅을 온전히 인정하는 공부를 하게 되고, 이러한 기초 원리를 바탕으로 지구공동체 구성원을 바라보는 시각도 이분법적 구분이 아닌 따뜻하고 넉넉한 태도를 바탕으로 하게 된다. 나의 '위대한 자아'가 드디어 깊은 잠에서 깨어나 내면의 울타리를 크고 넓게 재정비할 수 있게 되는 것이다.

2) 은혜와 자리이타(自利利他)의 지구마음학

"그럼 내 마음만 편해지면 그만일까요?" 학생들에게 마음학을 소개하며 질문을 던졌다. 마음학은 누굴 위해서 하는 것인가? 쾌청한 하늘을 올려다보며 '시간 때우기' 같은 걸 해 볼 여유가 없는 요즘 현대인들에겐 홀로 이완할 시간도 부족할 게 분명한데, 내 마음만 편해지는 걸로 부족한가? 어느 지인은 반차 내고 혼술하고픈 낭만이 있음에도 그 소소함을 일 년 내내 이루지 못했다며 아쉬워하는데, 그럼에도 내 마음 보살피는 것만으로 부족한가?

엊그제 수업 시간에는 일 년 전 방영된 코로나 관련 뉴스를 함께 다시 보았다. 한 배에 승선한 확진자 2명 때문에 승객 수천 명의 발이 묶였고, 바이러스로 인해 비행기 운항에 차질이 생겼다는 보도였다. 리포터는 그러나 아직은 이 바이러스가 그렇게 위협적이지 않을 거라는 설명도 마지막에 덧붙였다. 당시만 해도 바이러스 하나가 전 세계에 미치는 파급력을 충분히 인지하지 못하고 있었고, 그래서 우린 매우 당황스러우면서도 약간은 회피하고 싶은 기분을 느꼈다고 기억된다. 어쨌든 코로나 바이러스는 일파만파로 확산되었고, 많은 노고를 치르고도 아직 불안정하기만 하다.

지구 위에서 함께 삶을 영위하는 동안 우리는 자신의 의사에 관계없이 다가오는 수많은 일을 맞닥뜨린다. 나 홀로 모든 힘을 다해 살아가는 것 같지만, 알게 모르게 외부의 요인으로부터 영향을 받을 수밖에 없다. 태양이 있어서 세상을 인식하고, 공기가 있어서 호흡을 이어 가며, 부모가 있어서 세상에 나왔으니 불교의 연기설에 많은 이들이 공감하는 것도 어찌 보면 당연한 일이다.

작년의 뉴스에 이어 '원 헬스(One Health)'라는 새로운 접근법을 학생들에게 소개하며, 인간·동물·환경이 어떻게 상호 연관성을 가지며 살아가고 있는지를 논의했다. 이 원 헬스의 측면에서 보면 신종 감염병이나 기후온난화 같은 문제들은 결국 지구라는 공동체 내에서의 연결과 균형이 깨진 데서 발생한 일임을 이해할 수 있다. 동물·인간·환경은 각자의 고유성을 가지면서도 하나의 연결 고리를 가지고 있고, 이 고리를 건강하게 구축할 때 서로가 안정적으로 존속할 수 있다고 본다.

에두아르두 비베이루스 지 가스뜨루(Eduardo Viveiros de Castro, 1951-현재)는 이렇게 말했다.

왜 동물은(그리고 다른 것들은) 자신을 인간으로 보는가? 내가 생각하기에는

분명, 우리 인간이 우리 자신은 인간으로 보면서, 그들을 동물로 보기 때문이다.[47]

우리만이 인간일까? 그들 눈에 비친 우리는 어떤 존재일까? 원 헬스의 바탕에는 비인간 존재가 지닌 존엄성과 동등함이 자리해 있다. 인간은 동물들을 동물로 보지만 동물은 자신을 인간이라 여긴다면, 인간과 비인간 존재 중 누가 덜 존엄하고 동등하지 못하다고 판단을 내리기 어렵지 않겠는가. 에두아르도 콘 또한 『숲은 생각한다』에서 비인간 존재들이 인덱스나 상징을 활용해 의사소통과 사고를 하는 과정을 밝혀내며, '인간'이라는 이름으로 살아가는 우리, 그리고 우리와 다른 외양을 지닌 저 존재들의 관계를 어떻게 재구축할 것인지를 물었다. 지구 위에서 살아가는 모든 구성원들은 저마다의 존재성을 지니고 있다. 그리고 서로가 맺고 있는 긴밀한 연결 관계가 고유한 각 존재들에 의해 형성되어 있는 만큼, 상대가 누구이건 상관없이, 서로에 대한 공경의 태도를 기반으로 할 때라야 연결 관계는 다시금 서로에게 이롭게, 나아가 은혜롭게 작용하는 법이다.

학생들은 '자리이타(自利利他)'의 마음학, 즉 나에게도 이롭고 타자에게도 이로운 마음학이 지닌 의미를 알게 되었다. 모두에게 이롭고 은혜롭게 하자니 어려운 일인 것 같지만, 알고 보면 누구나 할 수 있는 쉬운 공부라고 덧붙여 설명했다. 자리이타의 마음학은 "힘들어하는 사람을 도와야 한다!"는 식의 대의명분 공부가 아니다. 도와주기 귀찮고 내 입장부터 챙기고 싶은 마

---

47 에두아르두 비베이루스 지 가스뜨루, 『식인의 형이상학』, 박이대승 · 박수경 옮김, 후마니타스, 2018, 62쪽.

음마저 사랑해 주는 마음학이다. 그러자면 내 안에서 펄펄 뛰거나 울고 웃는 온갖 존재들을 있는 그대로 끌어안는 게 출발점이 된다. 나 자신의 어떤 모습도 온통 사랑할 수 있는 마음가짐이 될 때라야 지구의 구성원들을 향해 진정성 있는 사랑이 우러나기 때문이다. 자리이타를 실천하기 위한 마음학의 방법은 다음과 같은데, 이 방법은 자동차를 운행하는 방법으로도 설명 가능하다.

〈STAR 마음공부〉[48]

[STOP] 마음 멈추기, 마음의 브레이크 밟기

[THINK] 마음 바라보기, 마음에 헤드라이트 켜기

[ACTION] 자리이타로 마음 실행하기, 엑셀 밟기

[REVIEW] 마음 돌아보기, 마음일기 쓰기 (블랙박스 확인)

지구공동체를 위한 자리이타의 마음학을 위해 'STAR 마음공부'의 세 번째 단계 'Action'을 '자리이타로 마음 실행하기'로 설정하였다. 물론 이 'STAR 마음공부'도 본래 나 자신뿐 아니라 상대에게도 은혜가 미쳐 가는 걸 목적하지만, 지구마음학으로서의 색채를 명확히 하기 위해 'Action'의 방향성을 '자리이타'로 하였다.

어쨌든 가장 중요한 것은, 첫 단추 꿰는 일이 늘 우선이듯이 나의 마음에 요란한 파도가 일어날 때 이를 인지하고 재빠르게 정지하는 것이다. 'Stop'

---

48 마음대조공부 3단계를 응용하여 구성된 원불교 청소년국 인성교육 프로그램 '심심(心心)풀이'를 요약 및 응용한 것으로, 구체적 내용은 다음을 참조바란다. 『마음공부 프로그램 현장전문가 초청강연자료집』, 원광대학교 마음인문학연구소, 2013, 48쪽.

의 중요성과 방법—바로 앞에 물체가 보여 급히 브레이크를 밟는 것과 같은
—을 학생들에게 알려 준 다음, 일주일 동안 일상 속에서 직접 실천해 보도
록 했다. 그리고 두 번째 수업 시간에 그 감상이 어땠는지 물어보았다. 그중
두 학생의 답변이 기억에 남았다.

· A학생: 교육 봉사를 하는데 바로 전날 제가 30분 동안 열심히 알려 준
내용을 학생이 까먹고 와서 화가 날 뻔 했지만, 마음의 브레이크를 밟았
습니당.… 마음의 브레이크를 밟으니 매일 말썽만 피우던 제 학창 시절
이 떠올랐고, 설명이라도 들어주는 학생에게 고마운 마음이 들었습니다.

· B학생: 온종일 계속 졸리고 강의를 들어도 머릿속에 잘 들어오지도 않
고 과제도 쉽사리 해결하지 못하면서, 뭔가 되는 일이 없는 것 같은 하루
가 있었습니다. "오늘따라 왜 이러지?" "나 왜 이렇게 다 못하는 거지?"라
는 생각에 우울해지고 무기력해지려 했습니다.

-)그 순간, 잘하지 못한다는 좌절감과 꼭 잘 해내야 한다는 강박에 우울
하고 무기력해지려는 경계를 발견했습니다.

처음으로 마음학을 접한 학생들이 이렇게 바로 'Stop'을 하고 자신을 들여
다볼 수 있었던 게 놀라울 따름이었다. 여러 기분과 생각으로 힘든 시절을
보내고 있을 수도 있는데, 이렇게 마음을 드러내고 공부하려 하는 모습이
대견해 보였다.

마음의 브레이크를 밟는 일이 우선이지만 지구를 위한 엑셀 밟기도 중요
하다고 설명하니, 공감한다는 듯 고개를 끄덕이는 학생들의 얼굴에 생기가
돌았다. 아마도 이 세상은 혼자가 아닌, 다양한 빛깔과 굵기의 실타래를 손

에 쥔 수많은 존재들이 어우러져 살고 있는 곳임을 이전부터도 무심코 느껴왔기 때문일 것이다. 이들에게는 타자와 은혜를 주고받거나 불공하고픈 마음도 가슴속에 살아 숨 쉬고 있었고, 이 마음을 이제 자연스럽게 발현시킬 수 있게 되어 반가움이 앞서기도 했을 것이다. 마치 오래전 떠나온 고향을 찾은 것처럼.

제
5
장

'실학'의 지구기학

: 『지구전요(地球典要)』의 '지구 내 존재'를
중심으로

김봉곤 원광대 원불교사상연구원 연구교수
야규 마코토(柳生眞) 원광대 원불교사상연구원 연구교수 최한기는 지구 원형설과 자전설(自轉說), 지동설(地動說) 등 새롭게 밝혀진 서양의 우주관을 수용하면서 이러한 변화가 인간 세계에 어떻게 연결되어야 하는지를 기(氣)의 활동운화(活動運化)를 통해 밝혔다. 최한기의 지구학은 『지구전요(地球典要)』(1857)에 잘 드러난다. 이 책에서 최한기는 '세계'라는 용어 대신 '지구'라는 말을 사용했다. 그는 지구를 우주와 인간의 관계의 총화로 보았기 때문이다. 이러한 총화의 다양한 항목은 천기(우주의 활동)와 인기(인간의 활동)가 생성한 '기화생성문(氣化生成門)', 천기와 인기를 따라서 인간이 만든 '순기화지제구문(順氣化之諸具門)', 천기와 인기를 유통시키는 각종 제도와 법률, 즉 '도기화지통법문(導氣化之通法門)', 그리고 천기와 인기가 지나온 발자취를 의미하는 '기화경력문(氣化經歷門)'의 네 가지 범주로 정리할 수 있다.

최한기는 서구 천문학과 세계지리의 지식을 바탕으로 우주 자연과 인간 세상을 설명했으나, 모두가 기에 의해 이루어진다는 점에서 일체라고 보았다. 먼저 존재론적으로 보면 지구와 달, 태양, 별이나 만물에 이르기까지 하나의 기가 그 사이에 충만하고 내부에 침투하고 있기 때문에 일체이다. 다음으로 생성론적으로 보아도 온갖 사물은 기가 모여서 생기고 흩어져서 죽고 크나큰 기로 돌아가기 때문에 역시 일체이다. 그리고 인식론적으로 보아도 한 몸의 기가 천지의 기와 통하고 그 이치를 알 수 있는 것은 역시 본래 같은 기이기 때문이라고 주장했다.

또 최한기는 자기나 자기 부모 자손 모두가 천인운화(天人運化), 즉 천지와 인간을 움직여 변화시키는 기운을 받들어 따르는(承順) 사실에서 효(孝)의 근본을 찾아야 한다고 주장했다. 그는 부모를 섬기는 효를 기초로 하면서 도덕을 실천하고 윤리 기강을 삼을 뿐만 아니라, '억조생령(億兆生靈)'이 모두 위대한 신기운화의 은혜를 입도록 하는 데까지 나아가야 한다고 주장했다. 이러한 그의 '효'사상은 가족윤리의 범위를 훨씬 넘어서 지구윤리가 될 수 있는 것이다.

1. '세계'에서 '지구'로

전통적으로 동양에서는 주관과 객관을 통일적으로 사유해 왔다. 인간의 심성과 인간이 만든 문화는 천지자연의 객관세계와 일치한다는 믿음이었다. 이러한 동양의 사유는 근대 세계에 들어오면서 주객을 분리하지 못한 전근대적인 사유로 치부되어 왔다. 왜냐하면 근대적인 세계는 주관과 객관을 분리하고, 자연 자체를 객관적이고 합리적인 관점에서 바라보는 것을 요구하기 때문이다. 이에 자연은 주관과 분리될수록 과학적으로 인식되고, 인간생활에 편리함과 풍요로움을 가져다 주는 도구로 간주되었다. 그러나 과학과 이성에 의해 개발되고 이용된 자연은 도리어 인간세계를 피폐하게 하였다. 인간과 자연의 단절이 초래되고, 지구상의 각종 자원과 물질이 개발되고, 환경을 오염시켜 도리어 인간세계를 극도로 황폐하게 한 것이다.

이러한 점에서 근대 과학 지식을 기철학으로 조화시키고자 했던 최한기(崔漢綺, 1803-1877)의 지구학은 지금의 시점에서 상당한 시사점을 던져 준다. 최한기는 종래의 지구 천원지방(天圓地方)설이나 천체가 지구를 돈다는 천동설과는 달리 지구 원형설과 자전설, 지구가 태양을 돈다는 지동설을 수용했다. 그는 경험과 추측에 의해 새롭게 밝혀진 서양의 우주관을 수용하면서도 이러한 변화가 인간세계에 어떻게 연결되어야 하는지를 기의 활동운화를 통해 통일적으로 밝히고자 했다. 최한기에 의하면, 천기의 활동운화는 체인(體認)과 승순(承順)을 통해 인기(人氣)의 활동운화(活動運化)와 접맥되고 천인합일의 세계를 구축하므로, 자연과 인간, 전통과 과학이 결합될 수 있다.

최한기의 지구학은 『지구전요(地球典要)』(1857)에 잘 드러난다.[1] 여기서 최한기는 '세계'라는 용어 대신 '지구'라는 용어를 사용했다. 그는 지구를 우주와 인간의 관계의 총화로 보았기 때문이다. 세계는 인간이 만든 문명 세계를 의미한다. 이에 비해 지구는 인간과 자연, 그리고 다른 행성과의 관계를 모두 포괄하는 용어이다. 따라서 지구가 훨씬 포괄적이다. 그런 의미에서 지구에 대한 최한기의 관점은 세계와 자연학, 천문학을 모두 포괄한다. 바로 이러한 점이 그가 끝까지 포기하지 않았던 천지인 합일의 우주적 관점이기도 하다.

그는 뉴턴의 중력이론을 받아들이면서 행성과 행성, 물체와 물체 간에 서로 끌어당기고 배척하는 힘이 있다는 것을 알게 되었다. 그는 행성 간에 아무런 물질이 없어도 중력이 작용된다는 것을 배척하였다. 모든 것은 기화이기 때문에 행성 간에도 기륜(氣輪)으로 인해 중력이 형성된다는 것을 증명하고자 했다.[2] 그는 모든 것들이 기에 의해서 움직이는 것으로 이해했다. 세

---

1 지금까지 최한기의 『지구전요』는 지리사상 중심으로 논의되었다. 대표적으로 李元淳, 「崔漢綺의 世界地理認識의 歷史性」, 『문화역사지리』 4호(석천 이찬박사 고희기념 특집호), 1992; 노혜정, 「최한기의 지리사상 연구 -『地球典要』를 중심으로」, 서울대학교대학원박사논문, 2003; 권오영, 「최한기의 기화론과 세계인식」, 『혜강 최한기 연구』, 사람의 무늬, 2016 등이 있다.
2 전용훈, 「최한기의 중력이론에 나타난 동서의 자연철학」, 『혜강 최한기 연구』, 사람의 무

상에 존재하는 것은 기이며, 기의 활동운화이다. 즉 운화이다. 이러한 운화는 일신운화(一身運化), 통민운화(統民運化), 대기운화(大氣運化) 단계를 밟으면서 우주적으로 진화한다. 본 글에서는 최한기의 지구학을 통해 그의 우주와 세계, 인간 그리고 만물관을 살펴보고자 한다.

2. 최한기의 지구 인식

1) 지구의 공전과 자전

최한기는 지구를 인식할 때 천·지·인 삼자의 결합 속에서 이해하였다. 최한기는 지구의 대체를 이해하기 위해서는 지구뿐만 아니라 해와 달 등의 모든 기가 서로 응하는 대체를 알아야 한다고 주장했다.

대저 사람이 한 고장이나 한 나라의 풍습에 얽매이면 그와는 이웃 나라나 먼 나라의 일을 의론할 수 없고, 또 천하만국의 형상(形狀)에만 집착하면 지기(地氣)로 이루어지는 조화의 자취는 통할 수 없다. 또 다만 지기의 조화만을 알고 스스로 만족하면 해와 달 등의 모든 기가 서로 응하는 대체에 도달할 수 없으니, 지구의 형체를 통달하여 신기가 충만하고 해와 달과 별들이 선회하여 운행하고 있는 것을 확실히 꿰뚫어 알아야 지구의 대체(大體)를

늬, 2016. 355-366쪽.

논할 수 있다.[3]

사람이 특정 지역·나라·지구에만 얽매이면 지기로 이루어지는 우주 전체를 꿰뚫을 수 없기 때문에, 먼저 해와 달과 별이 선회하여 운행하고 있는 것을 확실히 꿰뚫어 알아야 한다는 것이다.

각국 사람의 성품 용모는 대동소이하나, 풍속과 정치 교화는 풍습에 따라 다르다. 지구의 운화는 대기(大氣)를 이어받아 운화를 이루고, 일신운화는 천지에 순응하여 운화를 행한다. … 학문 연구하는 사람이 지지학(地志學)에서 토지 산물에 기인하여 운화를 이해하고 풍속을 체험하여 운화를 안다. 전체는 자전하고 양극은 땅에 있지 하늘에 있지 않으며, 구역의 구분과 정치 교화는 사람에게 달렸고 또 땅에도 달렸다. 이 때문에 자기 사는 곳만 아는 자는 지형이 어떠함은 알지 못하여 기의 운화를 말할 수 없고, 전체를 이해 터득하고 또 자전 공전의 두 가지 전(轉)을 알아야 운화의 변화 융통을 논할 수 있다.[4]

최한기의 생각은 지구의 운화는 대기(大氣)를 이어받아 운화를 이루고 일

---

3 『神氣通』권1, 「地體及諸曜」, "夫人拘束於一鄕一國之習俗則不可與論於鄰國遠邦之事. 又或泥着於天下萬國之形狀則不可得通於地氣造化之跡. 又或只知地氣造化而自足則不可梯達于日月諸氣相應之體. 有能洞達地體. 見得神氣充滿諸曜幹運. 可論地球之大體."

4 『人政』권13, 「地運化最切」, "地各國人稟. 容貌大同小異. 風俗政敎. 隨習轉移. 地體運化. 承大氣而成運化. 人身運化. 順天地而行運化. (……) 學問講究之人. 於地志學. 因土産而見運化. 驗風俗而知運化. 全體自轉. 兩極在地. 不在天. 疆域區分. 政敎在人又在地. 是以但知所居地者. 不識地形之如何. 不可以語氣化. 見得全體. 又知兩轉. 可以論運化之變通."

신운화는 천지에 순응하여 운화를 행한다는 것이다. 각국 사람의 성품 용모는 대동소이하나, 풍속과 정치 교화는 풍습에 따라 다르기 때문에, 지지학(地志學)에서 토지 산물에 기인하여 운화를 이해하고 풍속을 체험하여야 지구운화를 알 수 있으며, 자전과 공전을 알아야 지구운화의 변화, 융통을 논할 수 있다는 것이다.

최한기가 이러한 지구의 전체운화를 설명한 것이 1857년에 지은 『지구전요(地球典要)』이다. 『지구전요』는 지리서이지만, 단순한 세계지리의 책이 아니다. 세계지리를 소개하기에 앞서 천문학적인 내용을 실은 이유를 최한기는 다음과 같이 밝혔다.

땅은 지구는 우주 내에서 반드시 회전하는 여러 별과 연결되어 체를 이루고서 기화를 온전히 한다. 이에 역법이 지구에서 생겨나는 것이다. 예로부터 지구를 논한 책이 대부분 각국의 강역과 풍토, 물산, 인민(人民), 정치, 연혁과 같은 부류를 설명하고 있으나, 지구의 전체운화는 오직 『지구도설(地球圖說)』에서만 대략 설명하고 있기 때문에 권 머리에 채록하였다.[5]

여기서 최한기는 태양계, 특히 해와 달, 지구의 운행을 '기화(氣化)'라고 부르고, 그것이 역법(달력)으로 나타난다고 했다. 달력뿐만 아니라 계절이나 한난(寒暖) 등도 마찬가지다. "천도의 경위(經緯)가 상응하는 것을 알게 되면 양극이 사라졌다가 나타나는 것이나 겨울과 여름의 추위와 더위, 주야의

---

5 『地球典要』凡例, "地在宇內. 須與旋轉之諸曜連綴成體. 以全氣化. 則歷法儘生於地球. 從古論地球之書. 多說各國疆域·風土·物産·人民·政俗·沿革之類. 而地球之全體運化. 惟地球圖說. 畧明之. 故採錄于卷首."

길고 짧음, 조석(潮汐)의 진퇴 등에 분명한 근거가 있게 된다."[6] 이러한 다양한 자연의 변화가 천체의 운동과 연동해서 일어나기 때문에, 이것을 지구의 '전체운화(全體運化)'라고 부르고 있다.

최한기는 일월성신이 회전하는 모습을 상고하여야 지구의 자전을 증험할 수 있다고 하여,[7] 상고와 중고, 근고에 따라 지구와 천체의 관계를 구분하였다.

> 상고에는 지구가 움직이지 않은 것으로서 역을 만들었으니 형세가 천체가 하루에 한 번 돌았고, 중고(中古)에는 지구가 자전하는 것으로서 역을 논했으니 형세가 경성천(經星天)이 움직이지 않게 되었다. 근고(近古)에는 지구가 황도를 따르는 것으로 계산했으니 태양이 우주의 중심에 있게 되었다.[8]

상고에는 지구가 움직이지 않는 것으로 여겼으니 천체가 지구를 돌게 되었고, 중고에는 지구가 자전하는 것으로서 역을 논했으니 경성천(經星天)이 움직이지 않게 되었고, 근고에는 지구가 황도를 따르는 것으로 여겼으니, 태양이 우주의 중심에 있게 되었다는 것이다.

최한기는 『지구전요』 권1 「칠요차서(七曜次序)」에서 서양 천문학 이론에 관하여 프톨레마이오스[多祿畞], 티코 브라헤[的谷], 메르센[瑪爾象], 그리

---

6 『地球典要』 凡例, "可辨天度之經緯相應 兩極隱現 · 冬夏寒暑 · 晝夜永短 · 潮汐進退. 皆有可據."

7 『地球典要』 序 凡例 第1節, "推稽千萬歲之日月躔度星辰斡旋, 可驗其體之運轉"

8 『氣學』 1-15, "上古. 以地靜造歷. 勢將以渾天一日一周. 中古. 以地轉論歷. 勢將以經星天爲不動. 近古以地循黃道立算. 勢將以太陽居宇宙之中."

고 코페르니쿠스[歌白尼]의 태양계 모델을 소개하였다. 1)프톨레마이오스의 설은 태양 · 화성 · 목성 · 토성 및 항성이 우주의 중심인 지구를 돌고 있으며, 2)티코 브라헤 설은 달 · 해와 항성이 지구를 따라 돌고, 수성 · 금성 · 화성 · 목성 · 토성 오성이 태양을 따라 도는 것이며, 3) 메르센의 설은 매일 남북극을 축으로 한 바퀴 도는 지구 주위를 달 · 해 · 항성이 돌고, 태양 주위에 수성 · 금성 · 화성 · 목성 · 토성이 돈다는 것이다. 모두 지구중심설이다. 4)코페르니쿠스 설은 수성 · 금성 · 지구 · 화성 · 목성 · 토성이 중심인 태양을 따라 도는데, 가장 먼 경성천(經星天)은 항상 고요히 움직이지 않는다는 것이다.[9] 코페르니쿠스 설 이외의 세 가지 설은 모두 지구가 중심이라는 설이다. 즉 1) 2) 3)의 설은 모두 지구중심설이고, 4)의 설은 태양중심설인데, 1)프톨레마이오스 설은 칠정이 운행하는 이치를 제대로 밝히지 못하였고, 2) 3)설은 코페르니쿠스 설보다 관측이나 이치상 맞지 않는다. 정밀함을 추구한 최한기는 결국 4)코페르니쿠스의 태양중심설을 수용하였다.

최한기는 지구가 공전할 뿐만 아니라 자전도 한다고 보았다.

천하의 사물을 고요히 바라보건대 한순간도 고요히 멈추어 있는 것이 없다. 항성에는 세차(歲差)의 운행이 있고, 토성에는 28년에 일주하는 운행이 있고, 목성에는 12년에 일주하는 운행이 있고, 화성에는 3년에 일주하는 운행이 있고, 금성과 수성에는 1년에 태양을 일주하는 운행이 있다. 달에는 1달에 지구를 일주하는 운행이 있고 태양과 지구는 자전의 운행이 있다. 태

---

9 『地球典要』 권1, 「七曜次序」, "第四. 歌白尼. 見第四圖. 置太陽于宇宙中心. 太陽最近者. 水星. 次金星. 次地. 次火星. 次木星. 次土星. 太陰之本輪. 繞地球. 土星旁有五小星繞之. 木星旁有四小星繞之. 各有本輪. 繞本星而行. 蹻斯諸輪最遠者. 乃經星. 天常靜不動."

양은 25일에 한 번 자전하고 지구는 1일에 한 번 자전한다.[10]

천하의 사물은 한 순간도 멈춤이 없으므로 토성이나 목성, 금성, 화성, 수성은 태양을 돈다. 태양이 1년에 황도(黃道)를 한 바퀴 돈다고 하는 것이 오래 전해진 역법이고 지구가 황도를 따라 1년 동안에 일주한다고 하는 것은 최근에 밝혀진 것이다. 그 옳고 그름을 어떻게 증험하겠는가? 라고 질문을 던지면서 그는 지구가 자전한다는 사실을 다음과 같이 증명하였다.

조수(潮水)와 석수(汐水)는 항상 지구를 끼고 왼쪽으로 끌고 바른쪽으로 밀며 달과 서로 응하는데, 달이 높으면 조수(潮水)가 줄고 달이 낮으면 석수(汐水)가 넘치니, 이것은 지구가 자전하는 첫 번째 증거이다. 여러 별 가운데에서 낮은 것은 운행이 빠르고 높은 것은 운행이 더디니, 이것이 지구가 운행하는 두 번째 증거이다. 바다에 뜬 돛단배가 서쪽을 향하면 운행이 쉽고 동쪽을 향하면 어려우니, 이것이 지구가 운행하는 세 번째 증거이다.[11]

달의 높고 낮음에 따라 조수 간만의 차이가 나타나는 것과 별의 고도에 따라 운행의 속도 차이가 나는 것, 그리고 돛단배의 운행에 동서의 차이에

10 『氣學』 1-77, "靜觀天下事物. 無一刻之靜定. 經星有歲次之運. 土星有二十八年一周之運. 木星有十二年年一周之運. 火星有三年年一周之運. 金星水星有一年一周於太陽之運. 太陰有一月一周於地球之運. 太陽及地球有自轉之運. 太陽二十五日一自轉. 地球一日一自轉. 太陽之一年一周黃道. 流轉之歷法. 地球之一年一周黃道. 近世之所發. 將何以驗其然不然也."

11 『神氣通』 권1, 「地體及諸曜」, "潮汐水常挾地球. 左掣右推. 與月相應. 至於月高而潮減. 月低而汐溢. 是爲地運之一證也. 諸曜中低者運速. 高者運遲. 地運之二證也. 海舶之風帆. 向西則易. 向東則難. 地運之三證也."

따라 간난의 차이가 발생한다는 이유를 들어 지구의 자전을 설명하였다.[12]

2) 원형의 지구와 기화

최한기는 이러한 지구의 공전에 의해 태양빛의 차이가 나기 때문에 남극과 북극, 적도상의 밤낮의 길이가 달라지고, 지구의 자전에 의해 달이 지평으로 나오기도 하고 들어가기도 하면서 남극과 북극, 적도 상의 조석의 간만의 차이가 발생한다고 설명했다.

> 지체(地體)는 둥글기 때문에 해와 달의 빛을 받는 것이 같지 않으며, 밤낮의 장단과 조석(潮汐)의 진퇴가 곳에 따라 차이가 있다. 지구 양극에는 남북으로 빙해(氷海)가 있으며, 반년은 낮이고 반년은 밤인데, 적도(赤道)에 점점 가까워 오면서는 여름에는 낮이 길고 밤이 짧으며 겨울에는 밤이 길고 낮이 짧다. 그리고 적도에 와서는 1년에 사시(四時)가 두 번 돌아가니 이는 태양의 빛을 받음이 같지 않아서이다.
>
> 지구의 자전은 달의 움직임과 상응하여, 달이 지평(地平)으로 나오면 밀물[潮]이 생기고 달이 지평으로 들어가면 썰물[汐]이 생긴다. 적도와 남북 양극이 장소에 따라 같지 않은 것은, 태양의 빛을 받는 것은 다름이 없으나 조석(潮汐)의 완급이 각기 다른 것은 태음(太陰)의 빛에 응함이 같지 않아서이다.[13]

---

12 권오영, 『崔漢綺의 學問과 思想研究』, 『조선시대사연구총서』 5, 집문당, 1999, 313쪽.
13 『人政』, 卷11, 「氣化之不同」, "地體圓. 故受日月之光不同. 晝夜長短. 潮汐進退. 隨地有異. 地之兩極. 有南北氷海. 半年晝半年夜. 漸近赤道. 而夏晝長夜短. 冬夜長晝短. 至赤道

최한기는 지구가 둥글다는 것에 주목했다. 그는 지구(地球), 또는 대지가 둥글다는 사실을 인간이 스스로 증명한 사실 자체에 인류사적으로 큰 의의가 있다고 보았다.

> 아, 명나라[大明] 홍치(弘治) 연간에 구라파 서쪽 바닷가의 포르투갈[布路亞國] 사람인 카노[嘉奴][14]가 비로소 지구를 한 바퀴 돌았던 일이 있었다. 이것은 곧 천지의 개벽(開闢)이다.[15]

지구가 둥글기 때문에 공전과 자전에 의해 주야와 한서, 조석의 간만의 차이와 같은 자연현상, 인문환경의 차이가 있게 된다.

> 만고의 깜깜하던 것이 이에 이르러 그 대단(大端)이 밝아졌으니, 그 나머지 미세한 사물, 남북의 풍기, 토질에 따른 산물, 민속의 미개함과 문명 등이

下. 一年四時再行. 是受太陽之光不同也. 地轉與月行相應. 月出地平而潮生. 月入地平而汐生. 赤道南北. 隨地不同. 與受太陽之光無異. 而潮汐緩急. 亦各有異. 是應太陰之光不同也. 此皆明於地球者. 所可得見也. 非意思億度所能知也. 地球不明之前. 縱有如此說道. 人豈信哉. 地之明. 積數百年. 漸次呈露. 人之就信. 亦有積累經驗. 方可釋疑. 萬古晦昧. 至此得明. 其大端. 其餘微細事物. 南北風氣. 土宜物産. 民俗質文. 有何不關於地球者乎. 一體之大氣化. 亦以地球之南北海陸. 自有不同者. 生於地體. 非大氣元有此不同之運化."

14 카노의 본명은 후안 세바스티안 엘카노(Juan Sebastián Elcano), 델 카노(del Cano)라고도 쓰인다. 다만 여기서 소개된 사항은 정확하지 않은 점이 있다. 첫째, 카노 일행이 지구를 한 바퀴 돌고 스페인으로 귀환한 날짜는 1522년 9월 6일로 명나라 가정(嘉靖) 원년이었다. 둘째, 엘카노가 포르투갈 사람으로 소개되고 있으나 스페인 출신의 바스크인이다. 아마 원래의 탐험대 대장으로 필리핀에서 원주민과 싸우다 죽은 포르트갈 출신의 마젤란과 혼동된 것으로 보인다.

15 『神氣通』卷1 「天下敎法就天人而質正」, "粵在大明弘治年間. 歐羅巴西海隅. 布路亞國人. 嘉奴. 始圜地球. 是乃天地之開闢也."

어찌 땅이 둥글다는 것과 아무 관계가 없는 것이 있겠는가. 일체의 큰 기화가 지구의 남북과 해륙(海陸)에 따라 절로 같지 않은 것은 지체(地體)에 말미암아 생기는 것이지, 대기가 원래 이와 같이 운화가 달랐던 것은 아니다.[16]

지구가 둥글다는 것에 의해 사물이나 남북의 풍기, 산물뿐만 아니라 민속의 미개함이나 문명과 같은 인문환경의 차이가 발생하게 되는 것이다.

이처럼 태양과 달에 의해 지구에 각종 사물이나 풍토, 산물 등이 달라지는 것은 이 두 가지 천지의 기운이 교접하기 때문이다.

지구에서 열기가 생기는 것은 밖으로 태양이 덥혀 주고 있고 안으로 생기(生氣)의 발양이 있어, 안팎의 기운이 서로 호응하고 서로 조화되어 순수한 액체가 생긴 것이다. 만물의 육성은 실로 조화의 신비로운 사업이니, 산과 들, 강과 바다는 기를 증발함이 다르고, 모래와 진흙, 굳은 흙과 부드러운 흙의 기를 받는 것이 같지 않다. 사람과 물건의 풍성함으로 땅 기운의 알맞음을 증험하고, 초목이 나지 않은 것으로 토지의 메마름을 볼 수 있다.[17]

만물이 태양과 지구의 기운의 조화로 생기지만, 산과 들, 강과 바다, 토양의 차이에 따라 풍성하거나 척박함의 차이가 발생하는 것이다.

---

16 『人政』, 권11, 「氣化之不同」, "萬古晦昧. 至此得明. 其大端. 其餘微細事物. 南北風氣. 土宜物産. 民俗質文. 有何不關於地球者乎. 一體之大氣化. 亦於地球之南北海陸. 自有不同者. 生於地體. 非大氣元有此不同之運化."

17 『人政』, 권13, 「地運化最切」, "地體之蒸鬱. 外有太陽之薰衣. 內有生氣之發揚. 內外氣相應相和. 眞液成焉. 萬物化育. 是實造化神功. 山野江海. 蒸氣有異. 沙泥壚壤. 受氣不同. 人物富庶. 驗地氣之攸宜. 草木童濯. 見土産之蕭條."

3. 『지구전요(地球典要)』와 새로운 지구학

1) 『지구전요』의 저술과 기화의 4측면

이처럼 원형의 지구가 자전과 공전에 의해 태양이나 달 등의 천체와의 관계에 의해 천지기화가 일어났다고 파악하였던 최한기는 지지(地志)의 학문은 추측이 근거가 있다는 것과 실제적인 변통을 위해 장소에 따라 무궁한 작용을 일으키는 지기(地氣)의 운화를 밝혀내야 한다고 주장했다.[18] 이를 위해 최한기는 새로운 지리서를 편찬하였는데, 바로 그것이 『지구전요』이다. 『지구전요』는 범례에서 종래의 지리서와의 차이점을 다음과 같이 밝혔다.

> 땅은 우내(宇內)에 있으면서 반드시 제요(諸曜)와 연계해서 움직이면서 체계를 이루고 기화(氣化)를 다하면 역법이 지구에 그대로 생겨난다. 옛날부터 지구를 논한 책들은 각국의 영토[疆域], 풍토, 물산, 인민, 정치, 풍속, 연혁 같은 것들을 많이 말해 왔다. 그런데 지구의 전체운화(全體運化)는 오직 『지구도설(地球圖說)』만이 대략을 밝히고 있기 때문에 권수에 채록한다.[19]

종래의 지리서가 인문지리의 배경이 되는 천문, 지질, 기상, 기후 등을 포

---

18 『人政』 권12, 「地志」, "地氣運化. 萬千其端. 隨處不同. 地志之學. 苟能擧此而發明. 無限推測. 莫非實據. 而前聞之罷疑固多. 實得之變通無窮."
19 『地球典要』 凡例, "地在宇內. 須與旋轉之諸曜連綴成體. 以全氣化. 則歷法儘生於地球. 從古論地球之書. 多說各國疆域・風土・物産・人民・政俗・沿革之類. 而地球之全體運化. 惟地球圖說. 畧明之. 故採錄于卷首."

괄하는 전체운화의 측면이 부족하였기 때문에 『지구도설』[20]을 1권에 채록하였다는 것이다. 그러나 『지구도설』은 천문과 지리에 관한 설명이 중심이 되기 때문에 세계 각국에 관해서는 청나라의 위원(魏源)이 지은 『해국도지(海國圖志)』(초판 1843)와 서계여(徐繼畬)의 『영환지략(瀛環志略)』(1849)의 내용을 참작하여 저술하였고, 일본에 관한 기술은 조선 사람 신유한(申維翰)의 『해유록(海游錄)』(1719.4-1720.1 사행 기록)의 기록을 참조했다.

『지구전요』는 서문과 범례를 포함하여 전 13권 6책으로 이루어져 있다. 서문에 따르면 이 책은 철종 8년(1857) 5월에 지어졌다. 1권 전반부는 자연지리서이며, 1권 후반부터 11권까지는 세계인문지리서이다. 11권 후반부터 12권까지는 해론(海論), 중서동이(中西同異), 전후기년표(前後紀年表), 양회교문변(洋回敎門辨) 등 문화지리적인 내용이 수록되었으며, 권13은 역상도(歷象圖) 각국도(各國圖) 등의 지도 부분으로 구성되어 있다. 이러한 지리지 편찬 방식은 최한기의 지지적(地誌的) 지리 지식과 함께 지도를 아울러 이용하는 지구의 전체운화의 인식에 의한 것임을 알 수 있다.[21]

먼저 최한기가 지리지를 편찬한 목적은 그가 서문에서 밝힌 바와 같이 지구와 지리에 관한 정밀한 이해가 있어야만 기의 운화를 깨닫게 되며 기화를 깨달았을 때 인도가 한결같이 펴질 수 있게 된다는 데에 있다. 이 때문에 그는 지구의 전체운화를 먼저 이해하기 위해서 역상도와 도설을 배치하고, 지

---

20 『地球圖說』은 중국에 입국한 프랑스 출신의 예수회 선교사 미셸 베누아(Michel Benoist, 중국명: 蔣友仁)가 건륭황제(乾隆皇帝)에게 올린 『곤여전도(坤輿全圖)』에 붙인 해설이었다. 이것은 코페르니쿠스의 태양중심설, 케플러의 혹성운동 3법칙 등 당시 유럽 최첨단의 천문학설을 중국에 소개한 책으로 유명하다.
21 이원순, 「崔漢綺의 世界地理認識의 歷史性」, 『문화역사지리』 4, 1992, 16쪽.

구의 경위도와 천도의 경위도를 대비시켜 지도와 천도의 추측(推測)에 의해 기수운화를 이해하도록 하였다.

이어 그는 세계지리적인 실상을 기화의 구분에 따라 기화생성(氣化生成), 순기화지제구(順氣化之諸具), 도기화지통법(導氣化之通法), 기화경력(氣化經歷)의 네 부문과 조목으로 나누어 이해하였다. '기화'의 일통을 통해 크고 작은 사무를 통하고 순역과 위합(違合)을 변별할 수 있기 때문이라는 것이다.[22]

1) 氣化生成門: 疆域, 山水, 風氣, 人民(戶口額數), 物産

2) 順氣化之諸具門: 衣食 宮城 都 文字 農業 商(市浦 旗號) 工 器用(錢 船 財 田賦)

3) 導氣化之通法門: 政(王, 官, 用人) 敎 學 禮(樂) 刑禁(法 兵) 俗尙(外道, 鬼神) 使聘(程途)

4) 氣化經歷門: 各部 沿革[23]

첫째는 기화가 생성하는 영역[門]이다. 강역·산수·풍기·인민·물산 등은 기화가 만드는 것으로서, 인간의 지교(智巧, 지혜·조작)나 망상으로써 바꿀 수 없다는 것이다.

둘째는 기화를 따르는 여러 가지 문화의 영역이다. 의식·궁성·문자·역사·농업·상공업·기용 등은 기화의 득실을 논한 것으로 기화를 따르

---

22 『地球典要』凡例, "明天下之圖志者. 須得一統要領. 可以通悉鉅細事務. 又可辨別順逆違合. 故特擧氣化. 分定四門及諸條."

23 『地球典要』凡例, "疆域·風氣·人民·物産. 氣化之生成. 不可以知巧增減. 不可以妄想變改."

면 마땅함을 얻지만, 기화를 어기면 마땅함을 잃는다는 것이다.[24]

셋째는 기화를 인도하는(소통시키는) 법·제도들에 관한 영역이다. 이 부분은 기화를 인간세계에 인도하여 활용하는 부분에 해당된다. 정치·종교·학문·예속·형법·외교 등은 기화에 어두우면 불선하지만, 기화에 통달하면 선을 얻는다고 하여, 기화를 분명히 알고서 능동적으로 변통하고 개조하는 제도적 부분이다.[25]

넷째는 기화의 발자취, 즉 그 지역의 연혁이다. 여기에는 국가의 각 지역(섬)의 상황·연혁 등이 속하는데, 이 영역은 기화를 얻으면 떳떳하게 전개되나 그렇지 않으면 괴상한 것을 숭상하게 된다는 것이다.[26]

지구의 전체운화를 기화가 생성하는 것, 기화를 따라 인간이 만든 것, 기화를 이끌어 인도를 실현하는 것, 기화가 지나온 자취에 따라 구분한 것으로서, 지구상의 모든 자연지리와 인문지리를 기화라는 일관된 원리로 해석하고, 기화를 알고서 인도를 확정하여 지구 전체로 확산될 것을 기대한 것이다.[27]

24 『地球典要』凡例, "衣食·宮城·文字·歷·農·商·工·器用. 順氣化之諸具. 違氣化則失宜. 合氣化則得宜."
25 『地球典要』凡例, "政(王·官·用人)·數·學·禮·刑禁·法·兵·俗尙·外道·鬼神·使聘(程途). 導氣化之通法. 昧氣化則不善. 達氣化卽得善." (양보경, 「최한기의 지리사상」, 『진단학보』 81.)
26 『地球典要』凡例, "各部沿革 氣化之經歷 見氣化則經常自著 不見氣化則只尙怪誕"
27 『地球典要』序, "人生道里. 由地球之運化而生. 排定氣化之四門. 門各有條. 織成宇內各國之史蹟. 讀之者. 見氣化而立人道. 行人道. 則人道定而可偏達于球面. 不見氣化而談人道. 思人道. 則人道未定而不可偏達于球面."

2) 새로운 지구학 제시: 통민운화의 지구학

최한기는 기의 활동운화를 대기운화·통민운화·일신운화 세 가지로 파악하였는데, 이 세 가지 부문 중에서 첫 번째 기화생성문(氣化生成門)은 우주적·자연적 층위에서 이루어지는 대기운화이며, 두 번째 순기화지제구문(順氣化之諸具門), 도기화지통법문(導氣化之通法門), 기화지경력문(氣化經歷門)은 사회적·인민적 층위에서 이루어지는 통민운화라고 할 수 있다. 또한 일신운화는 대기운화와 일신운화를 본받아 이루어진다.

> 일신운화(一身運化)만 알고 통민운화(統民運化)를 모르면, 아는 바 일신운화에도 미진한 것이 많다. 통민운화만 알고 대기운화(大氣運化)를 모르면, 아는 바 통민운화에도 미진한 것이 많다. 대기운화를 본받아 통민운화를 삼으면, 자연 빗나갈 수도 없고 증감할 수도 없게 된다. 또 통민운화에서 추출하여 일신운화를 삼으면, 자기만 이롭고 남을 해치는 일이 감히 멋대로 행하여지지 못하여 남을 이루어 주고 자기를 이루는 데 저절로 그 방법이 생길 것이다.[28]

대기운화를 본받아서 통민운화를 삼고, 통민운화를 추출하여 일신운화를 삼으면 수신의 방법이 생긴다는 것인데, 앞서 살펴본 바와 같이 대기운화에

---

28 『人政』 권13, 「三等不可闕一」, "只知一身運化. 而不知統民運化. 所知一身運化. 多未盡矣. 只知統民運化. 而不知大氣運化. 所知之統民運化. 多未盡矣. 效則大氣運化. 以爲統民運化. 則自有違越不得. 增減不得. 抽出於統民運化. 以爲一身運化. 則利己害人. 不敢肆行. 立人立己. 自有其道."

순응해서 산업이나 건물이 생겨났고, 대기운화의 원리를 이끌어서 세상에
실현하기 위해 각종 제도나 풍습이 비롯되는 것이다.

> 일신운화는 수신의 요체가 되고, 교접운화(交接運化)는 제가의 요체가 되며,
> 통민운화는 치국의 요체가 되고, 대기운화는 평천하의 요체가 되어, 크고
> 작은 범위가 각기 해당되는 바가 있다. 대기운화를 따르는 것이 선(善)이 되
> 고 거스르는 것이 악(惡)이 되는 것은 세상 사람이 모두 같아 하나도 어긋남
> 이 없다. 이것을 들어서 세상을 평화롭게 하는 가르침을 시행하면 세상을
> 평화롭게 만들 수 있고 치국 또한 이를 들어서 정령(政令)을 만백성에게 시
> 행하며, 제가(齊家) 또한 이를 들어서 은의(恩義)를 일족에게 밝히고 수신(修
> 身) 또한 이를 들어서 언행이 사물에 베풀게 되니, 이것이 바로 일통(一統)의
> 교화로 수신·제가·치국·평천하의 본말이 서로 같은 것이다.[29]

이에 최한기는 대학의 수신·제가·치국·평천하를 일신운화·교접운
화·대기운화의 단계에 배치하여 궁극적으로 대기운화를 본받아서 개인과
사회, 국가가 천하의 대동세계로 나아가는 길을 제시하였다.

> 세상의 교화를 한가지로 통합해서 운화에 승순하여 어김이 없게 한다면, 이
> 것이 곧 세상을 평화롭게 하는 대도(大道)이므로 4주(洲) 각 지방의 현준(賢

---

29 『人政』 권9, 「敷運化平宇內」, "一身運化. 爲修身之要. 交接運化. 爲齊家之要. 統民運化.
爲治國之要. 大氣運化. 爲平宇內之要. 大小範圍. 各有攸當. 大氣運化. 承順爲善. 違逆爲
惡. 宇內人皆同. 一無差謬. 擧此以施平宇內之敎化. 則宇內可平矣. 治國亦擧此. 而行其
政令於萬姓. 齊家亦擧此. 而明其恩義於族黨. 修身亦擧此. 而敷言行於事物. 是乃一統敎
化. 修齊治平. 源委相準矣."

俊)들이 이 도를 밝히고 이 도를 행하여, 이 백성을 천민(天民)이 되게 하고, 이 정치를 천정(天政)이 되게 할 것이다.[30]

『지구전요』에서는 육지를 4대계(大界) 1대주(大洲)로 구분하였다. 아세아 (亞細亞), 구라파(歐羅巴), 아비리가(阿非利可), 아묵리가(亞墨利加), 오대리아 (澳大利亞) 즉 아시아, 유럽, 아프리카, 아메리카, 그리고 오세아니아주이다. 그는 유럽의 경우 순기화지제구문(順氣化之諸具門)과 도기화지통법문(導氣 化之通法門)의 항목을 다른 지역보다 상세하게 서술하였다. 특히 상(商), 기 용(器用)과 정(政), 속(俗), 병(兵) 항목이 대부분 서술되어 있다.[31]

그리고 아메리카의 경우 기사의 양이 가장 많은 나라는 미국[米利堅合衆 國]이다. 다민족의 나라로 흑인은 많으나 아시아인은 적으며 땅이 기름지고 풍요로운 나라로 부강함을 자랑하는데 그것은 전적으로 그 백성이 부지런 하기 때문이며 엄격하게 일부일처제를 지키고 구휼 정신이 왕성한 백성으 로 이루어진 나라로 보았다. 정치적으로도 미국은 국왕이 없고 대통령이 선 출되어 전국의 군사, 법률, 조세, 관리의 임면을 통괄한다고 하였다. 임기 4 년에 유임이 가능하며, 여론에 따라 정치를 하는데, 정치가 신속하고 법령 이 잘 시행된다고 하였다.[32]

최한기는 이러한 미국이나 영국을 오랑캐 나라로 보지 않았다. 그가 살았 던 1850년대에 중국이나 일본에서도 서양을 여전히 양이(洋夷)라고 하였는

---

30 『人政』권9, 「敷運化平宇內」, "使宇內教化. 歸於一統運化. 承順無違. 卽平宇內之大道. 四 洲各方. 天爵之賢俊. 明斯道行斯道. 使斯民爲天民. 斯政爲天政."
31 노혜정, 같은 책, 91-92쪽.
32 권오영, 『崔漢綺의 學問과 思想硏究』, 『조선시대사연구총서』 5, 집문당, 1999, 215쪽.

데, 최한기는 영국인이나 미국인을 이(夷)라고 하지 않고, 영인(英人), 미리견인(米利堅人)이라 하였다. 세계정세를 제대로 파악하게 된 최한기에게 오랑캐라는 표현이 적절하지 않았던 것이다.[33]

최한기는 사(士) 농(農) 공(工) 상(商)의 분업과 전문성을 강조하였고, 평등한 존재로 파악하였으며,[34] 천하를 인식하는 데에서도 사해일가(四海一家)라는 인식하에 만국은 평등하다고 여겼다. 각 나라의 풍속과 관습은 차이가 있으나, 운화와 정교를 통해 법제와 문물이 절충되어 인도와 치안을 이룰 수 있으며, 동서의 상업적 교통과 국제적 무역에 대해서도 전면적으로 긍정하였던 것이다.[35]

요컨대 최한기는 기존의 지리학에서 천문 및 지리와 인문의 연관성에 대한 설명이 충분하지 않았다고 보고, 지구와 우주 전체를 연관시켜서 일관되게 파악해 보려는 지구학의 학적 체계를 수립하는 것이 『지구전요』를 저술한 목적이었다고 할 수 있다. 최한기는 『지구전요』를 통해 우주 속에 지구가 있고, 그 지구는 그 자신의 운동과 해와 달 등 다른 천체와의 관계가 있다고 했다. 『지구전요』에서는 이러한 천체의 구조와의 유기적 연관 속에 '지구 내 존재(地球內存在)'로서의 인간을 그려 내려고 했다.

33 권오영,「최한기의 서구제도에 대한 인식」,『혜강 최한기』, 예문서원, 2005, 452쪽.
34 신혜순,「최한기의 사민평등사상」,『혜강 최한기』, 예문서원, 2005.
35 박희병,『운화와 근대-최한기 사상에 대한 음미』, 돌베개, 2003. 56-58쪽.

4. 만물일체(萬物一體)와 '천인운화(天人運化)의 효(孝)'

1) 만물일체

최한기는 "대개 하늘의 신기(神氣)는 본래 천하를 일체로 삼으니 (…) 그 통(通)함을 미루어 확충할 수 있다면 몸에 있는 신기가 하늘의 신기에 통달하고 남음과 부족함을 느끼지 않게 된다."[36]라고 말했듯이 만물일체를 주장하였다.

만물일체 사상은 『장자(莊子)』의 만물제동(萬物齊同)의 주장까지 거슬러 올라갈 수 있다. 불교계에서도 구마라집(鳩摩羅什)의 제자인 승조(僧肇)는 『열반무명론(涅槃無明論)』에서 공(空) 사상의 시각에서 만물일체·만물제동 또는 만물동근(萬物同根)을 해석하면서 사물은 있는 것도 아니고 없는 것도 아니며[非有非無] 사물을 떠나서 진리는 없고 허(虛)에 있어서 모든 것은 평등하며[齊同] 천지와 나는 근본이 같다[同根]. 그래서 만물과 나는 한 몸이라고 설파했다.

북송(北宋) 때의 장재(張載, 橫渠)는 천지만물이 따지고 보면 모두 기(氣)라는 기일원론(氣一元論)의 시각에서 자기와 타자의 공통성을 주장하고 거기서 '천지를 위하여 마음을 세우고, 생민을 위하여 명을 세우고, 가신 성인을 위하여 끊어진 학(學)을 이어서 만세를 위해 태평을 여는 것'[37]을 학문의 목

---

36 『神氣通』권1, 體通「通天下爲一體」, "盖天之神氣, 本來以天下爲一體, … 如得其通而推擴, 則以天下爲一體, 在身之神氣, 通達于在天之神氣, 不覺其有餘不足也."
37 張載「橫渠語錄」; 『近思錄』권2 「論學」, "爲天地立心, 爲生民立命, 爲去聖繼絶學, 爲萬世開太平."

표로 삼았다.

> 건(乾;, 하늘)을 아버지라 일컫고 곤(坤, 땅)을 어머니라고 일컬으며 자그마한 나는 혼연히 그 속에 앉아 있다. 그래서 천지에 가득 차 있는 것[塞]이 나의 몸이요, 천지를 이끌고 있는 것[帥]이 나의 본성이다. 뭇 백성은 나의 동포요, 만물은 나의 짝이다.[38]

(『주역(周易)』에서 말하는) 건곤(乾坤) 즉 하늘과 땅은 부모라고 부를 수 있고 나는 (그 자식으로서) 천지 사이에 존재한다. 천지 사이에 가득 차 있는 것은 내 몸(을 구성하는 기운)이요 천지를 움직이고 있는 것은 내 본성이다. 이 점은 나나 남이나 다름없으니 백성과 만물은 자기 동포이며 반려라고 한다. 즉 천지의 기운이 자기와 타자의 공감대가 되는 것이다.

동시대의 정호(程顥, 明道)는 '천지만물일체(天地萬物一體)의 인(仁)'을 주장했다. 그에 의하면 의서(醫書)에서 손발이 마비되고 감각이 없어지는 증상을 '불인(不仁)'이라 칭하는 것은 합당한 말이다. 왜냐하면 '인(仁)'이란 바로 천지만물을 한 몸으로 보는 것이며 남들이 어찌 됐든 나랑 상관없다고 여기는 것이 바로 '불인'이니 이는 곧 손발에 기가 통하지 않아 마비된 것과 같다. 천하의 일로 자기와 무관한 것은 없으니 성인은 백성들에게 널리 베풀고 구제하는 일을 한다고 주장했다.[39]

---

38 張載「西銘」;『近思錄』권2「論學」, "乾稱父, 坤稱母, 予玆藐焉, 乃混然中處. 故天地之塞, 吾其體. 天地之帥, 吾其性. 人民吾同胞, 物吾與也."
39 程顥「識仁篇」;『近思錄』권1「道體」, "醫書言手足痿痺爲不仁. 此言最善名狀. 仁者以萬物爲一體, 莫非己也. 認得爲己, 何所不至. 若不有諸己, 自不與己相干, 如手足不仁, 氣已

남송(南宋) 때의 육구연(陸九淵, 象山)도 일찍이 '우주가 곧 내 마음이요 내 마음이 곧 우주'라는 깨달음을 얻었다.[40] 그것이 뒤에 '본심(本心)'을 중시하고 '심즉리(心卽理)'를 주장하게 되는 사상적 기초가 되었던 것이다.

　　이러한 장재·정유·육구연 등의 사상적 흐름을 집대성한 인물이 바로 명(明)나라 때의 왕수인(王守仁, 陽明)이다. 그는 육구연과 마찬가지로 '심즉리'를 주장하면서 '양지(良知)'의 개념을 사람이 타고난 착한 마음, 즉 맹자의 이른바 '사람이 배우지 않아도 능히 할 수 있는 바가 양능(良能)이고 생각하지 않아도 능히 아는 바가 양지(良知)'라고 하는 의미에서 확장시켜서 천지·귀신·상제·만물을 이르게 하는 우주의 근본원리인 '조화(造化)의 정령(精靈)'으로 격상시켰다.

　　한 제자가 스승인 왕수인에게 이렇게 물었다. "사람의 마음과 사물이 한 몸이라고 말씀하셨지만 자기 몸에는 혈기가 유통하기 때문에 같은 몸이라는 것은 알 수 있습니다. 하지만 다른 사람은 몸이 다르고 금수와 초목이면 더욱 멀어집니다. 어찌 동체라고 할 수 있습니까?"[41] 왕수인은 이렇게 대답했다.

　　　감응의 기미를 보아야 할 것이다. 어찌 금수와 초목뿐이겠는가? 천지도 나와 동체고 귀신도 역시 나와 동체다. (…) 알겠는가? 천지를 가득 채우고 있는 그 속은 단 하나의 영명(靈明)이며 사람은 단지 그 형체에 의해 간극이 있

<hr>

不貫, 皆不屬己."
40 『陸九淵集』 권36 「年譜」, "宇宙便是吾心, 吾心卽是宇宙."
41 『傳習錄』 下 336, "問, '人心與物同體, 如吾身原是血氣流通的, 所以謂之同體. 若於人便異體了, 禽獸草木益遠矣. 而何謂之同體."

을 뿐이라는 것을. 나의 영명은 곧 천지와 귀신을 주재(主宰)하는 것이다. (…) 천지·귀신·만물은 자기 영명을 떠나서 천지·귀신·만물일 수 없다. 자기 영명도 또한 천지·귀신·만물을 떠나서 자기 영명일 수 없다. 이와 같은 것은 바로 한 기운[一氣]이 유통하고 있기 때문인데 어찌 타자와 간극이 있을 수 있단 말인가?[42]

왕수인은 만물이 끊임없이 생성되는 조화의 이치가 바로 인[43]이며, 그것은 사람의 마음의 영명과 다르지 않다고 보았다. 그래서 인은 천지만물을 일체로 삼는 것이며 한 사물이라도 제자리를 잃게 되는 것은 바로 나의 인에 아직 미치지 못한 바가 있기 때문[44]이라고 주장했다.

최한기는 이와 같은 기존의 만물일체 사상을 비판적으로 수용하면서 그것을 존재론·생사관·인식론의 측면에서 해석했다.

우선 존재론적 측면에서 만물일체는 하나의 운화기(運化氣)가 지구·달·태양·별이나 만물의 형체를 지탱하고 그것들 사이에 충만하며 또 그 내부에 침투하면서 만물을 일체로 만들고 있다고 보았다.

그리고 생사관의 측면에서 보더라도 사람과 생물은 모두 기가 엉켜서 태어나 형체를 이루게 되고 또 쇠하고 죽어 가는 운화(運化)의 과정을 밟게 된

---

42 『傳習錄』下 336, "可知. 充天塞地, 中間只有這箇靈明, 人只爲形體自間隔了. 我的靈明, 便是天地鬼神的主宰. 天沒有我的靈明, 誰去仰他高. 地沒有我的靈明, 誰去俯他深. 鬼神沒有我的靈明, 誰去辯他吉凶災祥. 天地·鬼神·萬物, 離卻我的靈明, 便沒有天地·鬼神·萬物了. 我的靈明, 離卻天地·鬼神·萬物, 亦沒有我的靈明. 如此, 便是一氣流通的, 如何與他間隔得."
43 『傳習錄』上 93, "仁是造化生生不息之理."
44 『傳習錄』上 93, "仁者以天地萬物爲一體. 使有一物失所, 便是吾仁有未盡處."

다. 그러다 죽음을 맞이하게 되면 형체를 이루던 기가 흩어져서 크나큰 천지의 기로 돌아가기 때문에 만물은 일체라 할 수 있다.

또 인식론적 측면에서 보아도 일신의 신기에 의해 천지의 운화기에 통할 수 있는 것은 기가 본래 일체이기 때문이다.[45] 원래 최한기는 인간의 신체가 바로 '신기에 통하는 그릇[通神氣之器械]'이라고 보았다.

동양의 전통적인 세계관에서는 사람의 머리가 둥글고 발바닥이 네모난 것은 하늘이 둥글고 땅이 네모난 것과 닮았기 때문이고, 하늘(자연)에 사계절과 오행(五行)·구주(九州, 九解라고도 함)·366일이 있듯이 사람에게도 역시 사지와 오장·아홉 구멍[九竅]·366개 뼈마디가 있다고 하면서 인간(소우주)은 천지(대우주)의 모습을 닮은 것으로 여겨 왔다. 이에 대해 최한기는 인간 신체의 기능에 주목한 것이다.

> 하늘이 난 백성들의 형체는 바로 여러 가지 용도를 갖추어 신기에 통하는 그릇이다. 눈은 빛을 드러내는 거울이고, 귀는 소리를 듣는 대롱이고, 코는 냄새를 맡는 통이고, 입은 출입하는 문이고, 손은 잡고 가지는 그릇이고, 발은 받치고 운반하는 바퀴이다. 한 몸에 모두 탑재되어 있고 신기가 주재가 된다.[46]

---

45 『人政』권9「萬物一體」, "萬物一體云者, 其實運化一氣, 撐柱充滿, 透徹於地月日星, 及萬物形質, 以成一體. (…) 且以人物之生死論之, 氣聚而人物之生長衰老, 自有運化之始終, 氣散而返和於大氣, 亦運化之一體."
46 『神氣通』「序」, "天民形體, 乃備諸用, 通神氣之器械也. 目爲顯色之鏡, 耳爲聽音之管, 鼻爲嗅香之筒, 口爲出納之門, 手爲執持之器, 足爲推運之輪, 總載於一身, 而神氣爲主宰."

그리고 사람이 갓 태어난 때에는 샘물과 같이 맑고 속에 아무것도 섞이지 않은 신기와 몸의 감각기관과 손발 이외에 별로 가진 것이 없지만, 감각기관[竅]을 통해 바깥에서 사람과 사물의 실정과 이치를 받아들이고[入], 그것에 의해 몸속의 신기가 물들고[留], 그 물듦이 점차 쌓이게 되면 몸을 사용해서 장차 알고 깨달은 바를 바깥에 시행하게 된다[出]. 그리고 이 받아들임-물듦-바깥에 시행함의 세 단계는 온전한 것이며 그것을 떠나서 이치를 얻을 방법은 없다고 주장했다.[47] 그리고 우주천지에 가득 차 있는 신기와 사람의 신기는 본래 하나[48]인데 다만 하늘의 신기가 천하를 일체로 삼는 데 대해 사람의 신기는 저절로 형체의 모양과 닮게 국한되어 있을 뿐이다.[49] 그래서 최한기는 우주천지만물과 내가 서로 통할 수 있다고 본 것이다.

2) 천인운화의 효

최한기는 정호와 왕수인 등과 달리 만물일체의 '인'은 주장하지 않았지만 그 대신에 효(孝)를 매우 중시했다.

그는 먼저 '효'에 대해 다음과 같이 설명했다. 효는 부모를 섬기는 것을 기본으로 하여 오륜(五倫)에 미치고 만사에 이르는 것이며, 지나침과 모자람[過不及]의 한계를 (넘지 않도록) 절제하는 것은 천인운화(天人運化)를 표준으로 삼아야 한다. 그렇게 승순(承順)해서 효도(孝道)를 베풀면 천하에 통달하

---

47 야규 마코토(柳生眞), 『최한기 기학 연구』, 경인문화사, 2008, 218-219쪽 참조.
48 『神氣通』권3, 變通, 「器可變通氣不可變通」, "天之神氣, 人之神氣, 本是一也."
49 『神氣通』권1, 體通, 「通天下爲一體」, "盖天之神氣, 本來以天下爲一體, 人之神氣, 自局於體質之肯形."

고 유명(幽明)의 경계마저도 없어진다.[50] 운화에 승순하는 데 맨 먼저 해야 하는 것도 백 가지 덕행의 근본[百行之元]으로서의 효이며 크나큰 기가 불어 주고 적셔 주는 혜택과 부모가 낳아 길러 주신 은혜에 대해서는 이 몸이 세상에 있는 한 처지에 따라 힘써야 한다. 사랑과 공경[愛敬]이 일에 응하고 사물을 대하면서 발휘되고 입신하고 수도하면서 성의를 드러내서 부모[所生]를 욕보이지 않는 것이 완비된 효인 것이다.[51]

또 최한기는 효에 작고 일상적인 것[小而常者]과 크고 귀한 것[大而貴者]이 있다고 말한했다. 작고 일상적인 효는 부모를 모시고 봉양하는 효이며 크고 귀한 효는 신기를 섬기는 효이다. 그런데 부모를 봉양하는 효에도 신기를 섬기는 효에도 모두 기준이 되는 '혈구지도(絜矩之道)'가 있다. 이것은 '아랫사람이 미워하는 바로써 위를 섬기지 말고, 윗사람이 옳게 여기는 바를 아래에 미치는 것'이다. 신기의 운화는 하늘과 사람이 통하는 대도(大道)이고 하늘이 신기를 사람에게 부여하며 사람은 신기에 의해 하늘을 받드는 것이다.[52]

다만 여기서 유의해야 하는 것은 최한기가 비록 부모를 모시는 효를 '작고 일상적인 것[小而常者]'이라고 불렀다고 해도 결코 그것을 경시한 것은 아니다. 오히려 그는 그것을 모든 인륜 도덕의 근본으로 중히 여겼다. 이것

---

50 『氣學』권2-22, "夫孝, 本於事親, 及於五倫, 達於萬事. 而過不及之限節, 在於天人運化之標準. 承順乎此, 以施孝道, 可通達於天下, 庶無間於幽明."
51 『氣學』권2-22, "承順運化, 舉其所當先者, 孝爲百行之元. 大氣呴濡之澤, 父母生成之恩, 此身在世, 隨遇竭力. 愛敬, 發於應事接物. 誠意, 著於立身修道. 無忝所生, 孝之完備也."
52 『明南樓隨錄』, "孝之小而常者, 在於養親. 大而貴者, 存乎事神氣. 養親之孝, 與事神氣者, 有絜矩之道. 所惡於下, 無以事上, 所宜於上, 可以逮下. 神氣運化, 通天人之大道. 天以神氣賦於人, 人以神氣承於天."

은 '인도(人道)의 효'에 대한 설명에서도 알 수 있다.

> 입맛 좋고 맛있는 음식을 드리고 너그럽고 깨끗한 옷을 입혀 줌으로써 봉
> 양해 드리려 하는 것은 인지상정이나 안색을 조금이라도 달리하고 뜻이 성
> 실하지 않다면 기쁘게 봉양해 드리기에는 부족하다. 다행히 봉양하는 바가
> 틀리지 않다고 해도 덕을 닦고 업적을 밝혀서 몸에 드러내서 부모님의 명성
> 과 영예를 당세에 떨치지 못하며, 재주가 지위에 합당하지 않고, 좋은 것을
> 남에게 미치지 않고, 비방과 모욕을 받고 항상 위태로운 처지에 놓이게 되
> 는 두려움이 있다면 역시 효를 잘했다고 할 수 없다.
> 한편 비록 몸은 부귀를 얻어서 부모를 명예롭게 할 수 없더라도 참으로 학
> 문이나 정교(政敎)를 제대로 수립하고 그 크고 작음에 따라 멀리까지 소문
> 나게 할 수 있고 공적이 사물에게 미치게 한다면 몸에 지닌 명예는 곧 부모
> 의 명예가 되고 또한 자손의 명예가 될 수 있다. 효도가 여기에 이르면 결함
> 이 없다고 할 수 있다는 것이다.[53]

최한기는 천지를 섬기는 효에 대해 다음과 같이 설명했다. 그것은 향을
피우고 축문을 외우며 기도를 올려서 제사지내는 것이 아니라, 하나의 효를
부연해서 대기운화(大氣運化)가 거룩하고 절실한 덕을 베풀고 있음을 밝히

---

53 『明南樓隨錄』, "人之稱孝, 有大小貴常. 以滑甘之味漫潔之服奉養, 人之常情. 顏色之或少
　違, 志意之有未誠, 不足爲喜養. 幸而所養無所戾, 不能修明德業以顯其身, 使父母聲譽, 不
　彰徹於當世, 才不克勝乎位, 善無以及乎人, 貽謗取侮, 而常懼乎危處之臻, 則亦未得爲孝
　也. 身雖未得富貴而譽親, 苟於學問政教, 有所樹立, 隨其大小, 聲聞達於遠, 事功被於物,
　在身之榮, 卽父母之榮, 亦可爲子孫之譽. 孝至此而無欠闕矣, 是乃就人道而言孝."

고, 뭇 백성에 무지한 자가 있으면 알려서 깨우쳐 주고, (대기운화에) 위배한 자가 있으면 지도하여 감화해 준다. 그리하여 억조생령(億兆生靈) 모두가 대천지(大天地)의 후손임을 알아서 만사를 행하고 모두가 대신기(大神氣)의 자양을 느끼도록 하는 것이다. "인간 세상의 효에 이만큼 큰 일이 있겠는가?"[54] 최한기는 이 천지에 대한 효를 '대효(大孝)'라고 불렀다.

신기가 뚜렷해지기 전에도 천지를 섬긴다는 설은 있었으나 그것은 단지 한 해에 날짜를 정하고 천지의 은혜에 보답하고 감사한다는 것일 뿐, 이것을 천지의 대효라고 부를 수는 없다. 신기가 뚜렷해진 후에야 운화에 승순하여 대효를 할 수 있게 된다. 부모를 모시는 것은 효순(孝順)을 근본으로 삼지만 일신의 승순하기는 대효라고 부르기에는 부족하다. 정교(政教)가 미치는 곳에는 인민들로 하여금 모두 승순할 수 있도록 해야만 대효라고 할 수 있다. 만약 정교가 어지러워서 잡술(雜術)을 쓸어버리려고 해도 할 수 없고 윤리기강을 심으려고 해도 심을 수도 없으며 인민들이 흩어져서 머물 곳을 잃게 된다면 대효라 부를 수 없다.[55]

최한기의 효는 부모를 섬기는 효도를 기초로 하면서 그것을 부연하여 오

---

54 『明南樓隨錄』, "又推達於事天事地之孝, 不可以香祝禱祀. 伸萬一之孝, 當明大氣運化敷施之大切德, 民生之不知者, 曉喩而使之知. 違戾者, 指導而感化焉. 億兆生靈, 咸知爲大天地之子孫, 萬事裁御, 皆感乎大神氣滋養. 人世之孝, 豈有大於此哉."

55 『明南樓隨錄』, "神氣未著之前, 縱有事天事地之說, 惟爲報謝歲切之成, 何嘗爲天地之大孝. 神氣旣著之後, 可以承順運化爲大孝. 如奉親者, 以孝順爲本, 一身之承順, 何足爲大孝. 政教所達, 使人民咸得承順, 方可謂大孝. 若政教錯亂. 掃除雜術, 不能掃除. 扶植倫綱, 未得扶植. 使人民散亂失所, 烏可謂大孝."

륜을 비롯한 윤리기강을 심어 줄 뿐만 아니라 대기운화의 위대한 은덕을 뭇 사람들이 알게 하고 대천지의 후손인 '억조생령' 모두가 그 자양을 느끼도록 하는 데까지 확장되는 것이다. 여기서 말하는 억조생령을 꼭 인간뿐만 아니라 동식물이나 무기물까지도 포함하는 것이라고 본다면 사회도덕이나 정치윤리 차원에서 환경윤리까지도 포함할 수 있는 효사상으로 해석할 수 있다.

그런데 부모가 평소 승순(承順)하는 바는 천인운화(天人運化)이다. 자손들이 평소 승순하는 것 또한 천인운화이다. 효를 천인운화에 승순하는 데에서 구한다면 온갖 선행[萬善百行]은 그 안에 있고, 저절로 지나침과 모자람의 착오가 없어지며, 또 한마디로 이것(=萬善百行)을 총괄할 수 있게 된다. 그러나 만약 이것을 버리고 효를 구한다면 그것들은 모두 구구한 속태(俗態)요 부문말절(浮文末節)이 된다. 혹 이것(=天人運化)과 위배하면서 효를 구한다면 근본과 말단이 서로 어긋나게 된다. 천지부모(天地父母)가 난 몸이 자기에게 있다고 여겨 감정에 따라 곧바로 행동해서 남이 시비하는 것을 돌아보지 않는다면 이는 곧 불효이다. 만약 천인운화에 승순하는 것과 효도가 무관하다고 말한다면 이는 단지 운화에 승순하는 것을 알지 못할 뿐만 아니라 효를 알지 못한다는 말이 된다.[56]

---

56 『氣學』권2-22, "然父母平生所承順, 天人運化也. 子孫平生所承順, 亦天人運化也. 求孝於承順天人運化, 萬善百行, 盡在其中, 自無過不及之差, 亦可以一言括之. 若捨此而求孝, 都是區區俗態, 浮文末節. 或違此而求孝, 本末相戾. 以天地父母所生之體, 認爲己有, 任情直行, 不顧人之是非, 卽不孝也. 若以承順天人運化, 謂無關於孝道, 是非特不識承順運化, 幷與孝道而不識也."

위의 인용문에서 확인할 수 있듯이, 최한기는 '천인운화'를 '효도'로 설명했다. 즉 천인운화는 부모와 자손도 늘 받들어 따라왔고[承順] 현재 따르고 있고 미래에도 그렇게 할 것이다. 그러므로 천인운화를 받들어 따르는 데서 효의 근본을 찾아야 한다. 천인운화를 도외시한 효도는 전혀 의미가 없는 저속한 행위일 뿐이다. 천인운화에 위배된 효행은 앞뒤가 안 맞는 행위이고 천지부모에서 태어난 몸이 바로 자기에게 있다고만 알고 멋대로 행동하는 것은 오히려 불효가 된다. 그리고 천지운화에 승순하는 것과 효도가 무관하다고 말한다면 이는 천지운화도 효도도 모두 모르는 것이다.

다시 말하면 인간은 예나 지금이나 (자각의 유무를 떠나서) 평소 신기가 자연과 인간을 생성하고 변화시키는 작용 즉 천인운화를 받들어 따르고 있다. 최한기는 '효도'를 그것에 대한 자각적인 응답으로 재해석하면서 그렇게 해야 부모를 모시는 일반적인 효도를 비롯한 다양한 윤리 도덕이 적절히 이루어진다고 보았다. 현대적인 시각에서 보아도 최한기의 효사상은 천지자연의 작용과 은혜에 대한 보답을 강조한다는 점에서, 지구윤리로서의 의의가 있다고 하겠다.

5. 지구 내 존재

최한기가 지구상의 모든 것을 기화로 설명하고, 기의 법칙과 조리로 이치를 설명하고자 한 것은 그의 인문학적 사유 방식과 관계가 깊다. 그는 경험과 추측에 의해 과학적 인식이 높아지면 자연스럽게 천도와 인도가 일치된다는 것을 증명하고자 했던 것이다. 그의 지구 인식 역시 마찬가지이다. 지구 역시 천도의 반영이며, 인간세계 역시 대기운화, 즉 천지운화를 따라야 한다고 인식했기 때문에, 천도가 인간세계에 반영하는 것을 증명하고자 했다. 그래서 그는 『지구전요』에서 지구의 모든 것을 기화의 생성으로 보고 세계 각국을 소개하면서 기화가 생성하는 영역인 기화생성문(氣化生成門), 기화를 따르기 위해 그 나라 사람들이 만들어 낸 문화들의 영역인 순기화지제구문(順氣化之諸具門), 기화를 인도하고 소통시키는 법·제도들의 영역인 도기화지통법문(導氣化之通法門), 그 나라의 기화 안에서 쌓인 역사의 발자취인 기화경력문(氣化經歷門) 등으로 구분하여 대기운화를 따라 인도가 실현되는 것을 분석하였다. 그리하여 그는 대기운화의 천도가 일신운화와 통민운화의 인도로 구체화되는 것을 『지구전요』를 통해서 살펴보았던 것이다.

그리하여 각국의 정치와 사회, 문화 등은 천지운화를 반영하는 것으로서 천하에 대한 인식에서도 사해일가라는 인식하에 만국은 평등하다고 여겼다. 각 나라의 풍속과 관습은 차이가 있으나, 운화와 정교를 통해 법제와 문물이 절충되어 인도와 치안을 이룰 수 있으며, 동서의 상업적 교통과 국제적 무역에 대해서도 전면적으로 긍정하였던 것이다.

이러한 최한기의 지구학은 종래의 '지구학'이 천문 및 지리와 인문의 연관성에 관해 설명이 충분하지 않았다고 보고, 『지구전요』에서 그것을 연관시켜 일관되게 파악해 보려고 했다고 할 수 있다. 최한기는 『지구전요』를 통해 우주 속에 지구가 있고, 그 지구는 그 자신의 운동과 해와 달 등 다른 천체와의 관계가 있다고 보았다. 『지구전요』는 이러한 천체의 구조와의 유기적 연관 속에 '지구 내 존재'로서의 평등한 인간과 국가를 그려 내려고 했다고 할 수 있는 것이다

최한기는 장자 이래 장재·정호·육구연·왕수인으로 이어져 내려온 '만

물일체'설에 대해 기학의 시각으로 존재론적 · 생사관적 · 인식론적 측면에서 재해석했다. 먼저 존재론적 측면에서 보면 하나의 운화기가 지구 · 달 · 태양 · 별이나 만물의 형체를 지탱하고 그 사이에 충만하며 또 그 내부에 침투하면서 만물을 일체로 하고 있기 때문에 만물은 일체가 된다. 다음으로 사람과 생물은 모두 기가 엉켜서 생겨 형체를 이루게 되고, 또 쇠하여 죽음에 이르면 형체를 구성했던 기가 흩어져서 우주천지의 신기로 돌아가기 때문에 역시 만물은 일체라고 할 수 있다. 그리고 인식론적 측면에서 보아도 신기가 사물과 사물 사이를 가득 채우고 있기 때문에 한 몸의 신기가 천지의 운화기와 통할 수 있다고 설명된다.

또 최한기는 사람과 만물은 대기운화에 의지하면서 그 혜택을 받아서 존재한다고 강조하면서 '대효(大孝)' 또는 '천인운화(天人運化)의 효'를 제창했다.

그는 효에는 작고 일상적인 것[小而常者]과 크고 귀한 것[大以貴者]이 있다고 설명했다. 작고 일상적인 효는 부모를 모시고 봉양하는 효이며, 크고 귀한 효는 신기를 섬기는 효이다. 다만 그는 부모에 대한 효도를 '작고 일상적인 것'이라고 하면서도 그것을 결코 가볍게 여기지는 않았다. 오히려 부모에 대한 효도가 근본으로 그것을 장차 확충시켜서 오륜과 같은 도덕을 실천하고 윤리기강을 심어 주는 사회적 실천으로 이어지고, 비록 부귀를 얻을 수는 없을지라도 학문과 정교에 수립하는 바가 있고 부모를 명예롭게 한다면 그것이 바로 효라는 것이다.

또 최한기는 이와 같은 '인도(人道)의 효'를 '천인운화'에 대한 '승순'과 관련시키면서 천인운화에 승순하는 것과 위배되거나 무관한 효도는 무의미하다고 보았다. 한편 천지부모에서 태어난 몸이 바로 내 안에 있다고 해서 남이 시비하기를 돌보지 않고 제멋대로 행동하는 것 또한 불효가 된다고 주장했다.

결국 최한기의 효사상은 신기가 활동운화하는 작용이 우주와 지구가 만물 그리고 인간을 이르게 하고, 자기뿐만 아니라 부모도 자손도 그것을 받아서 산다는 사실을 바탕에 두고 있다. 사람과 만물은 그것에 대한 자각이 있든 없든 간에 그것을 받들어 따르고 있는 것이지만 그 은혜를 자각하고 실천으로 옮기는 것이 바로 효라고 생각한 것이다. 그래서 최한기의 효는 부모를 섬기는 효도를 기초로 하면서 그것을 미루어서 자기와 부모, 그리고 자손을 살게 해 주는 사회와 지구환경, 그리고 그것을 통틀어서 일체로 삼는 신기의 활동운화에 대한 은혜의 자각으로 나아간다. 그리고 그 자각을 토대로 주체적이고 능동적인 윤리도덕을 실천하게 되는 원동력이 된다. 그리고 부모를 모실 뿐만 아니라 자기와 타자가 모두 함께 '지구 내 존재'로서 지구상에서 더불어 사는 '억조생령'에게 기가 운화하는 은덕을 뭇사람들이 알고 깨닫도록 하고, 또 모두가 그 은혜를 입도록 실천하는 것, 그것이 바로 최한기의 '천인운화의 효'인 것이다. 이렇게 본다면 그의 효사상은 가정도덕·사회윤리의 범위를 훨씬 뛰어넘어서 생태윤리까지도 포함하는 새로운 지구윤리로 재해석될 수 있을 것이다.

'미래'의 지구교육학

이우진 글로컬인문학연구소 소장 · 공주교대 교육학과 교수이 글에서는 '인류세'의 위기에 대응하여 교육의 방향을 어떻게 설정하여야 하는지에 대한 문제의식에서, 유네스코가 표방하는 '미래 생존을 위한 교육'의 방향성을 탐색하고자 한다. 이를 위해 먼저 오늘날 교육의 양대 패러다임인 '세계시민교육'과 '생태시민교육'에 대해 비판적으로 검토하였다.

'세계시민교육'은 학습자에게 '세계시민성 함양'을 목표로 하지만 이성적 행위를 할 수 있는 인간만을 존엄하고 가치롭게 여길 뿐, 비인간 동물과 자연계에 대한 경멸적 인식을 내포하고 있다. 아니 인간 자신만의 공동체 의식을 기르기에도 적절하지 못한 교육일 수 있다. 세계시민주의는 그 기원에서부터 제국주의적이고 분과주의적인 이념으로 출발했기 때문이다. 한편 생태시민교육은 '영토성을 넘어서는 교육'으로서, 지구위험시대에 여러 시사점을 제공하고 있음에도 불구하고 여전히 인간과 자연을 대립적으로 인식하고 '자연은 도구에 불과하다'는 인간 중심주의와 인간 우월주의에서 크게 벗어나지 못하고 있다.

지구위험시대에 요청되는 교육의 방향은 유네스코가 2050년까지 이루겠다는 '미래 생존을 위한 교육: 지구와 함께 되기 위한 배움'이라는 7가지 비전에서 확인할 수 있다. 인류세의 위기를 맞이하여 인간 존재의 근거이자 터전인 지구와의 불가분한 관계를 인식하고 지구와의 공존을 실천하는 인간을 양성하는 교육을 시행해야 한다. 인간이 생태적 존재임을 인정하는 교육을 통해 인간 이상의 존재들(자연계)과의 협력으로 손상된 지구를 회복시키는 것을 목표로 삼아야 한다. '미래 생존을 위한 교육'은 생태적 역량을 지닌 지구인(earthling)을 양성하는 교육이자 지구(생태계)와 하나가 되는 배움을 실천하는 교육이다.

1. '되기(become)' 위한 배움

현재 인류가 겪고 있는 코로나19(Covid-19)의 세계적 대유행과 이상기후는 '나비효과(Butterfly Effect)'를 체감할 수 있게 해 주는 사건들이었다. 이 '나비효과'는 기상학자 에드워드 로렌츠(Edward Lorenz, 1917-2008)가 1972년에 개최된 학술회의에서 발표한 「예측가능성: 브라질에서 벌어진 나비의 날갯짓 한 번이 텍사스에 토네이도를 일으키는가?」라는 글에서 기원한 용어이다. 그는 자신의 발표문에서 다음의 두 가지 가설을 내세웠다.

1. 만약 나비의 날갯짓 한 번이 토네이도의 생성에 도움이 될 수 있다면, 또한 그 이전과 이후의 날갯짓도 토네이도의 발생에 도움이 될 수 있을 것이다. 그리고 다른 수백만 마리의 나비들의 날갯짓은 물론이고, 우리 인간을 포함하여 수많은 생명체들이 일으키는 나비의 날갯짓보다 강한 활동들은 말할 필요가 없을 것이다.

2. 만약 나비의 날갯짓 한 번이 토네이도 생성에 도움이 될 수 있다면, 그것

은 똑같이 토네이도 예방에 도움이 될 수 있을 것이다.[1]

로렌츠가 이 '나비효과'라는 용어를 통해 말하고자 한 것은 기상 변화 측면에서의 '카오스이론(Chaos theory)'이었다. 하지만 이 '나비효과'라는 용어는 기상 변화를 넘어서 지구생태계(the Earth's ecological system)의 특성을 압축적으로 드러낸다. 즉, '지구라는 거대 체계에서 모든 존재들은 비록 표면화되지는 않더라도 차후 엄청난 결과를 발생시킬 수도 있을 만큼 긴밀하고도 복잡한 상호 연결 관계가 있음'을 말해 준다.

로렌츠는 첫 번째 가설로 "나비의 날갯짓이라는 미세한 활동도 토네이도의 원인이 될 수 있을 것인데, 그보다 강한 인간의 활동들은 지구에 토네이도에 비할 수 없는 더 엄청난 결과들을 가져올 수 있다."라고 제시하였다. 이 가설은 곧장 파울 크루첸(Paul J. Crutzen, 1933-2021)의 언설을 떠올리게 한다. 그는 이렇게 말했다.

> 더 이상 홀로세(Holocene, 現世)라는 용어를 사용하지 말자. 우리는 더 이상 홀로세에 살고 있지 않다. 우리는 인류세(Anthropocene, 人類世)에 살고 있다.[2]

주지하다시피 인류세는 '인간을 의미하는 앤스로포스(Anthropos)'와 '새로

---

1 Edward N.Lorenz, *The Essenc of Chaos*(EBook edition), the Taylor & Francis e-Library, 2005, p.179.
2 Christian Schwägerl, *The anthropocene: the human era and how it shapes our planet*, Synergetic Press, 2014, p. 9.

움을 의미하는 신(Cene)'이라는 두 그리스어의 결합어로, '인류의 활동이 지구환경에 커다란 영향을 끼친 시점부터 현재까지의 새로운 지질시대'를 의미한다. 이전까지 각 지질시대를 구분하게 만든 근원적 동력은 자연이었다. 인류세라는 지질시대는 인류가 지질학적 흔적의 주 창조자가 되었음을 상징한다. 이 인류세라는 용어가 출현할 만큼 인간은 지구에 가장 커다란 영향을 끼치는 주동력이 되었다. 역으로 인간은 자기 자신의 생존마저 보장하지 못하는 상황에 처하고 말았다.

현재 우리가 마주하고 있는 코로나19의 세계적 대유행은 그러한 인류세의 전형적인 사태이다. 『총, 균, 쇠』의 저자 재레드 다이아몬드(Jared Diamond, 1937-현재)가 지적했듯이, '과거에는 각자의 활동 영역에서 벗어나지 않던 바이러스가 인간의 활동으로 생태계의 각 영역이 붕괴됨에 따라 기존의 경계를 넘어 인간 자신을 위협하게 된 것'이었다. 바로 코로나19는 인수공통감염병(人獸共通感染病, zoonosis)으로 '천연두 · 인플루엔자 · 결핵 · 말라리아 · 페스트 · 홍역 · 콜레라 · 에이즈와 마찬가지로 동물에게서 인간으로 확대된 바이러스 질병'이다.[3] 여기에 다이아몬드는 '장기적으로 봤을 때 코로나19보다 기후변화가 더욱 심각한 문제'라면서, '환경 파괴가 심각해질수록 코로나와 같은 질병의 확산에 더 커다란 영향을 줄 것이고 대기질 · 가뭄과 홍수 · 농업 등과 같은 여러 부분에서 끊임없이 문제가 발생할 것'이라고 경고하였다.[4] 다시 말해, 코로나19 사태는 아무도 예측하지 못한 이례

3 재레드 다이아몬드, 『총, 균, 쇠』, 김진준 옮김, 문학사상, 1998, 299~315쪽.
4 서울시에서 개최한 'CAC(Cities Against Covid-19) Global Summit 2020'의 6월 4일 대담:www.youtube.com/watch?v=hcrWMoKn5mQ&t=480s(2021.2.3.접속);《이로운 넷 (www.eroun.net)》「재레드 다이아몬드 "코로나19로 한배 탄 세계인 … 협력만이 살길"」

적인 사건인 블랙스완(Black Swan)이 아니라, 인류세에서 자주 접하게 될 뉴노멀(new normal)이요, 앞으로 맞이하게 될 더 커다란 기후 위기의 리허설(rehearsal)인 것이다.

이러한 인류세의 위기에 우리는 어떻게 대응해야 할 것인가? 그 답의 실마리는 '나비효과'의 두 번째 가설에 제시되어 있다고 판단된다. 그 가설에서 말한 것처럼 '나비의 날갯짓이 그 원인이지만 마찬가지로 예방에 도움이 될 수 있듯이', 인류세의 사태는 인간 자신이 원인이자 마찬가지로 예방에 도움이 될 수 있다. 곧 다이아몬드의 조언처럼 '코로나19로 전 세계인이 한 배에 탔으며, 같이 살든 같이 죽든 한 몸이며, 지구적 차원의 협력'[5]을 해야 할 것이다. 사실 인류 문명이 만들어 낸 위험 앞에서 다이아몬드가 요청하는 '지구적 차원의 협력'은, 울리히 벡(Ulrich Beck)이 지적한 것처럼 당위적 상황이 아니라 어쩔 수 없이 선택해야 하는 '인류의 실존적 상황'이다. 벡은 "근대성의 사회 체계가 위험을 생산했음에도 그 위험성을 계산하지 못하는 위험천만한 산물로 인해 의도치 않게 세계시민주의에 의존하는 상황이 도래한다."라고 주장하였다.[6] 그의 말대로 인류는 전 지구적 위험이 닥쳐서야 비로소 반사적으로 성찰하여 '세계시민주의(cosmopolitanism)'를 통해 지역적 경계를 넘어서는 세계시민성(global citizenship)을 요청하게 되었다.

이에 따라 교육 또한 '세계시민교육(global citizenship Education)'으로의 전환(pivot)을 요청하게 되었다. 유네스코(UNESCO)는 세계시민교육을 '학습자들이 더욱 정의롭고 평화적이며 포용적이고 안전하며 지속 가능한 세상을

<hr>

2020년 6월 4일자 기사.
5 위의 인터넷 주소 및 기사와 동일.
6 홍찬숙, 「세계사회, 지구화, 세계시민주의 사회학」, 『한국사회학』 50-4, 2016, 156쪽.

만드는 데 이바지할 수 있도록 필요한 지식, 기능, 가치관, 태도를 길러 주고자 하는 교육 패러다임'으로 규정하였다.[7] 이른바 '세계시민교육은 학습자에게 세계시민성을 길러 주는 교육 패러다임'이라 할 수 있다. 유네스코가 2015년 '세계교육포럼(World Education Forum)'의 핵심 의제를 '세계시민교육'으로 선정한 이후로, 그 교육의 가치와 이상을 통해 지구 위기를 넘어서려는 많은 논의와 실천이 시행되어 왔다.

하지만 이 글에서는 "세계시민교육은 우리가 직면하고 있는 지구위험의 시대에 명확한 한계가 있다."라고 말하고자 한다. 그 점은 '세계시민교육'을 핵심 의제로서 삼았던 유네스코가 더 이상 세계시민교육을 주장하지 않는다는 사실에서도 확인할 수 있다. 이제 유네스코는 '교육의 미래(Futures of Education)'를 위한 새로운 비전으로 '되기 위한 배움(Learning to Become)'을 제시하고 있다.[8] 특히 기후변화가 가속화되어 우리 지구의 취약성이 분명해짐에 따라 '미래 생존을 위한 교육(Education for future survival)'을 주창하며, '세상(지구)와 함께 되기 위한 배움(Learning to Become with World)'을 채택하고 있는 상황이다.[9] 이 글의 문제의식은 바로 그 지점에 있다.

---

7 UNESCO, *Global Citizenship Education: Preparing learners for the challenges of the twenty-first century*, 2014, p. 9.

8 https://en.unesco.org/futuresofeducation/initiative(2021.8.10.접속) 뒤에 자세히 논의하겠으나, 유네스코는 2021년부터 기존의 '세계시민교육'의 입장을 넘어서 '교육의 미래:되기 위한 배움(Futures of Edcuation:Learning to Become)'을 채택하고 있다. 그 맥락은 다음과 같다. "기후변화가 가속화됨에 따라 우리 지구의 취약성은 더욱 더 분명해지고 있다. 영속적인 불평등과 사회적 분열, 정치적 과격주의로 인해 많은 사회가 위기 상황에 처해있다. 디지털 통신, 인공지능, 생명공학의 발전은 큰 잠재력을 지니고 있지만, 동시에 윤리와 거버넌스에 대한 심각한 우려를 자아내고 있으며, 특히 혁신과 기술의 변화가 인간의 번영에 기여하고 있는 기록은 아직 확실하지 않다."

9 UNESCO · Common Worlds Research Collective, *Learning to become with the*

이 문제의식에 따라 2장에서는 세계시민교육의 이념적 토대가 되는 '세계시민주의와 세계시민성'이 내포하는 본질적 속성을 밝힘으로써 그 한계성을 제시하고자 한다. 다음 3장에서는, 지구생태계의 파괴 상황에 대응하기 위한 교육으로 주장되는 '생태시민교육'에 대해 살펴보고자 한다. 여러 선행 연구들이 제시하고 있듯이, 이 '생태시민교육'은 지구위험시대에 분명 여러 시사점을 제공한다.[10] 하지만 이 글은 그 '생태시민교육' 역시 근본적 한계가 있음을 밝히고자 한다. 특히 '생태시민성(ecological citizenship)' 논의의 중심에 서 있는 앤드류 돕슨(Andrew Dobson, 1957-현재)의 주장을 검토해 가면서 생태시민교육이 지닌 근본적 한계를 제시하고자 한다. 마지막 결론에서는, 앞의 내용을 간략히 정리하고 '세계시민교육'과 '생태시민교육'을 넘어서는 '미래 생존을 위한 교육'을 간략하게 모색해 보도록 하겠다. 그 과정에서 유네스코가 제시한 '세상(지구)과 함께 되기 위한 배움(Learning to

world:Education for future survival, Education Research and Foresight Working Paper 28. 2020. "여기서 world는 우리가 거주하는 인간의 세계뿐만 아니라 인간보다 더 큰 세계(a more-than- human world)를 포함한다는 면에서 지구라고 해석하는 것도 무리가 되지 않는다고 판단된다."

10 환경위기에 대응하여 앤드류 돕슨(Andrew Dobson)의 '생태시민교육'을 제안하는 주요 선행연구들은 다음과 같다. "박순열, 「생태 시티즌십 논의의 쟁점과 한국적 함의」, 『환경사회학연구』14-1, 2010; 김병연, 「생태시민성 논의의 지리과 환경 교육적 함의」, 『한국지리환경교육학회지』19-2, 2011; 김소영 · 남상준, 「생태시민성 개념의 탐색적 논의」, 『환경교육』25-1, 2012; 김희경, 「생태시민성 관점에서 본 에코맘과 교육적 함의」, 『시민교육연구』44-4, 2012; 김희경 · 신지혜, 「생태시민성 관점에서의 환경교과 분석」, 『한국지리환경교육학회지』20-1, 2012; 김병연, 「생태시민성과 지리과 환경교육」, 한국교원대학교 박사학위 논문, 2012; 김찬국, 「생태시민성 논의와 기후변화교육」, 『환경철학』16, 2013; 심광택, 「생태적 다중시민성 기반 사회과의 핵심 개념 및 핵심 과정」, 『사회과교육』53-1, 2014; 김병연, 『생태시민성과 페다고지 에코토피아로 가는 길』, 박영스토리, 2015; 박순열, 「생태시티즌십:생명과 자유를 구현하는 새로운 시민의 모색」, 『환경사회학연구』23-2, 2019"

Become with World)'의 7가지 비전을 중심으로 논의해 가도록 하겠다.

2. 고귀하지만 결함이 있는 세계시민교육

세계시민교육이 '교육계의 주요 담론'으로서 부각되게 된 것은 그리 오래된 일이 아니었다. 그것은 2012년 9월 반기문 전 유엔 사무총장이 주도하는 '세계교육우선구상(Global Education First Initiative)' 선언과 함께 이루어졌다. '교육이 우선'이라는 세계교육우선구상은 '모든 어린이의 취학, 교육의 질 제고'와 더불어 '세계시민성 함양'을 3대 목표로 하였다. 더불어 세계교육우선구상은 '세계시민성 함양'을 '사회에 환원하는 공동체 의식과 적극적인 소속감을 기르는 것'이자 '남녀 불평등, 따돌림, 폭력, 외국인 혐오, 착취를 포함한 모든 형태의 차별이 학교에서 사라지도록 하는 것'으로서 규정하였다.[11] 이와 같은 세계시민성의 함양은 2015년 5월에 개최된 유네스코 '세계교육포럼(World Education Forum)'의 핵심 주제로 선정되고, 같은 해 9월 유엔 세계정상회의에서 채택한 '지속 가능한 발전 목표(Sustainable Development Goals)' 가운데 하나로 선정됨에 따라, 세계시민교육이 주요한 교육 담론으로서 자리잡게 되었다.

바로 세계시민교육은 오늘날 인류가 직면하고 있는 공통된 문제들을 해결하고 지속 가능한 발전이 이루어지는 미래 사회를 모색하기 위해, 학습자

---

11 United Nations. *United Nations Secretary-General's Global Education First Initiative*, 2012, pp. 24-25.

에게 '세계시민성'을 함양하는 것을 목표로 하는 교육이다. 유네스코는 이 세계시민교육이 '맥락과 지역 및 공동체의 차이에 따라 다양한 방식으로 적용될 수 있겠지만, 세계시민성을 함양하기 위해서 학습자들에게 다음의 5가지 공통 역량을 길러 내야 할 것'을 요청하였다.

○ 다면적 정체성에 대한 이해와 개인의 문화, 종교, 인종 및 기타의 차이를 초월하는 '집단적 정체성'의 잠재력에 기초하는 태도

○ 세계적 문제와 정의, 평등, 존엄, 존중과 같은 보편적 가치에 대한 깊은 지식

○ 서로 다른 차원과 관점 및 각도에서 문제를 인지하는 다중 접근 방식을 채택하여 사고하는 것을 비롯하여, 비판적 · 체계적 · 창조적으로 사고하는 인지적 기능

○ 서로 다른 배경, 출신, 문화 및 관점을 지닌 사람들과 상호이해를 위한 공감과 갈등 해결과 같은 사회적 의사소통 기능과 태도를 포함하는 비인지적 기능

○ 세계적 과제에 대한 세계적 해결 방안을 찾고 공동의 선을 추구하고자 협력하고 책임감 있게 행동하는 행동 역량[12]

여기에서 보다시피, 세계시민교육은 학습자에게 국민국가의 시민의식에서 벗어나 '인류공동체'에 속해 있다는 소속감과 책임감을 길러 주고, 이를

---

12 UNESCO, *Global Citizenship Education: Preparing learners for the challenges of the twenty-first century*, p. 9.

바탕으로 '인류의 지속 가능한 발전'을 이루기 위해 기능과 역량을 발달시키고자 하는 것이다. 이는 '시민'의 의미를 배타적이고 편협한 '국민국가 수준의 정체성'을 벗어나 인류 전체를 포괄하는 세계적 수준으로 확대한 것이다.

하지만 세계시민교육이 키워야 할 역량으로서 '지구상에 있는 비인간 존재들과의 공존'을 명시적으로 말하지 않았다.[13] 바로 세계시민교육은 근본적으로 '인간 중심주의적 사고'에 바탕하고 있다. 예컨대, 세계시민에서 요청하는 '정의 · 평등 · 존엄 · 존중과 같은 보편적 가치'도 인간 사이의 관계 증진을 위한 가치인 것이지, 인간을 제외한 다른 존재들과의 관계 증진을 위한 가치는 아니다. 그 점에서 세계시민교육은 인류가 마주하고 있는 지구위험시대에 분명한 한계를 내보이고 있다. 왜냐하면, 주지하다시피 이 지구위험시대는 세계시민교육이 토대하고 있는 '인간 중심주의가 파생시킨 생태적 위험시대'이기 때문이다. 다시 말해, '인간 이외의 다른 생명체나 존재들은 인간의 번영을 위한 도구적 가치에 불과하다'는 그 불미스러운 '서구유럽의 사유 방식'에서 지금의 지구위험시대를 맞이하게 된 것이다.

세계시민교육이 서구 유럽의 인간 중심주의적 사고일 수밖에 없는 것은 '그 교육이 세계시민주의에 기반'하고 있기 때문이다. 마사 누스바움(Martha C. Nussbaum)의 표현대로 세계시민주의는 '철저히 인간 중심주의적이며, 전형적으로 존엄성의 핵심을 도덕적 추론 능력과 선택 능력을 가지고 있는지에 두고' 있다.[14] 물론 그녀는 '세계시민주의 전통이 수많은 현대의 윤리적

---

13 물론 세계시민교육에서 지구적 생태위기의 문제를 해결하기 위한 역량을 키울 것을 요청하고 있다. 하지만, 지구적 생태위기는 다른 여러 문제들 가운데 하나로 취급될 뿐이며 주요 문제로서 다루지 않는다.
14 마사 C. 누스바움, 『세계시민주의 전통: 고귀하지만 결함 있는 이상』, 강동혁 옮김, 뿌리

주장이 다가가고 있는 결론들에 더 깊이 있고 원칙에 입각한 명분을 제공'
하는 우수성이 있다고 인정했다.[15] 하지만 누스바움은 『세계시민주의 전통』
이라는 자신의 저서 부제목을 '고귀하지만 결함 있는 이상'이라고 할 만큼,
세계시민주의는 치명적인 약점이 있음을 지적했다. 그녀는 세계시민주의
의 가장 심각한 잘못에 대해 이렇게 말했다.

> 아마 세계시민주의의 가장 심각한 잘못은 다른 종과 자연환경에 대해 우리
> 가 지고 있는 도덕적 · 정치적 의무를 숙고하지 못한다는 점에 있을 것이
> 다. … 우리는 이 지구를 다른 감정이 있는 존재들, 살아가며 번영할 자격이
> 있는 그런 존재들과 공유한다는 점을 인식해야 한다.[16]

곧 세계시민주의는 '이성적 행위를 할 수 있는 인간'만을 존엄하고 가치롭
게 여기는 인간 우월적 사고에 기반하고 있다. 그렇기에 이성적 능력을 지
니지 못한 '비인간 동물과 자연계에 대한 경멸적 인식'을 내포하고 있다. 누
스바움이 주장하고 있듯이, 세계시민주의의 전통은 '짐승'에 대한 경멸적 대
조를 통해 인간의 가치를 옹호하여 왔다.[17] 다시 말해, '인간과 동물(자연계)
의 대립적 인식'과 '인간 우월주의'가 세계시민주의의 토대에 자리하고 있
다. 그 점에서 '인류 전체를 넘어 자연계와의 공생과 공존 의식'이 요청하는
이 지구위험시대에, 세계시민교육이 과연 적절한 교육으로 자리할 수 있는

　와 이파리, 2020, 297쪽.
15　위의 책, 281쪽.
16　위의 책, 13~14쪽.
17　위의 책, 32쪽.

지 의문을 지닐 수밖에 없다.

아니 세계시민교육은 '인간과 자연계와의 공생과 공존 의식'은 커녕 '인간 자신들만의 공동체 의식'을 기르기에도 적절하지 못한 교육일 수 있다. 왜냐하면, 세계시민주의는 그 기원에서부터 제국주의적이고 분파주의적인 이념(sectarian ideology)으로서 자리해 왔기 때문이다. 이제부터 그 지점을 살펴보도록 하겠다.

일반적으로 세계시민주의의 기원은 고대 그리스의 견유학파(Cynicism)와 스토아학파(stoicism)에서 찾는다. 주지하다시피 견유학파의 창시자인 디오게네스(Diogenes, B.C.412?-B.C.323?)는 자신을 '도시도 없고(a-polis), 집도 없는(a-oikos) 우주의 시민(kosmopolites)'으로 선언한 인물이었다. 그리고 그리스의 스토아학파는, 정부(politeia)는 특정 도시국가에 국한되기보다는 '모든 이가 거주하는 세계(oikoumene)' 또는 '전체 우주(kosmos)'와 함께해야 한다고 주장하였다. 이러한 고대 그리스 세계시민주의자들은 모든 이들을 인종, 종교, 출신에 관계없이 단일한 형제 구성원으로서 이해하고자 하였다. 이러한 고대 그리스의 세계시민주의적 전통은 마르쿠스 아우렐리우스(Marcus Aurelius, 121-180), 키케로(Cicero, B.C.106-B.C.43) 등과 같은 로마의 스토아학파의 인물들에게 이어졌다.[18]

로마의 스토아학파는 '사람은 두 개의 공화국, 즉 폴리스(polis)와 코스모폴리스(cosmopolis)의 시민으로 태어나는데, 이 둘 가운데 충성심의 갈등이 발생할 때 도시국가로서의 폴리스보다는 세계도시국가인 코스모폴리스에

---

18 David Inglis, Alternative histories of cosmopolitanism: reconfiguring classical legacies, Gerard Delanty eds., *Routledge Handbook of Cosmopolitanism Studies*, Routledge, 2012, p.13.

대한 시민의 의무가 언제나 앞선다'고 보았다.[19] 하지만 로마의 스토아학파는 폴리스의 시민과 코스모폴리스의 시민은 동일한 일을 한다면서, 시민들에게 자신이 속한 국가에 대한 애국심과 세계시민성을 합일시키고자 하였다. 또한 '보편적 이성을 지닌 인간이라면 인종, 종교, 출신에 관계없이 누구나 평등하다'고 주장하였다. 바로 시민권을 이성을 가진 온 인류로 확장시킨 것이었다. 하지만 이러한 스토아학파가 강조한 세계시민주의의 입장은 그 본래의 의미와 상관없이 '로마 제일주의의 이념' 앞에서 변질되었다.[20] 곧 세계시민주의는 '강력한 세계도시국가로서의 로마 제국에 대한 충성'과 '그 제국의 세계적 확장'을 비호하는 것으로 변질되어 이용되었던 것이다. 하지만 이것을 변질로만 해석할 수는 없을 것이다. 왜냐하면 로마에 대한 의무를 명시적으로 인정한 키케로나 세네카(Seneca, B.C.4?-A.D.65)의 논의는 로마인들에게 로마 제국과 코스모폴리스 자체를 동일시하기를 요구하였기 때문이다. 스토아학파는 로마 제국의 패권주의를 강화시킨 이념적 기반을 제시하였던 것이었다.[21]

이후 세계시민주의는 애덤 스미스(Adam Smith, 1723-1790)와 임마누엘 칸트(Immanuel Kant, 1724-1804)와 같은 계몽주의 사상가들에게 다시 주목받게 된다. 그들은 모두 국가를 넘어서는 '세계적인 보편적 공동체'를 구상하였다.[22]

---

19 Hill, L., "The Two Republicae of the Roman Stoics: Can a Cosmopolite be a Patriot?", *Citizenship Studies* Vol. 4, No. 1. 2000, pp. 67-69.(변종헌, 「지구적 시민성과 초등 도덕교육의 과제」 『초등도덕교육』38, 2012, 182쪽에서 재인용)
20 마사 C. 누스바움, 앞의 책, 98~125쪽.
21 오유석, 「세계시민주의의 기원과 의미」, 『도덕윤리과교육』41, 2013, 86~88쪽.
22 임현진, 「복합위기의 시대와 지구시민사회」, 『철학과 현실』, 2014, 109쪽.

먼저, 스미스는 '세계사회(World Society)'라는 보편적 공동체의 이상을 표출하였다. 그는 특히 '시장(market)'이라는 장치를 통해 국가와 국경에 무관하게 개인들 사이의 상호 의존성을 강화시킴으로써 개인과 사회의 이익을 동시에 발전시키고자 했다. 이후 프리드리히 헤겔(Friedrich Hegel, 1770-1831)은 스미스의 '시장'을 시민사회로 재해석하게 된다. 곧 스미스의 시장이론은 헤겔을 거쳐 '개인의 보편성을 근거로 형성된 세계사회(World Society)'라는 보편적 시민 공동체를 기획하는 데 사상적 근거가 되었다.[23]

다음으로, 칸트는 '국제사회(International Society)'라는 '세계적인 보편적 공동체'를 구상하였다. 이 '국제사회'는 개인들의 연합체인 스미스의 세계사회와 달리 단일한 주권국가로 구성된다. 특히 칸트는 '인간들 사이에 자연적으로 조성되는 전쟁 상태'를 통해서 인간은 '평화로운 법적 상태'라는 국제사회로 이행할 수밖에 없다고 주장하였다.[24] 지속적인 전쟁에 의한 피로와 무기력으로 인해 개별 국가들로 하여금 어쩔 수 없이 세계시민적 법체제를 강제한다는 것이었다. 이처럼 칸트는 '국가들 사이의 합법적인 대외 관계'를 마련하는 '국제법의 제정'을 통해 '국제사회'를 구축할 수 있으며, 이를 바탕으로 '영구적인 평화 상태를 수립'할 수 있다고 전망하였다.[25] 실제로 20세기에 두 번에 걸친 세계대전은 '국제연맹(League of Nations)'과 '국제연합(United Nations)'이 수립되도록 만들었다.

---

23 위의 논문, 110쪽.
24 이 점에서, 울리히 벡의 '근대성의 사회 체계가 위험을 생산했음에도 그 위험성을 계산하지 못하는 위험천만한 산물로 인해 의도치 않게 세계시민주의에 의존하는 상황이 도래한다'는 입장은 칸트의 사유를 계승한 것으로 볼 수 있다.
25 김상봉, 「법을 넘어서: 칸트의 영구평화론에 대한 비판적 고찰」, 『철학연구』 68, 2005, 58-61쪽.

이러한 스미스와 칸트의 아이디어에 근간한 '세계적인 보편적 공동체'는 현대사회에서도 영향력을 발휘하고 있다. 하지만 그 한계는 분명하다. '국제사회'를 대표하는 국제연합(UN)의 사례에서 볼 수 있듯이, '합법적인 대외관계'를 보장하는 조직이기보다는 '강대국들의 이해관계에 흔들리는 경우'가 허다하다. 또 현대판 '세계사회'인 세계무역기구(WTO)와 같은 경우 국가들 간의 상호 의존성을 강화시킴으로써 각 국가와 전 세계의 이익을 동시에 발전시키기보다는, 강대국의 이익을 위해 저발전지역의 희생과 배제만을 강요하는 경우가 대부분이다.[26]

왜 계몽주의 사상가들이 꿈꾸었던 '세계적인 보편적 공동체'의 현실판은 이토록 강대국 중심주의의 조직으로 자리하게 되었을까? 그에 대한 여러 해답을 찾을 수 있겠지만, 가장 타당성 있는 해답은 '세계적인 보편적 공동체'라는 스미스와 칸트의 이상 자체가 '서구 패권주의에 경도된 세계시민주의'에 기반하고 있었기 때문일 것이다. 분명 세계시민주의에는 식민지 국가들을 문명화한다는 사명감이 반영되어 있으며, 제국주의적 팽창 의도를 은폐하는 이데올로기가 알게 모르게 작동되어 왔다.[27] 구체적으로 칸트의 「영구평화론」에 기반한 '세계적인 보편적 공동체(국제사회)'의 이상에는 '식민지 국가들을 문명화시켜야 한다'는 유럽 중심적 사명감이 흠뻑 담겨져 있다. 곧 그의 세계시민주의적 계몽사상은 '인종주의적 이데올로기이자 분파주의적 이데올로기'였던 것이다.[28]

26 임현진. 앞의 논문, 111쪽.
27 Pagden, A., "Stoicism, Cosmopolitanism, and the Legacy of European Imperialism," *Constellations* Vol.7, No.1. 2000, pp. 3-4.(변종헌, 앞의 논문, 183쪽에서 재인용)
28 Harris, "The cosmopolitan illusion", *Policy Review 118*, 2003, pp.45~59.(박휴용, 「교육과

이러한 면모는 칸트의 「영구평화론」(1795)과 이에 앞서 작성한 「세계시민적 관점에서 본 보편사」(1784)라는 글에서 여실하게 드러난다. 그는 이 두 글에서 '야만과 문명의 이분법'과 함께 '유럽인과 비유럽인의 인종주의적 구분'을 보여주었다. 특히 "인간의 최고의 완전성은 백인종에게서 발견되며, 황인종인 인도인들은 다소 적은 능력을 소유하고, 흑인들은 훨씬 못 미치고, 아메리카 인디언들은 가장 지체되어 있다."라는 식의 인종주의적 편견을 지니고 있었다. 이러한 인종주의적 편견은 문명화된 유럽 백인이 비유럽 지역의 야만인(유색인종)을 계몽(문명화)해야 한다는 이념을 내포하고 있었다. 바로 계몽이라는 미명 아래 식민 지배를 추구하는 제국주의 이데올로기를 정당화할 수 있는 이데올로기였던 것이다.[29] 칸트는 또한 '유럽인들에 의해 인식되지 않은 민족의 역사는 미지의 영역'이라면서 유럽 중심적인 사유에 함몰되어 있었으며, 유럽 중심주의적인 진보사관을 설파하고자 중국의 후진성을 강조하였다. 바로 서구 유럽 중심으로 설정한 보편사적인 위계질서의 그 첨단에 유럽인을 놓고 말단에 비유럽인을 위치시켰던 것이다.[30]

지금까지 살펴본 것처럼 세계시민주의는 서구(유럽) 중심적인 기준을 보편성의 토대로 설정함으로써 지역적 특수성과 문화적 다양성을 존중하지 못하는 약점이 있다. 또한 앞에서 지적하였듯이, 세계시민주의는 '인간과 동물(자연계)의 대립적 인식'과 '인간 우월주의'라는 치명적 약점이 있다. 세

정 이념으로서의 세계시민주의(Cosmopolitanism)에 대한 비판적담론분석」, 『교육과정평가연구』13-2, 2010, 7쪽에서 재인용)

29 박배형, 「영원한 평화 그리고 제국주의 -칸트의 평화론과 비서구 세계」, 『헤겔연구』39, 2016, 9-10쪽.

30 김기봉, 「독일 역사철학의 오리엔탈리즘-칸트, 헤르더, 헤겔을 중심으로-」, 『담론 201』7-1, 2004, 254-257쪽.

계시민주의가 과도한 '인간 중심주의(anthropocentrism)에 근간하는 휴머니즘(humanism)'을 근원에 두고 있었기에 그와 같은 치명적 약점은 필연적인 결과였는지 모른다.

노튼(Norton)이 지적하였듯이, 인간 중심주의는 '모든 가치는 인간의 가치에 기여할 때만이 발생하게 되며, 자연의 모든 요소도 단지 인간을 위한 도구적 가치를 가질 뿐'이라고 생각하게 만든다.[31] 더불어 인간 중심적인 휴머니즘은, 하이데거(Heidegger, 1886-1976)가 언급하였듯이, '인간을 만물의 영장으로 승격시키면서 인간이 아닌 타자(자연)를 인간 이하의 것 또는 인간에게 위협이 되는 것으로 여기도록 하는 생각을 우리에게 심어 주었던 것'이다.[32] 그러한 인식들의 결과는 언젠가 지구생태계의 파멸로 이어지게 될 것이다. 사실 세계시민주의는 '인간 중심주의와 그에 근간하는 휴머니즘의 입장'에서 구축되어 있기에 '인간과 동물(자연계)의 대립적 인식'과 '자연은 도구에 불과하다는 인간 우월주의의 입장'에서 쉽사리 벗어나기 어렵다.

이러한 점에서 세계시민주의(세계시민성)에 기반하고 있는 세계시민교육은 지구위험을 극복하기 위한 적절한 교육이 되기 어렵다. 왜냐하면 '인류 전체를 넘어 전 지구적 생태계와의 공생과 공존 의식'을 동반하지 않기 때문이다. 진정 '미래 생존을 위한 교육'이 되기 위해서는 "인간 자신의 합리성이나 행동력을 통해 인간과 다른 생물을 구별하여 자신을 상위에 위치시키는 휴머니즘적 신념을 구성하고 있는 데카르트의 신념을 버려야 할 뿐만 아

---

31 Norton, B. G., "Environmental Ethics and Weak Anthropocentrism," *Environmental Ethics* Vol.6, 1984, p. 133.
32 로버트 파인, 「아렌트의 비판적 세계시민주의」, 김성준 옮김, 『철학과 문화』 35, 2016, 103쪽.

니라, 교육에 대한 서구 유럽의 인간 중심적 지배에서 벗어나야만 한다."[33] 바로 '세계시민교육'은 인류세의 위기에 근본적 한계를 내보이는 교육론인 것이다.

3. 여전히 인간 중심적인 생태시민교육

지구위험은 '국가의 영토적 경계'와 무관하게 이루어지고 있다. 예컨대, 지구온난화와 환경오염은 영토성을 넘어서 전 지구적으로 이루어지는 상황이다. 지구위험의 상황이 아니더라도 본래 지구는 이 글 처음에 제기한 '나비효과가 가능한 초생명체', 다시 말해 '작은 나비의 날갯짓이 지구의 어느 반대편에서 태풍으로 변할 수 있는 전일적 초생명체'이다. 바로 지구생태계의 메커니즘은 인류가 구축해 놓은 '영토성(territoriality) 혹은 영토적 은유(territorial metaphor)'를 넘어서 있다. 그러한 점에서 영토성에 근간을 둔 기존의 시민성은 제고되어야만 한다.

이러한 '영토성을 넘어서는 교육'을 논의하는 데 앤드류 돕슨(Andrew Dobson 1957-현재)의 '생태시민성(ecological citizenship)'은 중요한 시사점을 제공한다. 돕슨은 전통적인 형태의 시민성은 이 세계화의 시대에 너무도 명확한 한계를 내보인다고 지적했다. 그리하여 그는 기존의 '자유주의 시민성(liberal citizenship)'과 '시민적 공화주의 시민성(civic republican citizenship)'

33 UNESCO · Common Worlds Research *Collective, Learning to become with the world: Education for future survival*, p. 3.

그리고 이 두 시민성의 연장선에 있는 '세계시민주의 시민성(cosmopolitan citizenship)'을 넘어서는 또 다른 시민성을 요청했다. 그 새로운 시민성은 '포스트-세계시민주의 시민성(post-cosmopolitan citizenship)'으로 바로 '생태시민성'이다. 그는 시민성의 3가지 양상을 다음의 표와 같이 제시했다.

〈시민성의 3가지 양상〉[34]

1. 자유주의 시민성	2. 시민적 공화주의 시민성	3. 포스트-세계시민주의 시민성
권리/자격(계약적)	의무/책임(계약적)	의무/책임(비계약적)
공적 영역	공적 영역	공적 및 사적 영역
중립적 덕목	'남성적' 덕목	'여성적' 덕목
영토성(차별적)	영토성(차별적)	비-영토성(비차별적)

위에 표에서 보듯이, 기존의 시민성을 대표하는 '자유주의적 시민성'과 '공화주의적 시민성'은 여러 차이점에도 불구하고,[35] 모두 '공적 영역'을 강조하고 '계약적 관계'이며 '영토성'에 기반하고 있다. 여기서 돕슨은 '자유주의 시민성과 시민적 공화주의 시민성은 각각 권리와 자격·의무와 책임에 대한 강조로 구분할 수 있지만, 권리와 책임의 분배를 결정한 영토적 기반을 공유'하고 있다고 판단했다.[36] 바로 이 두 시민성의 본질적 특성을 '연속

---

34 Andrew Dobson, *Citizenship and the Environment*, Oxford University Press, 2003, p. 39.
35 돕슨은 역사적으로 시민의 공공 생활 규모가 '서로 알고 있는 대면 환경'에서 '대부분의 정치적 관계가 익명으로 이루어지는 더 큰 형태의 사회조직'으로 변화했으며, 중세 후반에 이르면 '시민'을 '주체'로서 인식하는 의미있는 발전이 이루어졌다고 언급한다. 이러한 변화과정에서 '개인주의적 입장에서 권리를 강조하는 자유주의적 시민성'에서 '공동체적 입장에서 의무를 강조하는 시민공화주의적 시민성'으로 나아가게 되었다고 변모하게 되었다는 것이다. *Ibid.*, pp. 35-38 참조바람.
36 *Ibid.*, p. 68.

되는 영토적 은유(contiguous territorial metaphors)[37]에 바탕한 '영토성'으로서 규정했다. 이뿐만 아니라, "세계시민주의의 시민성조차도 '하나의 세계(one world)'라는 미명하에 '연속적인 영토(contiguous territory)'라는 아이디어를 공유하고 있다."라고 하면서,[38] 돕슨은 '세계시민주의 시민성' 또한 기존의 두 시민성과 동일하게 '영토성'에 근간하고 있음을 지적했다.

반면 '생태시민성'으로서의 '포스트-세계시민주의 시민성'은 이 영토성을 벗어나 있는 '비-영토성(non-territoriality)'을 그 주요 특징으로 하고 있다.[39] 그 점에서 세계시민(world citizen)과 지구시민(earth citizen)은 반드시 구별되어야 한다고 돕슨은 주장했다. 그의 설명을 빌리자면, 세계시민주의에 근간한 '세계시민은 원래 구분이 없었던 지구를 영토성에 기반하여 구획하여 사유하고 행동하는 자'이지만, 포스트-세계시민주의와 생태시민성에 근간하는 '지구시민은 영토성을 넘어서 있기 때문에 지역적(local)이면서도 지구적(global)으로 사유하고 행동하는 존재'이기 때문이다.[40] 돕슨은 생태시민성에 근간한 지구시민의 '공간'에 대해 이렇게 말했다.

생태시민성의 '공간(space)'은 국민국가의 경계나 유럽연합과 같은 초국가적 조직의 경계, 심지어 지구촌(cosmopolis)이라고 하는 상상의 영토에 의해 주어지는 것이 아니다. 오히려 (그 공간은) 개인들과 환경의 대사적(metabolistic) 관계 및 물질적(material) 관계에 의해 생성된다. 이러한 관계는

---

37 *Ibid.*, p.105.
38 *Ibid.*, p.105.
39 *Ibid.*, p. 97.
40 *Ibid.*, pp. 98-99.

생태발자국(ecological footprint)을 발생시키며, 이는 차례로 그 생태발자국이 영향을 미치는 사람들과의 관계를 발생시킨다. 우리는 이러한 관계를 맺고 있는 사람들을 만났을 가능성도, 앞으로 만날 가능성도 그리 높지 않다. 그들은 가까이 사는 사람일 수도 있고 멀리 떨어져 사는 사람일 수도 있으며, 현시대의 사람일 수도 있고 아직 태어나지 않은 미래세대일 수도 있다.[41]

돕슨의 위 언급처럼 생태시민의 공간을 국가나 국제적 차원 심지어 지구촌적 차원의 문제로서만 규정할 수 없다. 그 공간은 '우리 자신과 우리가 살아가는 자연환경과의 지속적인 관계가 일어나는 장소'이기 때문이다. 바로 우리가 살아가고 있는 이 환경적 터전이 시민의 공간인 것이다. 지구온난화와 오존층 고갈, 산성비 등과 같은 지구생태계의 문제들은 사실상 영토를 넘어서 있으면서도 우리와 가장 가까이 있는 사태이다. 그 점에서 환경의 문제는 '비-영토적 공간'의 사태이다. 더불어 환경문제는 공간만의 문제가 아니다. 그것은 이 시대를 넘어 먼 미래까지 연결된다는 점에서 '역사적 시간'의 사태이다. 곧 지구 환경문제는 '지구의 가장 가까이에서 가장 먼 곳까지 연결'되며 '현재에서 미래까지 지속'된다는 점에서 '비-영토적이자 역사적인 사태'이다.

바로 이러한 지구환경문제의 본질적 특성이 '포스트-세계시민주의에 근간한 생태시민성(지구시민성)'과 '세계시민주의에 근간한 세계시민성'을 달라지게 하는 지점이다. 돕슨은 이 두 시민성의 근본 차이를 "보편적 인간적 유대감(common humanity)으로 뭉친 '얇은(thin)' 공동체'와 '역사적 의무

41 *Ibid.*, p.106.

(historical obligation)'를 지니는 '두꺼운(thick) 공동체"라고 규정했다.[42] 돕슨은 리히텐베르크(Judith Lichtenberg)의 '의무에 대한 역사적 관점'을 빌려, 세계시민성과 지구시민성(포스트-세계시민주의 시민성)의 차이를 제시했다. 의무에 대한 역사적 관점은 'A가 B에게 빚을 지게 된 것은 어떠한 선행적 행동, 착수, 관계 등으로 인해 빚을 지니고 있는 것'을 말한다. 예컨대, 우리가 화석연료를 사용하게 되면 지구온난화에 기여하는 가스를 방출한다는 점에서 언제나 다른 사람들에게 '선행적 행동, 착수, 관계'를 취하고 있는 것이다. 그 일은 공간적으로 지구의 멀리 떨어진 낯선 사람들에게까지 연결될 뿐만 아니라, 시간적으로 이 시대를 넘어 미래의 사람들에게까지도 연결된다. 바로 지금 우리가 생태적으로 살아가지 않는다는 것은 지구의 다른 사람들은 물론이고 미래의 사람들에게까지 빚을 지고 있는 것이다. 특히 지구온난화로 인해 현재 고통을 겪는 지구 어느 편의 사람들과 앞으로 고통을 겪게 될 후대의 사람들에게 우리의 빚은 '일방적'이다. 이 때문에 '상호주의적이고 호혜적인 계약에 근간하여 상호 간의 빚을 갚는 것이 바람직하다'고 생각하는 세계시민성의 자비로운 의무론과는 완전히 다른 노선을 취하게 되는 것이다. 즉 생태시민성은 '선행적 행동, 착수, 관계 등과 같은 빚의 출처와 일방적이고 비호혜적인 빚의 방향성'에 집중하기 때문에 그 '빚을 갚지 않으면 잘못'이라는 정의(justice)와 비계약적인 책임(non-contractual responsibility)의 의무론이다.[43] 바로 이 의무론은 우리의 선행적 행위로 고통당하고 있는 이들에 대한 '정의'를 실현한다는 입장에서 '동정(sympathy)' 또

42 *Ibid*., p. 81.
43 *Ibid*., pp. 48-49; p. 89.

는 '배려(care)'나 '연민(compassion)'이라는 덕목(virtue)을 갖춰야 한다는 논의이다.[44]

또한 '생태시민'의 주요한 활동 장소는 '공적 영역만이 아니라 사적 영역도 포함'한다는 점에서 '공적 영역을 강조하는 세계시민'과 다른 노선을 취한다. 돕슨이 정의하는 대로 "사적 영역은 사람들의 삶이 생산되고 재현되는 물리적 공간(아파트, 집 등) 또는 보통 '사적'이라고 간주되는 관계의 영역(친구와 가족 사이의 영역)으로 이해될 수 있다."[45] 먼저 물리적 공간에서 보면, 예컨대 사적 영역인 가정 내에서 이루어지는 '친환경적 행동들(green actions)'은 그 공적 사회뿐만 아니라 지구 전체에 영향을 미치는 일이기도 하다. 다음으로 관계의 영역에서 보면, 이는 공적 계약관계를 넘어 '생태적 정의(ecolgocial justice)' 즉 '친환경적 양심(green conscience)'이라는 덕목(virtue)을 형성하는 관계인 것이다.[46]

지금까지 살펴본 것처럼, 돕슨의 생태시민성은 지구위험시대에 상당한 시사점을 제공한다. 먼저, 지구위험시대의 교육은 기존의 시민성이 요청한 '영토성' 혹은 '영토적 은유'를 넘어서 '비-영토성'에 기반해야 하며, '현재에서 미래까지 지속되는 역사성'에 근간해야 함을 시사한다. 이에 따라, 지구위험시대에 시민의 의무를 교육할 때, 기존의 '상호주의적이고 호혜적인 계약에 근거한 의무'가 아닌 '의무에 대한 역사적 관점'을 바탕으로 '우리의 선행적 행위로 고통당하고 있는 이들에 대한 정의를 실현한다는 입장에서 동정 및 배려의 덕목을 실현하는 의무'를 강조해야 할 것이다. 마지막으로, 지

---

44 *Ibid.*, p. 133.
45 *Ibid.*, p. 135.
46 *Ibid.*, pp. 136-137.

구위험시대에 시민교육은 시민의 활동 영역을 기존의 시민성과 같이 '공적 영역'뿐만이 아니라 '사적·공적 영역 모두'가 된다는 것을 가르쳐야 할 것이다.

이와 같은 의미 있는 시사점에도 불구하고, 돕슨의 생태시민성은 지구위험시대의 교육으로서 채용하기에는 심각한 결점이 있다. 그것은 앞선 장에서 살펴본 세계시민주의와 동일하게 '인간 중심주의'를 벗어나지 못하고 있다는 것이다. 돕슨은 이렇게 말하였다.

> 나는 생태시민성을 근본적으로 인간 중심적인 관념으로 간주한다. 이는 생태시민권이 인간 자신뿐만 아니라 비-인간적 자연 세계와 인간 자신 사이의 관계와 분명히 관련이 있지만, 이러한 관계를 생태학적인 용어로 표현할 이유는 정치적으로도 지적으로도 전혀 없다.[47]

돕슨은 "자연보호에 관한 환경주의자들의 대부분의 요구는 미래세대의 사람들에 대한 우리의 의무를 이행함으로써 충족될 수 있다."라고 주장했다. 왜냐하면 그 의무는 '건강하고 복잡하며 자율적으로 작동하는 시스템'을 미래세대의 사람들에게 전달하는 것이기 때문이라는 것이다. 그 점에서 "심층생태학자들이 선호하는 '자연의 권리'나 '존재론적 변화'라는 비현실적이면서도 논쟁이고 정치적으로 인기가 없는 논쟁은 필요하지 않다."라고 돕슨은 주장했다. 하지만 "생태발자국을 바탕으로 현재 영토를 넘어 미래까지 확장되기 때문에, 자신의 생태시민성이 인간 중심적이지만 '멀리 바라보는

47 *Ibid.*, p. 111.

(long-sighted)' 방식의 인간 중심주의"라고 규정했다.[48]

사실 돕슨이 생태시민성을 논의하면서 가장 중심에 두는 '생태발자국'이라는 용어 자체가 인간 중심적인 입장의 개념이다. 주지하다시피, '생태발자국'은 '사람이 사용하는 모든 자원을 생산하는 데 드는 비용과 배출한 쓰레기를 처리하기 위해 드는 비용을 토지 면적으로 환산한 것'이다. 이 생태발자국은 표면적으로 보면 '자연과의 공존'을 주장하는 개념인 듯하지만, 그것은 '자연에 대한 인간의 이용' 다시 말해 '자연을 끊임없이 지배하려는 인간의 욕망'이 담겨져 있는 개념이다. 따라서 이 생태발자국에 기반한 돕슨의 논의는 철저히 인간 중심주의적인 논의일 수밖에 없다. 생태시민성에서 주장하는 '의무에 대한 역사적 관점'은 철저히 '공간적으로 멀리 떨어진 사람들 그리고 미래의 사람들'에 대한 의무일 뿐이다. 따라서 이 의무에서 요청되는 '정의와 동정, 배려, 연민의 덕목'들은 '인간들 자신만을 위한 덕목'이다.

실제로 돕슨은 생태시민성을 '자연의 장기적 지속 가능성을 가장 잘 보존하는 인간 참여 및 상호작용의 형태를 고려한 다른 인간에 대한 의무'로서 규정하였다.[49] 이러한 시각은 극단적인 경우에 '지구를 정복하고 이용할 수 있는 인간의 권리'를 누리지 못한 후대의 사람들이나 미발전 국가의 사람들에게 조금은 양보하자는 논의로 연결될 수가 있다. 즉 돕슨의 입장은 '인간과 자연을 대립적으로 인식'하고 '자연은 도구에 불과하다'는 '인간 우월주의의 입장'에서 크게 벗어나지 못한 것이다. 이와 같은 인간 우월주의적 인식은 '인류를 넘어 전 지구적 생태계와의 공생과 공존을 모색하는 이 지구

---

48 *Ibid.*, pp. 112-113.
49 *Ibid.*, p. 114.

위험시대의 교육'을 마련하면서 반드시 탈피해야 할 지점이다.

무엇보다 돕슨의 생태시민성 논의에는 '인간이 생태 위기마저 해결할 수 있다는 인간 우월론적인 오만한 자세'가 내포되어 있다. 지구위험시대를 맞이하여 '미래 생존을 위한 교육'은 '인간이 환경을 구하겠다는 장대한 환상을 손놓고, 인간과 인간 이상의 모든 존재들이 상호 번영하기 위해 손상된 공동 세계(지구)를 함께 부분적이나마 회복하는 데 협력하는 훨씬 소극적인 목표에 집중[50]해야 한다. 미래 생존을 위한 교육은 이제까지 교육의 중심 토대가 되어 왔던 '인간 중심주의와 인간 우월론적 사고'를 저버리는 일에서 부터 시작해야 할 것이다. "우리는 자연과 인간을 분리하는 것을 멈추고 생태계가 우리 인류를 섬기고 지탱하기 위해 존재하며, 우리가 자연생태계를 끝까지 '관리'할 수 있다는 망상을 버려야 한다."[51] 곧 인간과 자연을 분리하며, 인간이 자연을 통제할 수 있다고 믿는 '생태시민교육'은 지구위험시대에 근본적 한계를 내보이는 교육론인 것이다.

4. '미래 생존을 위한 교육'으로

이 글은 현재 우리가 겪고 있는 인류세의 위기에 대응하여 교육의 방향을 어떻게 설정해야 하는지에 대한 문제의식에서 시작되었다. 바로 유네스코가 표방하는 '미래 생존을 위한 교육'의 방향성을 탐색하고자 하는 것이다.

---

50 UNESCO · Common Worlds Research Collective, *Learning to become with the world:Education for future survival*, p. 8.

51 *Ibid.*, p. 3.

이에 앞서, 이 글은 현재 지구의 위기를 극복하기 위한 교육의 양대 패러다임인 '세계시민교육'과 '생태시민교육'에 대해 비판적으로 검토하고, 그 한계를 살펴보았다.

먼저 세계시민교육을 정리하면, 이는 학습자에게 국민국가의 시민의식에서 벗어나 '인류공동체'에 속해 있다는 소속감과 책임감을 길러 주고, 이를 바탕으로 '인류의 지속 가능한 발전'을 위한 기능과 역량을 발달시키고자 하는 교육이다. 하지만 세계시민교육이 길러 내야 할 역량으로서 '지구상에 있는 비인간 존재들과의 공존'을 말하지 않는다. 세계시민에서 요청하는 가치들도 인간의 관계 증진을 위한 가치인 것이지, 인간을 제외한 다른 존재들과의 관계 증진을 위한 가치는 아니다. 세계시민교육의 토대가 되는 세계시민주의는 '이성적 행위를 할 수 있는 인간'만을 존엄하고 가치롭게 여길 뿐, 그러한 능력을 지니지 못한 '비인간 동물과 자연계에 대한 경멸적 인식'을 내포하고 있었다. 심지어 세계시민교육은 '인간과 자연계와의 공생과 공존 의식'은 커녕 '인간 자신들만의 공동체 의식'을 기르기에도 적절하지 못한 교육일 수 있다. 왜냐하면 세계시민주의는 그 기원에서부터 제국주의적이고 분파주의적인 이념으로서 자리해 왔기 때문이다. 이에 세계시민교육은 인류가 마주하고 있는 지구위험시대에 분명한 한계를 내보이고 있는 것이다. 이 인류세의 시대에 세계시민교육이 의미를 지니기 위해서는 인간 중심주의와 유럽 중심주의를 벗어나 재개념화되어야만 한다.

다음으로, 생태시민교육을 정리하면, 이는 지구생태계의 메커니즘은 인류가 구축해 놓은 '영토성 혹은 영토적 은유'를 넘어서 있기에, 영토성에 근간을 둔 기존의 시민성을 재고하고 새로운 '생태시민성'을 함양하자는 교육이다. 이는 돕슨의 논의를 중심으로 펼쳐지고 있는 교육론으로서, 지구위험의 상황을 극복하기 위해서는 기존의 세계시민성이 강조하는 '상호주의적이고 호혜적인 계약에 근거한 의무'가 아닌 '의무에 대한 역사적 관점'을 강조하는 생태시민교육이 되어야 한다고 강조한다. 또한 '우리의 선행적 행위로 고통당하고 있는 이들에 대한 정의를 실현한다는 입장에서 동정과 배려의 덕목을 실현하는 의무'를 강조한다. 마지막으로, 시민의 활동 영역을 기존의 시민성과 같이 '공적 영역'만이 아니라 '사적·공적 영역 모두'라는 것을 교육하도록 요청한다. 하지만 이와 같이 생태시민교육의 입장은 여러 시사점을 제공함에도 불구하고, 여전히 '인간과 자연을 대립적으로 인식'하고 '자연은 도구에 불과하다'는 '인간 중심주의와 인간 우월주의'에서 크게 벗어나지 못한다는 약점이 있다. 인간과 자연을 분리하며, 인간이 자연을 통제할 수 있다고 믿는 이 생태시민교육은 지구위험시대에 분명한 한계를 보이고 있는 것이다.

이러한 돕슨의 생태시민교육을 지구위험시대의 교육으로서 확장시키기 위해서는, 그가 주장한 '역사적 의무'에 대해 재해석이 요청된다. 다시 말해, '인간에 대한 역사적 의무'에서 머물지 않고 '전 지구적 자연생태계에 대한 역사적 의무'로 확장시켜야만 하는 것이다. 물론 그 의무는 권리에 대한 확장적 인식이 전제되어야 한다. '인간의 권리'만을 인정하는 입장에서 탈피하여 '전 지구적 생태계의 권리'를 인정하여야 한다. 여기에 '대지윤리(Land Ethic)'를 주장한 '알도 레오폴드(Aldo Leopold, 1887-1948)'와 '지구학/지구종교학(Geology/Earth Religion)' 연구자로 자처한 '토마스 베리(Thomas Barry, 1914-2009)'는 중요한 아이디어를 제공한다. 레오폴드는 지구상에 거주하는 생명체뿐만 아니라 비생명체 모두를 포함하는 대지공동체를 도덕적 고려 대상으로 삼아야 한다는 대지윤리를 주장하였다.[52] 여기서 중요한 것은 '대지공동체를 도덕적 고려 대상'으로 삼아야 한다는 지점이다. 이는 '전 지구적 생태계의 권리'를 인정하고 '전 지구적 생태계에 대한 의무'를 실천해야 한다는 것이다. 그리고 베리는 모든 생명의 조건인 지구가 인간 우월론적이고 인간 중심주의의 세계관에 따른 지구학살(geocide)로 인해 죽어 가고 있다고 주장하면서, 지구상의 모든 존재들은 지구 의존적 존재라고 선언하였다. 특히 지구상의 모든 존재는 다른 존재들과 긴밀한 상호 관계에서 서로 선물(생존에 필요한 영양)을 주고받는 은혜의 관계에 있다고 언명하였다.[53] 이러한 베리의 시각에서 보면, 지구상의 존재들은 서로가 공존할 수 있는 기반이 되고, 그 공존의 기반을 지킬 때에만 서로가 존재할 수 있기 때문에, 서로가 권리이자 의무가 되는 관계이다. 이것은 돕슨이 말한 '역사적 의무'의 지구적 차원의 확장이라고 할 수 있다. 지구상의 모든 존재들은 서로에게 빚을 지고 있다. 서로가 각자의 '선행적 행동, 착수, 관계 등'으로 인해 서로에게 빚을 지고 있는 것이다.[54] 더불어 그러한 빚을 갚아야 하는 의무는 서로의 존재 기반을 마련해 주기에 권리를 형성하는 작업이기도 하다. 베리의 표현대로 '의무와 권리를 서로 선물하는 은혜의 관계 양상'이 된다.

이와 같은 전 지구적 차원의 생태교육은 유네스코가 2050년까지 이루겠

---

52 알도 레오폴드, 『모래 군(群)의 열두 달: 그리고 이곳 저곳의 스케치』, 송명규 옮김, 따님, 2020, 244-268쪽.
53 허남진 · 이우진, 「지구위험시대의 지구인문학-토마스 베리의 지구학과 개벽사상의 만남-」, 『한국종교』49, 2021, 15-17쪽.
54 우리 인간의 선행적 행위로 고통당하고 있는 전-지구생태계에 대한 '정의'를 실현한다는 입장에서, 전-지구생태계에 대한 '동정'과 '배려'나 '연민'이라는 덕목을 갖추어야 하는 것이다.

다는 '미래 생존을 위한 교육: 지구와 함께 되기 위한 배움'이라는 7가지 비전에서 구체화되었다. 그 내용은 다음과 같다.

1. 2050년까지, 우리는 교육과 휴머니즘의 관계를 비판적으로 재평가하고 재구성하였다. 지금까지의 휴머니즘의 사명인 '정의의 증진'이라고 하는 교육의 가장 좋은 측면은 그대로 유지하면서, 그 범위를 인간과 사회적 틀을 넘어서 (지구생태계-자연계까지) 확장해 왔다.

2. 2050년까지, 우리는 인간이 생태계 속에 편입되어 있다는 것과 인간이 사회적 존재가 아니라 생태적 존재인 것을 완전하게 인정하게 되었다. '자연과학'과 '사회과학'의 경계를 허물었고, 모든 교육과정이나 교육학은 생태학적 의식에 확고히 기반을 두고 있다.

3. 2050년까지, 우리는 교육을 (인간이 고유한 능력을 지녔다는 점에서 자연계에서 다른 존재들보다 특별한 지위를 지니고 있다는 믿음인) 인간 예외주의 (human exceptionalism)를 전파하는 수단으로 사용하는 것을 그만두어 왔다. 우리는 행위(agency)란 관계적이고, 집단적으로 분포된 것이자 인간 이상의 것임을 가르치고 있다.

4. 2050년까지, 우리는 교육에 있어서 '인간 개발'의 틀을 버려 왔다. 개인주의를 옹호하는 대신에 집단적인 성향을 함양하여 인간뿐만 아니라 인간 이상의 존재들과의 관계를 화목하게 복원시키고 있다.

5. 2050년까지, 우리는 세계 속에서 살고 배운다는 점을 인식하게 되었다. 우리의 교육학은 더 이상 세계를 '밖'에 두고 우리가 배우는 대상으로 삼지 않는다. 세계와 함께 있음을 배우는 것은 상황에 맞는 실천이며, 인간 이상의 존재들과의 교육학적 협력인 것이다.

6. 2050년까지, 우리는 교육에 세계시민주의적 임무를 다시 부과하였다. 이것은 휴머니스트, 휴머니즘, 인권주의 시각에서 주장하는 보편주의나 인간 중심주의를 훨씬 넘어서는 것이다.

7. 2050년까지, 미래의 생존을 위한 교육의 목표는 우리가 이 손상된 지구에서 (인간과 인간 넘어서의 존재들과의) 집단적 회복의 윤리를 우선시하도록 하는 것이었다.[55]

유네스코가 선언하는 이 '미래 생존을 위한 교육: 지구와 함께 되기 위한 배움'은 '인간 존재의 근거이자 터전인 지구와의 불가분한 관계를 인식하고 지구와의 공존을 실천하는 인간을 양성하는 교육'이라 할 수 있다. 곧 '지구공동체와의 공존을 언제나 목적'으로 하고 '지구공동체에 대한 지식'을 통해 '지구공동체 내의 다른 존재들에 대한 책임과 의무를 기꺼이 다하는 인간을 양성'하는 교육인 것이다. 이 교육은 "인간이 초래한 지구의 변화를 받아들이고 사회조직·인간의 의식·인간의 정체성의 근본적인 변화의 가능성에 직면함에 따라, 인류는 '우리는 무엇이 되고 싶은가?'"[56]라는 질문에 대한 답이라 할 수 있다. 그 답은 바로 홈즈 롤스톤 3세(Holmes Rolston III, 1932-현재)가 말하는 '생태적 역량을 지닌 지구인(earthling)'[57]일 것이다.

55 UNESCO · Common Worlds Research Collective, *Learning to become with the world: Education for future survival*, pp. 2-7. *위 인용문에서 ( )에 있는 문장은 인용자가 설명의 편의를 위해 넣은 것임.

56 https://en.unesco.org/futuresofeducation/initiative(2021.8.10.접속).

57 롤스톤이 말한 지구인은 브뤼노 라투르(Bruno Latour)가 말한 '지구생활자들(les terrestres)'과 같다. 이 지구생활자들은 '지구(가이아)와 함께 사는 존재' 즉 '모두에게 고유하며 공동된 집, 마땅히 그 안에 머무르며 돌봐야 할 여기 이 땅에 거주하는 존재'이다. 이에 대한 자세한 논의는 "브뤼노 라투르, 『나는 어디에 있는가? - 코로나 사태와 격리가

교육받은 사람의 특징으로서 오늘날 점점 더 '교육받은 시민' 이상이 되기를 요청한다. 좋은 '시민'이 되는 것만으로는 충분치 않고, '국제적인' 시민이 되는 것만으로도 충분하지 않다. 왜냐하면 두 용어 모두 충분한 '자연(nature)'과 충분한 '지구성(earthiness)'을 지니지 않고 있기 때문이다. '시민(citizen)'은 단지 절반의 진실일 뿐이고, 나머지 절반은 우리가 대지(landscapes)의 '주민(residence)'이라는 것이다. 우리는 지구인(earthling)이다. 지구는 우리의 거주지이다. 이 점에서 생태적 역량이 없다면 시민적 역량도 없는 것이다.[58]

롤스톤의 언명대로, '생태적 역량이 없다면 시민적 역량도 없는 것'이다. 지구인으로서의 인식을 갖추지 못하고, 지구생태계에 대한 서로의 권리와 의무를 인정하지 않는다면, 어떠한 교육이라도 '인간 중심주의'의 함정에 빠질 수밖에 없다. 그리하게 되면 다시 '도구를 사용하는 지구학살'로 인해 '우리 인간 자신의 생존이라는 권리(생존권)'마저도 상실되는 필연적 결과를 마주하게 될 뿐이다.

이러한 끔찍한 결과를 마주하지 않기 위해서는 '미래 생존을 위한 교육'에서 '지구공동체에 대한 지식'을 다루어야 할 것이다. 그 대표적인 지식의 예로서, 롤스톤이 말한 '대지(landscapes) 위의 공동존재들에 대한 지식'과 러

지구생활자들에게 주는 교훈』, 김예령 옮김, 이음, 2021, 30-31쪽" 참조.
58 Holmes Rolston, Earth Ethics: A Challenge to Liberal Education, J. Baird Callicott and Fernando José R. da Rocha, eds., *Earth Summit Ethics: Toward a Reconstructive Postmodern Philosophy of Environmental Education*, State University of New York Press, 1996, p.186.

브록(James Lovelock, 1919-현재)이 말한 '지구의 모든 생명체들로 구성된 살아 있는 초생명체로서의 가이아(Gaia)에 대한 지식'[59] 등을 들 수 있다. 이 지식들은 '지구의 전 존재들을 가이아라는 초생명체의 공동체 구성원들로 인식하는 태도'를 기르기 위한 기본 바탕이 될 것이다. 또한 '지구에 대한 전일적 사고(holistic thinking)'를 함양하는 데 도움을 줄 것이다. 어쩌면 이에 앞서 '미래 생존을 위한 교육'은 '이 자연 세계의 위기상을 실제로 받아들이는 자세, 더욱이 그 위기상이 우리 인간의 세계에 대단히 심각하고 중대한 사태임을 받아들이고 이에 대해 논의할 수 있는 인문학적 사고'를 배양해야 할 것이다.[60] 그러한 인문학적 사고가 전제될 때에 '지구공동체에 대한 지식'을 진정으로 받아들일 수 있기 때문이다. 그리고 무엇보다 "미래 생존을 위한 교육'은 '우리는 무엇이 되고 싶은가?'라는 질문에 "우리는 지구(생태계)와 하나가 되어야 한다."라고 답할 수 있는 인간을 양성하는 교육이 되도록 노력해야만 할 것이다.

인류세의 위기에 교육이 나아가야 할 대략적인 방향은 드러난 상황이다. 하지만 여전히 중대한 과제들이 남아 있다. 그것은 '미래 생존을 위한 교육'을 시행하기 위한 구체적인 교육과정'을 어떻게 구축하고, 교육 현장에 이를 어떻게 적용하느냐의 문제이다.[61] 이에 대한 답을 찾기 위해 서둘러야 할

---

59 가이아에 대한 설명은 "제임스 러브록, 『가이아: 살아있는 생명체로서의 지구』, 홍욱희 옮김, 갈라파고스, 2004" 참조 바람.

60 篠原雅武, 『人新世の哲學-思辨的實在論以後の'人間の條件'』, 京都: 人文書院, 2018, p. 157.

61 이와 관련하여 2020년 7월 9일 환경부와 17개 전국 시·도교육감들이 '기후위기·환경재난시대, 학교환경교육 비상선언식'을 개최하면서, 앞으로 학교 교육과정과 연계한 환경교육 강화·교원의 전문성 향상·환경교육 거점시설 조성·지역 환경교육 활성화를 위한 기반 구축 등의 대책을 마련하고자 했던 것은 중요한 의미를 지닌다. 더불어 2021

것이다. 남은 시간이 많지 않다.

년 4월 20일 교육부는 2022 개정 교육과정의 기본 원칙 및 과제로서 '불확실성에 대응하여 지속가능한 미래를 위한 교육내용 강화'로서 '생태전환교육'을 기초소양교육으로 다루기로 발표하였다. 하지만 아직 구체적인 교육과정이나 이를 학교에 어떻게 적용하느냐의 문제는 아직 논의중인 상황이다. 이와 관련한 기사와 문서는 《한겨레》, 〈전국 시·도교육감 '기후위기 교육 강화' 비상선언〉", 2020년 7월 9일자 기사와 "교육부, 「국민과 함께하는 미래형 교육과정 추진 계획(안)」", 2021.4월 참조 바람.

에필로그

이주연(원광대 원불교사상연구원)

종차별 금지법이 시행되며 마지막 양식장이 철거되었고, 이제 인류 문명은 물고기 한 마리도 가두고 있지 않았다. 바다를 식량 창고로 여기던 풍습은 사라졌다. 묶인 생명도 갇힌 생명도 없이 미지의 영역으로 나아가고 있다……. -정세랑, 「리셋」[1]

우리는 한동안 풍족한 미래를 향해 바삐 살아가는 것이 아름답고 괜찮은 모습이라 여겼다. 일회용 컵에 담긴 커피가 편해서 좋았고, 자동차에 시동을 걸었을 때도 시간과 체력을 아낄 수 있다는 점에 안도하곤 했다. 마트에 차곡차곡 쟁여진 플라스틱 용기 속 과일들은 형태 변형 없이 구매 가능했으며, 배달앱으로 음식을 주문하면 깔끔하고 편이한 용기에 음식이 담겨져 오곤 했다.

편리하고 위생적인 생활을 영위해 오는 동안 지구는 병이 들었고, 그래서 많은 이들이 환경문제를 염려하며 경고를 하거나 운동을 펼쳐 왔다. 다행히도 점차 사람들은 되도록 텀블러를 사용하거나, 헝겊으로 된 장바구니를 들고 산책 삼아 걸어서 마트로 이동하기도 한다. 그러나 무언가 부족하다. 여

---

1   정세랑, 「리셋」, 『목소리를 드릴게요』, 아작, 2020, 91쪽.

전히 카페 수거함에는 일회용 컵이 쌓여 있고, - 인스턴트 식품이 자연 식재료보다 건강에 덜 해롭다고 할 정도로 - 식생활에서 미세플라스틱을 배제한다는 것 또한 여전히 어려운 일이다. 이제 우리가 할 일은 지구를 향한 시선과 태도를 전환하는 일이다.

'인류세' 논의가 부상하면서, 지구 곳곳의 각종 재난재해들을 더 이상 자연적 현상이라 볼 수 없다는 주장이 제기되었다. 그리고 인간의 기존 인식과 습관, 방식을 전환해야 한다는 움직임이 나타났다. 제임스 러브록(James Lovelock, 1919~)은 『가이아의 복수』에서 "지속 가능한 발전과 재생에너지, 에너지 절약이면 할 일이 다 끝난다는 소박한 믿음을 재고하기를 간청한다."고 말했다. 그는 인류의 '지속 가능한 발전'을 시도할 바에 차라리 '지속 가능한 퇴보'가 필요하다고도 덧붙였다. 가이아 없이는 누구나 존재할 수 없기 때문에, '우리 자신의 복지'를 포기할지언정 지구에 손대는 행위 자체를 그만두자는 것이다.

과학기술을 사용해 지구의 위기를 극복하려는 흐름도 나타났다. 지구공학 원리에 따르면 인위적으로 기후온난화를 완화하는 게 가능하다. 지구공학은 지구에 유입되는 태양빛을 반사시킴으로써 지구의 온도를 낮춘다거나, 바닷물 표면에 기포를 생성시켜 햇빛의 유입을 막는 등 다양한 방법들을 제안한다. 어찌 보면 이런 방법들은 러브록이 제안했던 '지속 가능한 퇴보'의 반대편에서 시도할 법한 것들이다. 지구공학이 현재 문제들의 해결로 이어질 수 있지만, 예기치 못한 악영향을 미칠 수도 있기 때문에 조심스러운 건 사실이다.

지구공학적 접근에 신중을 기할 것을 전제한다면, 그 대신 지구환경에 대한 과학적 데이터를 지속적으로 수집하고 분석해 지구의 건강 상태를 진단하는 노력 또한 하나의 방법이 될 것이다.[2] 또는 에드워드 윌슨(Edward Wilson, 1929-2021)의 견해를 참조하건대, 지구의 표면 중 절반을 보호한다면 종의 약 85퍼센트가 살아남으므로 전 세계의 보호 구역을 확장하여 생물 다양성을 회복시킬 수 있을 것이다.[3]

이렇게 데이터 수집과 진단, 보호 등의 방안들이 지구를 위한 과학적 대처라면, 지구인문학은 "나를 어떻게 볼 거야? 날 어떻게 대할 거야?"라고 던지는 지구의 질문에 대한 인문학적 응답이다. 생물 다양성을 확보하기 위해 댐을 무너뜨리거나 국립공원을 늘려 실질적인 보호 구역을 확장할 수 있다면, 그리하여 지구의 위기를 조금이라도 극복하는 방안이 가능하다면, 지구인문학은 이러한 여정 가운데서 지구를 어떻게 성찰하고, 인식하며, 모시고, 새롭게 바라볼 것인지를 다루는 학문이다.

지구를 바라볼 줄도 모르는데 심폐소생을 할 수 있을까? 지구의 귀함과 아름다움을 모르는데 다시 그 찬란함을 회복할 수 있을까? 그렇지 않다. 내 맞은편에 앉아있는 저 사람의 이름이 무엇이고, 그가 지금 어떤 기분을 느끼고 있으며, 나와의 관계를 앞으로 어떻게 형성하면 좋을지 명확히 알고 있을 때 서로 제대로 된 관계를 맺을 수 있는 것처럼, 지구에 대한 인문학적 사유가 풍부하게 어우러질 때 진정 지구를 위할 수 있게 된다.

COVID-19가 전 세계를 강타했던 2020년, 지구인문학 연구가 본격적으로 시작되었다. 관심 있는 학자들이 함께 연구와 출판, 학술 발표를 진행하는 와중에도, 오랜 세월 소외되어 온 지구의 호소는 계속되고 있었다. 바다의

---

2 남성현, 『2도가 오르기 전에』, 애플북스, 2021, 276쪽.
3 에드워드 윌슨, 『지구의 절반』, 이한음 역, 사이언스북스, 2017, 261-265쪽.

수온 상승으로 인한 슈퍼태풍 '라이'는 필리핀에 200명이 넘는 사망자를 발생시켰고, 기후온난화가 빚어낸 호주 산불이 6개월 내내 지속되며 생태계를 파괴시킴은 물론 호주의 경제와 환경에 막대한 피해를 야기했다. 우리나라도 2020년에 '50일 폭우'라는 기록적 장마를 치러낸 바 있다.

문재인 정부는 2020년 10월 28일, 2050년까지 탄소중립을 시행하겠다고 선언했다. 그래서인지 2050 탄소중립을 위한 실천방안들이 제기되거나, 탄소중립을 실현했을 때 도달하게 될 지구의 모습이 그려지기도 한다. 폐기물의 순환 체제, 전기자동차, 재생에너지 전환이 만들어낸 새로운 일자리…. 이 책은 위기의 지구를 '희망의 지구'로 돌이키기 위한 여러 움직임에 함께하며, 지구를 대하는 우리의 자세와 시선, 방법을 모색한 것이다. 바로 알고, 이해하며, 모시고, 전환하기 위한 시도라 할 수 있다.

그간 많은 학자들과 운동가들, 사상가들이 지구를 회복시키기 위해 다양한 길들을 제시해 왔다. 특히 지구인문학이 주목하는 길은 지구를 우리와 동등한 생명체로 인식하는 길이다. 자동차를 이용하는 동안 탄소 배출을 염려하는 이유는 무엇이었던가? 고백하건대, 지구인문학을 접하기 이전의 나는 우리가 살아가는 이곳이 황폐화됨으로 인해 장차 삶을 영위하기 어려워질 것을 염려하곤 했다. 그러나 이 염려에는 지구에 대한 우려가 아닌, 나 자신의 삶에 대한 걱정이 가득했다. 지구를 여전히 우리를 위한 도구로 인식하고 있었던 것이다. 그러나 지구는 누구의 '것'이 아닌 지구 그 자체이다. 우리 인간만이 '자신'으로 인식될 존재가 아니라, 지구 또한 '자신'으로 인식될 존재다. 지구는 '自身(자신)'으로서의 지구이고 '自神(자신)'으로서의 지구다.

그래서 저자들은 말한다. 지구를 더 이상 인간을 위해 존재하는 것으로 오해해선 안 된다고. 우리 인간은 만물과 더불어 존재하는 지구공동체 구성원이지, 지배자는 결코 아니라고 말이다. 실제로 우리는 지구가 제공하는 공기와 물, 흙과 바람 없이는 단 한순간도 생명을 보존할 수 없다. 더군다나 인간이 백년 남짓한 생을 마치고 난 다음에도 지구는 무슨 일이 있었냐는 듯 무심하게 이 광활한 우주 속에서 삶을 지속할 것이다. 비유컨대 우리의 부모가 우리에게 어떤 은혜를 베풀어 주셨는지를 어느덧 철이 들어 선명하게 인식할 수 있을 때, 그래서 부모에게 올리는 공경과 사랑을 온 마음 다해 올릴 수 있을 때 효를 다 하였다고 말할 수 있듯이, 우리가 지구를 인간을 위한 도구가 아닌 주체로, 생명체로, 공생자로 그 존재성을 명확하게 인식할수 있을 때 지구와의 관계 또한 제대로 회복될 것이다.

지구인문학총서 제1권 『지구인문학의 탄생』에서 지구인문학의 핵심을 짚어냈다면, 제2권 『지구인문학의 시선』에서는 지구인문학이 직면하는 여러 쟁점들을 다루었다. 특히 총서 전반에 걸쳐 지구인문학적 사유를 지닌 이들이 본격적으로 등장하고 있어, 현재 전 세계를 관통하는 사상적 기류를 한눈에 파악할 수 있을 것이다. 또한 한국에서 출발한 지구인문학의 특수성이 어떻게 서구 사조와 어우러져 긴밀한 대화를 이끌어내는지, 현 시대의 주요 문제들을 위한 해법을 지구인문학은 어떻게 제시하고 있는지 보여준 것도 이 책의 특징이다. 아직은 우리에게 희망이 있다고 말하고 싶다. 지구를 향한 사유가 철학, 문화, 문학, 정치, 종교 등 우리 삶의 영역 전반에 나타나고 있고, 그래서 희망적이다. 우리가 머무는 공간이 지구공간이고, 우리가 먹는 음식이 지구음식이며, 우리가 듣는 소리가 지구소리이고, 우리가 만나는 존재들이 지구동포임을, 그러므로 지구라는 이 행성이 우리에게 더없이 귀하고 신성하고 감사한 곳임을 알고, 이해하고, 체감한다면 이곳은 다시금 희망의 행성이 될 수 있을 것이다.

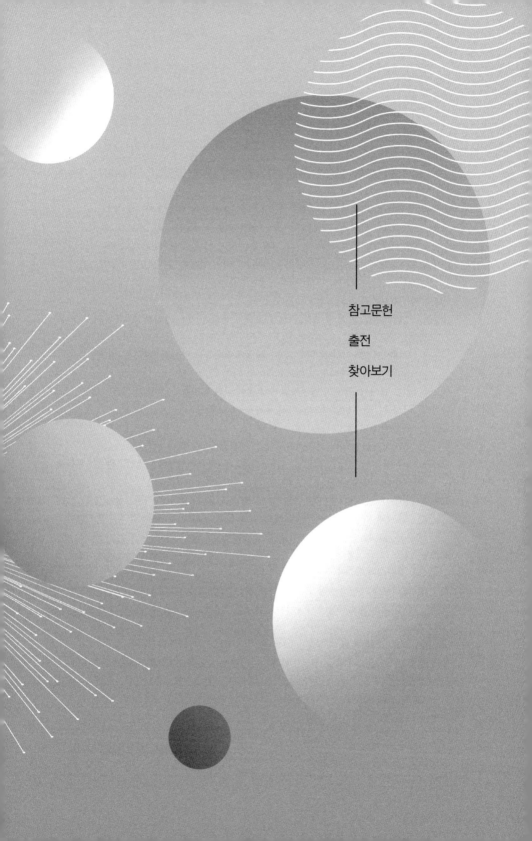

| 참고문헌 |

〈국내〉

강금실 외, 『지구를 위한 법학 : 인간중심주의를 넘어 지구중심주의로』, 서울대학교출판문
　　　화원, 2020.

권오영, 『崔漢綺의 學問과 思想硏究』, 『조선시대사연구총서』 5, 집문당, 1999.

_____, 「최한기의 서구제도에 대한 인식」, 『혜강 최한기』, 예문서원, 2005.

_____, 「최한기의 기화론과 세계인식」, 『혜강 최한기 연구』, 사람의 무늬, 2016.

김기봉, 「독일 역사철학의 오리엔탈리즘-칸트, 헤르더, 헤겔을 중심으로-」, 『담론 201』 7-1,
　　　2004.

김대중 외, 『아시아적 가치』, 전통과현대, 1999.

김병연, 「생태시민성 논의의 지리과 환경 교육적 함의」, 『한국지리환경교육학회지』 19-2,
　　　2011.

_____, 「생태시민성과 지리과 환경교육」, 한국교원대학교 박사학위 논문, 2012.

_____, 『생태시민성과 페다고지 에코토피아로 가는 길』, 박영스토리, 2015.

김상봉, 「법을 넘어서: 칸트의 영구평화론에 대한 비판적 고찰」, 『철학연구』 68, 2005.

김소영 · 남상준, 「생태시민성 개념의 탐색적 논의」, 『환경교육』 25-1, 2012.

김종갑, 『혐오-감정의 정치학』, 은행나무, 2017.

김찬국, 「생태시민성 논의와 기후변화교육」, 『환경철학』 16, 2013.

김팔곤, 「사은윤리의 현대적 의의」, 『원불교 신앙론 연구』, 원불교사상연구원 편, 원광대
　　　학교출판국, 1996.

김희경, 「생태시민성 관점에서 본 에코맘과 교육적 함의」, 『시민교육연구』 44-4, 2012.

_____ · 신지혜, 「생태시민성 관점에서의 환경교과 분석」, 『한국지리환경교육학회
　　　지』 20-1, 2012.

노권용, 「원불교 법신불신앙의 의의와 과제」, 『원불교 신앙론 연구』, 원불교사상연구원
　　　편, 원광대학교출판국, 1996.

_____, 「교리도의 교상판석적 고찰」, 『원불교사상과종교문화』 45, 2010.

노혜정, 「최한기의 지리사상 연구 -『地球典要』를 중심으로』, 서울대학교대학원박사논문,
　　　2003.

대산종사수필법문편찬회 편, 『대산종사 수필법문집』 2, 원불교출판사, 2020.

로버트 파인, 「아렌트의 비판적 세계시민주의」, 김성준 옮김, 『철학과 문화』 35, 2016.

래리 라스무쎈 지음, 『지구를 공경하는 신앙 - 문명전환을 위한 종교윤리』, 한성수 옮김,
　　　생태문명연구소, 2017.

류병덕, 『원불교와 한국사회』, 시인사, 1977.

_____, 「소태산의 실천철학-조선후기 실학과 대비하여」, 『(석산 한종만박사 회갑기념) 한국사상사』, 원광대학교출판국, 1991.

마르틴 부버, 『나와 너』, 김천배 옮김, 대한기독교서회, 2007.

마사 C. 너스바움, 『혐오와 수치심』, 조계원 옮김, 민음사, 2015.

_____, 『세계시민주의 전통: 고귀하지만 결함 있는 이상』, 강동혁 옮김, 뿌리와 이파리, 2020.

바이체크, 『지구환경정치학』, 이필렬 옮김, 아르케, 1999.

박길진, 『일원상과 인간의 관계』, 원광대학교출판국, 1985.

박맹수, 「'비서구적 근대'의 길로써 동학과 원불교의 공동체운동-그 공공적 성격을 중심으로」, 『원불교사상과종교문화』76, 2018.

박배형, 「영원한 평화 그리고 제국주의 -칸트의 평화론과 비서구 세계」, 『헤겔연구』39, 2016.

박순열, 「생태 시티즌십 논의의 쟁점과 한국적 함의」, 『환경사회학연구』14-1, 2010.

_____, 「생태시티즌십: 생명과 자유를 구현하는 새로운 시민의 모색」, 『환경사회학연구』23-2, 2019.

박일준, 「공생의 정치신학 ― 캐서린 켈러의 '(성공)보다 나은 실패' (a Failing Better)를 위한 정치신학」, 『한국기독교신학논총』116, 2020.

박치완, 「로컬 중심의 대안적 세계화 기획 : 〈세계→지역화〉에서 〈지역→세계화〉로」, 『인문콘텐츠』58, 2020.

_____, 「의심의 '한국철학', 한국에서도 철학을 하는가?」, 『동서철학연구』98, 2020.

_____, 「지역-로컬 지식의 재건 운동과 지역세계화의 의미」, 『현대유럽철학연구』56, 2020.

_____, 『글로컬 시대의 철학과 문화의 해방선언』, 모시는사람들, 2021.

박휴용, 「교육과정 이념으로서의 세계시민주의(Cosmopolitanism)에 대한 비판적 담론분석」, 『교육과정평가연구』13-2, 2010.

박희병, 『운화와 근대-최한기 사상에 대한 음미』, 돌베개, 2003.

베르나르도 보프, 『지구공명: 지구의 울부짖음, 가난한 사람들의 울부짖음』, 황종렬 옮김, 대전가톨릭대출판부, 2018.

변종헌, 「지구적 시민성과 초등 도덕교육의 과제」『초등도덕교육』38, 2012.

브뤼노 라투르, 『나는 어디에 있는가? - 코로나 사태와 격리가 지구생활자들에게 주는 교훈』, 김예령 옮김, 이음, 2021.

_____, 『지구와 충돌하지 않고 착륙하는 방법-신기후체제의 정치』, 박범순 옮김, 이음, 2021.

샹탈 무페, 『정치적인 것의 귀환』, 이보경 옮김, 후마니타스, 2012.

_____, 『좌파 포퓰리즘을 위하여』. 이승원 옮김, 문학세계사, 2019.

시노하라 하지메, 『역사정치학: 혁명, 전쟁, 민주주의를 통해 본 근대 유럽의 정치변동』, 김석근 옮김, 산해, 2004.

신도형, 『교전공부』, 원불교출판사, 1981.

신혜순,「최한기의 사민평등사상」,『혜강 최한기』, 예문서원, 2005.
심광택,「생태적 다중시민성 기반 사회과의 핵심 개념 및 핵심 과정」,『사회과교육』53-1, 2014.
아르네 네스 외,『산처럼 생각하라』, 이한중 옮김, 소동, 2012.
알도 레오폴드,『모래 군(群)의 열두 달: 그리고 이곳 저곳의 스케치』, 송명규 옮김, 따님, 2020.
앤서니 기든스,『기후변화의 정치학』, 홍욱희 옮김, 에코리브르, 2009.
앤토니 스미스,『제3세계의 국가와 민족: 서구국가와 아프리카 민족주의』, 김석근 옮김, 삼영사, 1986.
야규 마코토(柳生眞),『崔漢綺氣學研究』, 景仁文化社, 2008.
에두아르도 콘,『숲은 생각한다』, 차은정 옮김, 사월의책, 2018.
에두아르두 비베이루스 지 가스뜨루,『식인의 형이상학』, 박이대승·박수경 옮김, 후마니타스, 2018.
오유석,「세계시민주의의 기원과 의미」,『도덕윤리과교육』41, 2013.
울리히 벡,『자기만의 신』, 홍찬숙 옮김, 도서출판 길, 2013.
윤석산,『일하는 한울님』, 모시는사람들, 2014.
윤용택,「환경철학에서 본 확장된 인간중심주의」,『철학·사상·문화』3, 2006.
이기상,『글로벌 생명학』, 자음과모음, 2010.
이원순,「崔漢綺의 世界地理認識의 歷史性」,『문화역사지리』4, 1992.
이주연,「지구적 연대를 위한 뒤섞임」,『우리는 어디로 가야 하는가』, 모시는사람들 철학스튜디오 기획, 모시는사람들, 2020
_____,「원불교 사은(四恩)연구의 경향과 과제」,『한국종교』50, 2021.
_____,「은(恩)으로 혐오 넘어서기 -지구인문학으로서 원불교학-」,『원불교사상과종교문화』89, 2021.
임현진,「복합위기의 시대와 지구시민사회」,『철학과 현실』, 2014.
재레드 다이아몬드,『총, 균, 쇠』, 김진준 옮김, 문학사상, 1998.
전용훈,「최한기의 중력이론에 나타난 동서의 자연철학」,『혜강 최한기 연구』, 사람의 무늬, 2016.
제인 베넷,『생동하는 물질』, 문성재 옮김, 현실문화, 2020.
제임스 러브록,『가이아: 살아있는 생명체로서의 지구』, 홍욱희 옮김, 갈라파고스, 2018.
조명래,「'지구화'의 의미와 본질」,『공간과 사회』4, 1994.
조성환,「동학이 그린 개벽의 꿈」,『농촌과 목회』81, 2019.
_____,「다시『개벽』을 열며」,『다시 개벽』1, 모시는사람들, 2020.
존 S. 드라이제크,『지구환경정치학 담론』, 정승진 옮김, 에코리브르, 2005.
카롤린 엠케,『혐오사회』, 정지인 옮김, 다산지식하우스, 2019.
크리스 헤지스,『진보의 몰락』, 노정태 옮김, 프런티어, 2013.

클라이브 해밀턴, 『인류세』, 정서진 옮김, 이상북스, 2018.

타나카 아키히코, 『현대세계시스템』, 김석근 옮김, 학문과사상사, 1990.

토마스 베리, 『위대한 과업』, 이영숙 옮김, 대화문화아카데미, 2009.

_____, 『지구의 꿈』, 맹영선 옮김, 대화문화아카데미, 2013.

_____, 『황혼의 사색: 성스러운 공동체인 지구에 대한 성찰』, 박만 옮김, 한국기독
    교연구소, 2015.

_____ · 브라이언 스윔, 『우주이야기』, 맹영선 옮김, 대화문화아카데미, 2010.

프랑코 '비포' 베라르디, 『미래 이후』. 강서진 옮김. 난장, 2013.

_____, 『프레카리아트를 위한 랩소디: 기호자본주의의 불안정성과 정신노동의
    정신병리』. 정유리 옮김. 도서출판 난장, 2013.

허남진 · 이우진, 「지구위험시대의 지구인문학-토마스 베리의 지구학과 개벽사상의
    만남」, 『한국종교』 49, 2021.

홍성수, 『말이 칼이 될 때』, 어크로스, 2018.

홍찬숙, 「세계사회, 지구화, 세계시민주의 사회학」, 『한국사회학』 50-4, 2016.

〈국외〉

A. Escobar, Beyond the Third World: Imperial Globality, Global Coloniality and Anti-
    Globalisation Social Movements, *Third World Quarterly*, Vol. 25, No. 1, 2004.

Andrew Dobson, *Citizenship and the Environment*, Oxford University Press, 2003

Anna Lowenhaupt Tsing. *The Mushroom at the End of the World: On the Possibility of
    Life in Capitalist Ruins*. Princeton: Princeton University Press, 2015

B. de Sousa Santos, Beyond Abyssal Thinking: From Global Lines to Ecologies of
    Knowledges, *Review*, Vol. 30, No. 1, 2007.

B. W. Davis, Dislodging Eurocentrism and Racism from Philosophy, *Comparative and
    Continental Philosophy*, Vol. 9, No. 2, 2017.

B. Williams, Philosophy as a Humanistic Discipline, *Philosophy*, Vol. 75, No. 294, 2000.

Bruno Latour, *Down to Earth: Politics in the New Climatic Regime*, Polity Press, 2018.

C. Geertz, *Local knowledge. Further Essays in Interpretive Anthropology*, New York: Basic
    Books, 1983.

C. Townley, Recent Trends in Global Philosophy, IN: W. Edelglass and J. L. Garfield (ed.),
    The Oxford Handbook of World Philosophy, Oxford Universoty Press, 2011.

Catherine Keller, *On the Mystery: Discerning Divinity in Process*. Minneapolis: Fortress
    Press, 2008.

Catherine Keller. Intercarnations: *Exercises in Theological Possibility*. New York: Fordham
    University Press, 2017.

Catherine Keller. *Political Theology of the Earth* : Our Planetary Emergency and the

Struggle for a New Public. New York: Columbia University Press, 2018.

Chih-yu Shih and Yih-Jye Hwang, Re-worlding the 'West' in post-Western IR: the reception of Sun Zi's the Art of War in the Anglosphere, *International Relations of the Asia-Pacific*, Vol.18, 2018.

Christian Schwägerl, *The anthropocene: the human era and how it shapes our planet*, Synergetic Press, 2014

Clayton Crockett. *Radical Political Theology: Religion and Politics After Liberalism*, New York: Columbia University Press, 2011.

D. Massey, A Global Sense of Place, *Marxism Today*, June 1991.

D. Schnapper, La transcendance par le politique, IN: E. Badinter (ed.), *Le piège de la parité*, Hachette Littérature, 1999.

D. Macbeth, The Place of Philosophy, *Philosophy East & West*, Vol. 67, No. 4, 2017.

D. Morris, Review Essay, *Continental Philosophy Review*, No. 32, 1999.

David Inglis, Alternative histories of cosmopolitanism: reconfiguring classical legacies, Gerard Delanty eds., *Routledge Handbook of Cosmopolitanism Studies*, Routledge, 2012.

Dipesh Chakrabarty, *The Human Condition in the Anthropocene*, The Tanner Lectures in Human Values, Yale University, February 18-19, 2015.

E. Dussel, *Philosophy of Liberation*, trans. by A. Martinez and C. Morkovsky, Maryknoll, New York: Orbis Books, 1985.

_____, World-system and "trans"-Modernity, *Nepantia*(View from South), Vol. 3, No. 2, 2002.

E. Relph, *Place and placelessness*, London: Pion Limited, 1976.

E. S. Casey, *Getting Back Into Place: Toward a Renewed Understanding of the Place-world*, Bloomington, IN: Indiana University Press, 1993.

_____, Between Geography and Philosophy: What Does It Mean to Be in the Place-World?, *Annals of the Association of American Geographers*, Vol. 91, No. 4, 2001.

Edward N.Lorenz, *The Essenc of Chaos*(EBook edition), the Taylor & Francis e-Library, 2005.

T. R. Schatzki, Subject, Body, Place, *Annals of the Association of American Geographers*, Vol. 91, No. 4, 2001.

G. Deleuze et F. Guattari, *Qu'est-ce que la philosophie?*, Paris: Minuit, 1991.

G. L. Velázquez, The role of philosophy in the pandemic era, *Bioethics UPdate*, No. 69, 2020.

Holmes Rolston, Earth Ethics: A Challenge to Liberal Education, J. Baird Callicott and Fernando Jos R. da Rocha, eds., *Earth Summit Ethics: Toward a Reconstructive*

Postmodern Philosophy of Environmental Education, State University of New York Press, 1996.

J. McDougall, Reterritorializations: Localizing Global Studies in South China, *Global-E*, Vol. 10, Iss. 20, 2017.

M. Ndlovu, E. N. Makoni, The globality of the local? A decolonial perspective on local economic development in South Africa, *Local Economy*, Vol. 29, Nos. 4-5, 2014,

M. Thomas & A. Thompson, Empire and Globalisation: from 'High Imperialism' to Decolonisation, *The International History Review*, Vol. 36, No. 1, 2014.

N. Schor, The Crisis of French Universalism, *Yale French Studies*, No. 100, 2001.

Northon,B.G., *Environmental Ethics and Weak Anthropocentrism*, Environmental Ethics Vol.6, 1984.

O. Stevenson, H. Parr, P. Woolnough and N. Fyfe, *Geography of Missing People: Process, Experiences, Responses*, Glasgow, UK: University of Glasgow, 2013.

Patrick J. Deneen. *Why Liberalism Failed*, New Haven: Yale University Press, 2018.

R. Mortley, *French Philosophers in Conversation: Levinas, Schneider, Serres, Irigaray, Le Doeuff*, Derrida, London & New York: Routledge, 1991

R. Kather, Continental Contributions to Philosophy of Science, *Prolegomena*, Vol. 5, No. 2, 2006.

R. Ryan, Postcolonial Geographies, IN: James S. Duncan, Nuala C. Johnson, Richard H. Schein (eds.), *A Companion to Cultural Geography*, Blackwell Publishing Ltd, 2004.

UNESCO, *Global Citizenship Education: Preparing learners for the challenges of the twenty-first century*, 2014.

UNESCO · Common Worlds Research Collective, *Learning to become with the world:Education for future survival*, Education Research and Foresight Working Paper 28, 2020.

United Nations. *United Nations Secretary-General's Global Education First Initiative*, 2012

V. Roudometof, The Glocal and Global Studies, Globalizations, Vol. 12, Iss. 5, 2015.

W. D. Mignolo, I am where I think: Epistemology and the colonial difference, *Journal of Latin American Cultural Studies*, Vol. 8, Iss. 2, 1999.

W. Mignolo, DELINKING: The rhetoric of modernity, the logic of coloniality and the grammar of de-coloniality, *Cultural Studies*, Vol. 21, No. 2-3, 2007.

W. Mignolo, Interview, *E-International Relations*, Jan. 21, 2017.

Yuval Noah Harari. *Homo Deus: A Brief History of Tomorrow*, London: Harvill Secker, 2015.

朴吉眞,「実在の研究: ショーペンハウアーを中心に」, 日本 東洋大學 學士論文, 1941.
篠原雅武,『人新世の哲學-思辨的實在論以後の'人間の條件'』, 人文書院, 2018.

| 출전 |

제1장 '장소'의 지구철학 / 박치완

　　박치완,「'지구학'에 대한 방법론적 고민, '장소-세계'를 중심으로」,『원불교
　　사상과 종교문화』제89집, 2021.

제2장 '사이'와 '너머'의 지구정치학 / 김석근

　　김석근,「지구정치학을 향하여: 개인·국가·세계 너머의 시선과 사유」,
　　2021년 3월 19일 원광대학교 원불교사상연구원 주최 학술대회《지구화 시
　　대의 인문학: 경계를 넘는 지구학의 모색》발표문.

제3장 '공생'의 지구정치신학 / 박일준

　　박일준,「공생의 정치신학 - 캐서린 켈러의 '(성공)보다 나은 실패'(a Failing
　　Better)를 위한 정치신학」,『한국기독교신한논총』116집, 2020.

제4장 '은혜'의 지구마음학 / 이주연

　　이주연,「은(恩)으로 혐오 넘어서기: 지구인문학으로서 원불교학」,『원불교
　　사상과 종교문화』89호, 2021;「예비교사를 위한 지구마음학」,『공공정책』
　　194호, 2021년 12월.

제5장 '실학'의 지구기학 / 김봉곤·야규 마코토

　　야규 마코토(柳生眞),「지구운화 내 공존재(共存在)로서의 인간」, 2021년 3월
　　19일 원광대학교 원불교사상연구원 주최 학술대회《지구화 시대의 인문학:
　　경계를 넘는 지구학의 모색》발표문.

제6장 '미래'의 지구교육학 / 이우진

　　이우진,「지구위험시대에 따른 교육의 방향전환 -'세계시민주의교육'과 '생태
　　시민교육'을 넘어서 '미래생존을 위한 교육'으로」,『원불교사상과 종교문화』
　　89집, 2021.

| 찾아보기 |

지구인문학총서03

지구인문학의 시선

등록 1994.7.1 제1-1071
1쇄 발행 2022년 3월 31일

기 획 원광대학교 원불교사상연구원
지은이 박치완 김석근 박일준 이주연 김봉곤 야규 마코토 이우진
펴낸이 박길수
편집장 소경희
편 집 조영준
관 리 위현정
디자인 이주향
펴낸곳 도서출판 모시는사람들
        03147 서울시 종로구 삼일대로 457(경운동 수운회관) 1207호
전 화 02-735-7173, 02-737-7173 / 팩스 02-730-7173

인 쇄 (주)성광인쇄(031-942-4814)
배 본 문화유통북스(031-937-6100)
홈페이지 http://www.mosinsaram.com/

값은 뒤표지에 있습니다.
ISBN 979-11-6629-095-4   94100
세트 979-11-6629-094-7   94100

이 책은 2019년 대한민국 교육부와 한국연구재단의 지원을 받아 발간되었음(NRF-2019S1A5B8099758)